GZ 全国高职高专规划教材

〔公共课系列〕

演讲与口才

YANJIANG YU KOUCAI

（修订版）

◎ 李彦青 王小玲 等 编著

知识产权出版社

内容提要

本书以演讲与口才的基本知识为基础，遵循由易到难、循序渐进和可操作性强的原则，对提高口才与演讲能力的各个方面进行了系统的阐述。全书分为上下两编，上编讲口才训练，下编讲演讲训练。各节基本由基础理论、模拟训练两部分构成，重点强调理论的实际应用。每章之后有思考与练习，该部分是为了巩固所学知识和训练成果而精心设计的。

本书为高职高专公共课教材。也可以作为其他层次学生的教材，还可以作为演讲与口才爱好者的参考书。

责任编辑：汤腊冬　彭小华　　　**责任校对**：韩秀天
封面设计：SUN 工作室　　　**责任出版**：杨宝林

图书在版编目（CIP）数据

演讲与口才/李彦青等编著．—2 版．—北京：知识产权出版社，2011.3（重印）
全国高职高专规划教材．公共课系列
ISBN 978－7－80198－636－8

Ⅰ．演…　Ⅱ．李…　Ⅲ．①演讲学－高等学校：技术学校－教材
②口才学－高等学校：技术学校－教材　Ⅳ．H019

中国版本图书馆 CIP 数据核字（2007）第 157078 号

全国高职高专规划教材·公共课系列
演讲与口才（修订版）
李彦青　王小玲　等编著

出版发行：知识产权出版社

社　址：	北京市海淀区马甸南村 1 号	邮　编：	100088
网　址：	http：//www.cnipr.com	邮　箱：	bjb@ cnipr. com
发行电话：	010－82000860 转 8101/8102	传　真：	010－82005070/82000893
责编电话：	010－82000889　82000860 转 8108	责编邮箱：	tangladong@ cnipr. com
印　刷：	北京市兴怀印刷厂	经　销：	新华书店及相关销售网点
开　本：	720mm×960mm　1/16	印　张：	17.5
版　次：	2008 年 1 月修订版	印　次：	2011 年 4 月第 6 次印刷
字　数：	328 千字	印　数：	22 001～27 000 册
ISBN 978－7－80198－636－8/G·226		定　价：	25.00 元

目　录

上编　说话的学问

下编 演讲的艺术

上编　说话的学问

第一章　口才——现代社会不可缺少的技能

高尔基曾讲过这样一个谜语：不是蜜，却可以粘住一切。其谜底就是语言。

语言是人类最重要的交际工具，是人的思想的直接反映，是人区别于其他动物的本质特征之一。语言是人类实现交往的最早形式，它随着人类的产生而产生，伴随着人类的发展而发展，自从人类诞生那天起，语言交流就在人们之间不断进行着、发展着。在现代信息社会中，信息的传递与交流是极其重要的，而在各种信息交流形式中，语言交际又是最生动、最主要的形式之一。对于人类社会来说，语言交际不仅是最主要的交际形式，也是最重要的交际形式，它构成了现代信息社会人们相互交流的基础。第二次世界大战时期，西方人普遍认为，人们赖以生存和竞争的三大武器是金钱、原子弹和演说。随着社会的发展与进步，现今人们的认识有所改变，认为这三大武器是舌头、美元和电脑，口才仍列为其中之一。

我国古代是非常重视口才的，出现了许多著名的辩论家。他们的一些辩论至今被我们奉为经典。一些经济发达国家也都十分重视口才的作用，把口才摆在十分重要的位置上。在美国，从20世纪60年代起“说学”就非常盛行，据有关统计，美国全国有近300所大学设有“说学”系或“现代演说学”系。一些具有说学博士学位的人被称作“第三院（院外院）的议员”，他们凭着三寸不烂之舌，游说在美国的参众两议院之间，评议国家的大政方针，异乎寻常地左右着美国的政局。

总之，口才是一门说话的艺术，是用口语表达思想的一种形式。在社会经济高度发展的今天，口才已经成为一种人们传情达意、交流思想的重要手段。

第一节　口才与说话

在现实生活中我们经常会遇到这种情况：有的人还没等说话就脸红脖子粗，或刚说了一句就没话说了；有的人很能说，但说了半天别人也不知道他在说什么。而口才好的人，说话时能做到言之有理，不胡说八道；言之有物，不空洞乏味；言之有序，说话有条理；言之有文，说话生动、形象；言之有情，能感染、打动别人。语言是人们表情达意的工具，是思想的外衣，是一个人的品格与内涵的外在表现。不管是正式场合还是非正式场合，通过语言的交流，你会在别人心目当中树立起一个鲜明的形象。

一、口才不同于说话

说话是人人都会的。但同样的场合、同样的事情，人们说出的话会有所不同。有的人可以流利地表达自己的意图，也能把道理说得很清楚、很动听，使别人很乐意接受，甚至有时候可以从与别人的语言交流中了解对方的意图，从对方的谈话中得到启示，与之建立起很好的友谊。但是，我们也常常看到许多不会说话的人，他们说话不能完全表达出自己的意图，使对方听起来费力又费神，不能使人信服地接受，造成了交际上的困难。这就是口才与说话的重要区别。所谓口才，就是“会”说话。“会”说话的人，说话时总是能把别人的注意力吸引到自己身上，让听话者围绕着自己的思路转，并能晓之以理、动之以情，使双方达到和谐交流的目的。善于说话的人，能把人与人之间的关系“说”好、“说”顺、“说”和；不会说话、不善于说话的人，往往能把原本人与人之间好的、顺的、和的关系给“说”乱，即使说者是好心，可结果却适得其反。

今天的社会，人与人、人与社会之间的关系非常复杂，广泛的社会交往必不可少，随着人们合作机会的增加，我们说话的能力愈加显得重要。人类社会发展到今天，口才已成为决定一个人生活及事业能否成功的极为重要的因素。孔子说过，一个人说一句话可以表现出他的聪明，但也可以表现出他的愚蠢。他还说，君子对自己说的话，是从来不马马虎虎对待的。经常说有益有用的话，人就会变为万物之灵长。中国有句古话：“与君一席话，胜读十年书。”的确，跟那些有知识且有口才的人交谈，比喝了醇酒更令人兴奋，比听交响乐更让人精神振奋。良好的话语可以带给人愉悦和欢畅，帮助人们增加知识、提高修养，激发人们的创造力，更可以增进人们之间的感情。

二、口才既属于科学范畴，又属于艺术范畴

语言可以为任何人所应用，但却有两种截然不同的结果：有些人开口惹祸，有些人开口避祸；有些人开口能事半功倍；有些人开口则会出力不讨好。其实，造成哪种结果，取决于说话人能否运用约定俗成的规范语音、丰富的词汇和口语的特定组合规律来恰如其分的进行交际。因此，口才既是一门科学，又是一门艺术，它是一门有效地应用口语进行表达的学问，是一门现代人必备的理论性、现实性、实用性都很强的社会学科。它吸收和融合了哲学、人类学、社会学、逻辑学、语言学等学科的研究成果，已经成为一门新型的、独立

的边缘学科。提高口才修养，掌握不同实践活动（如演讲、谈判、论辩、社交、说理等）中口语表达的规律、规范、要领、要求、方法和技巧，是时代发展对现代人的一项基本要求，是信息时代的一种迫切需要。

在社会生活中，人们交流信息、沟通思想，靠的是语言交际能力即口才，它的应用非常广泛，它的力量甚至可以征服人的心灵。它能让不熟悉的人熟悉起来，能使长期形成的隔阂立刻消失，甚至单位之间、社会集团之间、国家之间的矛盾也可以通过口才的力量得到圆满解决。但是，口才若是运用不当，也可能导致交际失败，甚至损害组织和自身的形象。因此，现代社会中的每一个人都要通过自己的努力，科学、系统地锻炼自己的口才，使自己的语言能力得到提高，从不会说话到善于说话，提高自己的口才。

第二节　口才与交际

语言运用和交际都是人的一种能力，二者既相互交融又相互制约、相互影响。口语交际是建立在心理接触基础上的人际交往，所说的话实际上就是人的思维活动的直接结果。这种相互制约与影响主要表现在印象、看法、情感和个性等几个方面。

一、印象和看法

心理学的研究成果表明，人与人交往总会形成一定的印象和看法。如果印象和看法好，就会产生一种兴奋的心理状态，在这种状态下，双方的言谈就会更加主动，话语就会多一些，其结果必然是拉近双方的距离。反之，如果印象和看法不好，无形中就会给双方造成一种心理障碍，甚至产生一种成见和心理抵触，在这种情况下，话自然就会少一些，甚至根本不想与之谈话，这就直接影响了交际的正常进行。

二、情感

情感是人所特有的一种心理活动，也是影响人们进行语言交际的重要因素。

根据心理学的理论，在交际过程中，每个人都具有一定的心理定势。所谓“心理定势”，是指在过去经验的影响下，心理处于一种准备状态，从而对解决问题带有一定的倾向性、专注性和趋向性。人们在语言交际中的心理定势表现为正、负两种形式。正的心理定势表现为交际双方的友好，或者是对他人的好感与喜爱，这时，交际的双方产生了感情共鸣，交际的方式也会变得比较自然、随便；在这种状态下进行交际，话题自然会广一些，双方的距离会进一步拉近，其结果是信息流的增大和交际频率的升高，交流的速度也会随之加快。而负的心理定势则表现为交际双方的相互戒备和互不信任，甚至是对他人的厌恶，这时，双方心理上就会产生隔阂，互相封闭，交际的方式也会比较单一、机械，不愿进行接触，即使出于无奈需要交际时，双方说话也是小心翼翼，以免刺激对方。

三、个性

在语言交际过程中，双方的个性因素会对交际产生很大的影响。

个性是一个复杂的系统，它包括个性倾向性和个性心理特征。个性倾向性主要由人的态度、价值心理和兴趣等内容构成；个性心理特征主要由人的气质、性格等要素构成。如果交际双方的个性倾向性相似，那么，他们对人、对事物的看法就基本上一致，行为方式也大体相同，他们之间的“共同语言”就会多一些，语言交流就会很少有障碍甚至根本就不会存在障碍。年龄、职业、社会阅历及身份等的相似都会对双方语言交流产生积极作用。共同的兴趣是交际的纽带，兴趣可以把人们连接起来，相互沟通理解，产生共鸣。初次相识的交际双方往往都是从共同的兴趣谈起，唤起对方的谈话兴趣，赢得好感。

心理学上把气质分为胆汁质、多血质、黏液质、抑郁质四种，性格则分为外向型性格和内向型性格。不同的气质和性格对语言交际有着明显的影响。例如：胆汁质的人自尊心很强，与其交际时要温和亲切，不要闪烁其词。抑郁质的人感情细腻，但疑心较重，与其交际时要多谈一些乐观有趣的事，说话要选择恰当的词语，不要吞吞吐吐。外向型性格的人心胸比较宽广，为人比较热情，善于言谈，直言坦诚，但使用词语往往不太严谨，不太注意小节。内向型性格的人待人处事比较谨慎，言语委婉含蓄，大多工于心计，一般不善言谈，特别是在公共场合，显得比较腼腆、拘谨。因此，为了达到和不同的人交流的目的，就应尽量减少心理障碍，对不同气质和性格的人采取不同的交际方式。

第三节　口才与事业

现代社会，口才已经成为决定一个人事业能否成功的重要因素之一。口才好，善于说话的人受人欢迎。他能使许多原来不相识的人携起手来，也能使陌生人彼此了解，心心相印；还能为人排解纠纷，清除隔阂，能医治他人的心灵创伤，使人生活得更加愉快、美好。在闲暇时间里，与家人和亲朋相处，如果能够口齿伶俐，谈话风趣，就会使生活充满欢乐。而且，口才好、善于说话的人，其才干可以通过语言充分地展露出来，从而使领导、同事更深一层地了解和欣赏他，进一步地信任他，并将更重要的任务托付给他，帮助他在事业上获得成功。正如美国前总统富兰克林在自传中所说："说话和事业的进行有很大的关系。你如果出言不慎，你如果无理跟别人争吵，那么，你将不可能获得别人的同情、合作与帮助。"

一、口才帮你加快成功的速度

在有些行业里，成功人士不一定都要有好口才，但是，有口才能帮助人们加快成功的速度，提高成功的几率，尤其是在关键时刻，口才往往起着决定性的作用，这是众所周知的道理。例如有一家空调厂生产了一种新型空调，有两个推销员同时去推销，其中一个一天卖了 30 多台，另一个一天只卖掉 2 台，原因在哪里呢？销售成绩的差异实际上反映了他们口才的高低。后者是这样推销的："先生，您买空调吗？我们这有新生产的空调，可好了，您买吧！"顾客回答："我不买。"后者就扭身走了。而前者是怎样说的："先生，您忙吗？如果您不忙，我向您介绍我们厂最新生产的空调。这个空调不仅能杀菌，还能过滤空气，能定时自动关闭，自动调温，在现有的空调中，它的质量最好、功能最全、价格比其他同类产品都低，而且保修 5 年。先生，您不妨试一试。"面对这么精彩的产品介绍，谁能不为之心动呢？

二、口才为你的才干插上翅膀

有人以为，只要有才干，即使没有口才，也可以达到成功的目的。这自然有一定的道理。但有才干而又有口才的人，他的成功希望就更大！因为你的才干可以从你的言语谈吐之间得以充分的表露，使对方了解你、信任你，这样对方才敢将重任托付给你！

据说，有一个对商业广告很有研究的人，用自己的智慧和口才，在没有任何谋职机会的情况下为自己创造了一个机会。一天，他抱着求职的目的去拜访一个大公司的经理。会面以后他始终没有把谋职的意思说出来，只和经理聊天，在巧妙的谈话中尽量把广告对于商业的重要性和其运用的方法一一说出。他举了许多有力的例证，以犀利的词锋引起了经理的兴趣，结果虽然没说谋职的事情，经理却主动委以重任，请他替公司设计广告。这样的人有才干，而且知道怎样用巧妙的谈话去寻找他施展才干的机会。

由此可见，人离不开口才，犹如飞禽离不开翅膀一样，如果能善于运用就能像在暴风雨中翱翔的雄鹰一样大展宏图。如果是"足将进而趑趄，口将言而嗫嚅"，则会像屋檐瓦下的鸡鸭一样，有翅难飞。作为一个现代人，拥有良好的口才，就等于拥有了与人面对面沟通交流的手段。无论你是管理者，还是推销员，无论你是求职者，还是演讲比赛的选手，口才对于你的成功都非常重要。在这个越来越注重“自我营销”的年代，口才已经成为人们通向成功之路的重要砝码。

三、口才来自实践

好口才并不是天生的，它是后天习得的。一方面要有一定的口才基础，同时也需要对谈话主题有所准备。例如一个青年去应聘一家电器厂的职位，他对于此行业原是外行，但为了去应聘，他对国内电器产品市场进行了周密的调查，对该行业其他厂家的现状进行了全面的分析。在应聘时，由于他对于本行业知识全面了解和如数家珍般的侃侃而谈，招聘方对他很感兴趣，从而使他从几十个应聘者中脱颖而出。所以，无论我们做什么，事先都应该做好充分的准备。有了让对方感兴趣的话题，你才能做到“侃侃而谈”。

总之，现代化的建设需要现代化的人才来完成，而现代人不应是那种只会干活、不善言谈的人。具备一定的口才，不仅是对创造型、开拓型人才的要求，也是对不同行业人群的要求。不论你是领导、员工、教师、律师、推销员、采购员，还是经理、服务员，都要运用语言进行工作，口才的重要性自不待言。我们经常看到有些领导或服务人员与同事或顾客发生争吵，这里除工作方法有问题以外，不善于讲话常常是引起争吵的导火线。古人说：“为政之本，在于得才。”作为君王，可以“一言兴邦”、“一言丧邦”；作为一般人，在谈判、辩论、交谈、说理中，也可以“一言而胜”、“一言而败”。所谓“良言一句三冬暖，恶语伤人六月寒”，“一句话可以把人说笑，一句话也可以把人说跑”。现实生活中，那些事业有成的人，绝大多数都具有较好的口才，而且口才越好，其活动天地就越大，成就也就越突出。例如周恩来的丰功伟绩与他那出类拔萃的口才就不无关系；英、美、德、法等国的总统、总理、首相的竞选也无不是雄辩口才的较量。

思考与练习

1. 如何理解口才与说话的差别？
2. 为什么说口才既属于科学范畴，又属于艺术范畴？
3. 什么是心理定势？它对口才有哪些影响？
4. 个性对口才有哪些影响？
5. 口才与事业有何关系？
6. 口才会在哪些方面帮你成功？

第二章　口语表达训练

口语是与书面语相对而言的，它是人们日常生活中运用最广泛的语言形式，以听、说为外在特征，以有声的语言为其表现形式。作为交际语言的重要分支，口语的作用是显而易见的。因此，口语交际比书面语交际更重要、更广泛、更直接。如何把话说得准确、鲜明、生动、得体，是使口语交际更有成效的关键。从切合语境、切中要旨的前提下的语体选择、措辞达意、句型转换、择词方式，到语音形式的多样化处理等，几乎人们一开口就会自觉不自觉地运用这样那样的口语表达方法。所以，口语表达训练是拥有好口才的基础。

第一节　口语表达的基本要素

口语表达能力训练和书面语表达能力训练有着同样的重要性。1948 年，美国政治学家哈罗德·拉斯韦尔在其代表作《社会传播的结构和功能》中提出了“五个 W 传播模式”，即“谁？说什么？通过什么渠道？对谁说的？产生什么效果？”学习口语表达，也应该学习这五个方面的内容。而这五个方面的内容实际上所包括的正是口语表达的基本要素，即主体要素、客体要素和内容要素。

一、口语表达的主体要素

每个人在社会中都担任了一定的角色，在社会交往中人与人之间也一定存在着某种联系。莎士比亚说：“自知才能知人。”意思是说，说话人不仅要明确自己的社会角色，还应明确自己的说话角色，也就是在说话之前先认定“我是谁”，应该具有怎样的知识素养和说话能力，怎样才能使说出的话合“礼”得“体”。那么，从说话主体的角度来看，有哪些基本要求呢？

（一）对表达者思维能力的要求

思维是人脑对客观现实的反映，它反映了事物的本质和内部规律性。人的思维不仅与感性认识相关联，而且与语言也密切联系，从说话的角度说，思维与口语密切相关。口语是由外界的语音与发音器官的刺激在人脑的听觉区和动觉区构成的联动感觉，缺少这样的生理机制，口语就无法产生，思维也无法展开；削弱这样的生理机制，口语就有障碍，思维就会陷入困境。另外，语言要靠思维选择运用形式。人的思想活动一般是通过分析、综合的过程来完成的。通过具体的、比较的方法分析事物的个别特征；通过抽象的、概括的方法研究综合事物的共性和全貌。当事物的个性与共性被掌握后，思维将继续通过推理判断来选择说话的策略，即说什么和怎样说。此外，思维还可以控制语言的运用节奏。在社会交往过程中，思维一刻也没有中断，它不断地分析和综合新事物，不断地发出语言信号，控制口语的表达节奏，或分轻重缓急，或分是非曲直。口语表达的过程，既有接受信号、分析综合的环节，又有选择和调整口语运用策略的环节。因此，在社交口语中，口语的调控非常重要。说话人思维能力的强弱，取决于语言能力的强弱，而且它能决定口语表达能力的强弱。

（二）对表达者文化素养的要求

文化素养是社交口语的必要前提。话虽然人人都会说，甚至有人也懂得一点说话的方法与技巧，但是语言表达能力的差距是显而易见的。语言贫乏首先是由于知识贫乏。如果对一个事物你可以感知，却不能描绘和概括，甚至不能用一个恰当的词语形容，则思维中断，社交也随之中断。在社交过程中，对别人所说内容一无所知，摸不着头脑，则只能充当听者，处于被动状态。如果文化水平低，理解能力也会相对较弱，信息传递和反馈就可能出现障碍。所以应该多学习，丰富知识，开阔眼界，向老师学、向书本学、向生活学，加强知识积累，提高文化素养。文化素养决定社交口语的格调与层次。物以类聚，人以群分，人们往往喜欢与同层次的人交往，如果差距太大，就会影响交际效果。例如幽默，它是一种潇洒的智慧、深邃的情致，也是一种博大的精神、生存的艺术，但若说话人幽默不当，则令人感到滑稽可笑和浅薄；若听话人不能理解幽默，双方学识和欣赏能力层次不一样，则无异于“对牛弹琴”。社交口语应该具有强烈的吸引力和感染力，因为只有产生共鸣的交谈，才能持续下去。口语，可以不像书面语言那样严谨，但仍然可以通过一系列语法、修辞、逻辑手段的运用而生动有趣。

（三）对表达者心理素质的要求

我国历来有重书面语轻口语、重文才轻口才的现象，所以口才好的人被贬为摇唇鼓舌者，被认为是说得多、做得少，甚至被斥为狂妄、目中无人。久而久之，能说者戒说，不能说者不学说，社交口语的发展步履维艰。这种风气助长了人们的心理障碍。因此，人们说话首先要明确自己的动机，学会调节和控制自己的情绪，抒发相宜的情感，保持适宜的情绪状态，丰富自己的经验，端正自己的态度，克服怯场心理，增强团结互助、平等互利的心态。

（四）对表达者应变技能的要求

世间万事万物都是在一定的时空中发展变化的，所以在社交活动中充满了未知因素，如果人们善于随机应变，把机智融入口语之中，通过一定的策略、技能表现出来，就能拥有一副好口才。表达者的应变技能源于学识和经验。有道是，手中有“粮”，心中不慌。如果头脑中没有应变的内容和词汇，应变必然是一句空话；而在某些特殊情况下，经验往往是解决难题的决定性因素。当然，应变技能无法一蹴而就，必须不断地锻炼和积累。

二、口语表达的客体要素

口语表达的客体要素，包括对象和环境两个方面。

（一）口语表达的对象

对人的行为的认识是任何交际的基本因素。了解人的方法多种多样，应该因人而异。可以通过读、听、观察他们在某些特定场合的反应了解他们的习惯、本能和智力学识，揣度其动机与需要、情绪与情感以及性格特征等。从年龄、性别、职业、兴趣、习惯、学历、智力、能力、隶属关系等多方面去综合研究，据此确定说什么、怎么说、什么时候说。

在口语表达的过程中，要做到在任何情况下都尊重对方，这也是尊重自我的表现。要根据对方的反应，不断地及时调整话题、方式，甚至调整时间和环境。及时反馈的信息，是交谈过程中活的、不断变化的因素，说话人应该鼓励它而不是压抑它，对对方的反应发现得越多，调整得越及时，交谈效果就会越好。

（二）口语表达的环境

生活需要一个良好的环境，说话也需要一个和谐的环境。

说话态势是一个大环境：强势、弱势还是均势？引导者、宣传者还是听讲者？推销者、自荐者，还是购买者、用人者？熟人、师长还是陌生人？上司、下级还是晚辈……凡此种种，在说话之前，都应酌情造势；在说话当中，仍应酌情造势或保持态势，一旦平衡局面被打破，说话态势滑坡，口语表达必然中止。

说话氛围是指一种相宜的气氛环境，无论什么性质的说话，都应该努力创造一种能激发对方热情的氛围——或轻松幽默，或平静和谐，或词锋逗人，或亲切热情。相宜的氛围是口语表达中出机智、出妙语的催生素。人们在心情舒畅时往往妙语连珠，在陷入窘境时往往急中生智，正是人们有意无意创设下的种种说话氛围，能够去除一些人紧张戒备的心理，并能够激发许多人为之雀跃或奋斗，弥合一些人的创伤，让人们化干戈为玉帛。

说话还需要一个理想的外部场景。一般说来，封闭式的安静环境、较小的空间适合作较长时间的深谈；开放式的场所则适合比较大型的活动。如果在喧闹的公共场所谈心或者在静室中一对一地宣讲，效果都会大打折扣。在相宜的场景中，还应注意音量的适度，既要让对方听清楚说话的内容，又不能在大场合中干扰他人的活动或在小场合中令人觉得虚张声势而让人讨厌。

三、口语表达的内容要素

"说什么"是"五个W传播模式"中最主要的环节，信息也大部分集中在这里，其他四个"W"，基本上都是为它服务并以它为起点、目标而展开的。"说什么"包括主题与材料两大部分。材料是中心内容的外延以及必要的铺垫与补充。

（一）口语表达的主题

主题是说话的中心内容，是根据说话的目的和性质来确定的。很多情况下，说话是事先约好的，因而其目的和性质比较明确，主题也比较容易确定，双方对主题的看法也比较容易趋同或趋近。但也往往有突发的说话要求，这就需要随机应变，迅速地了解听者意向，确定说话的目的和性质，形成主题并即兴发言。

主题有显性主题和隐性主题两大类。显性主题目标明确，它表现出鲜明的功利性，期望通过即席谈话就能实现既定目标和满足自我需要，这在宣传、洽谈和部分沟通性的口语表达中表现得很充分。隐性主题，目标若隐若现，而且随交往的渐进，目标还会发展变化。它不追求眼前利益，而是着眼于将来；它不追求个人利益，而是着眼于社会，因而有时候它显得没有说话目标。比如亲朋好友间的聊天，事先或事后都常不带明显的功利目标。

（二）口语表达的材料

材料源于生活积累，源于调查研究。生活积累是渐进的积累，自然地、不断地去粗取精、去伪存真，使"水分"较少。调查研究是带有一定目的、在一定时期内的定向收取并分析材料的过程。调查的目的是获取信息材料，为提炼核心内容和说话主题服务，所以调查研究必须客观细致，应贯彻全面性、代表性、客观性、定量化四个基本原则，找出事物、人物的共性和个性，不能主观臆断，应通过一定量的积累，分析信息材料的可信度，从而使其成为说话的有力依据。

XXL 模拟训练

（一）同学小刘在学习中遇到难题向同学小顾请教，小顾这会儿因失恋不愿意教，小刘应该怎么办？

（二）据说，初春的一天，一个双目失明的小姑娘坐在路边乞讨。她面前铺了一张白纸，上写：“好心人，请可怜可怜我吧！”大多数人上前只是看了一下便又离开了。半天下来，她几乎没有得到什么。一个大作家路过此地，见状，对小姑娘说：“我把你的话改一下吧。”于是，铺在盲姑娘面前的纸上出现了这样的文字：“春天来了，可我什么都看不见。”过往行人看了上面的话，大都给小姑娘留下了钱币。

这个故事说明了一个什么道理？

第二节 口语表达的特点与原则

口语表达有着不同于其他表达的特点和应遵循的原则。研究口语表达的特点和规律，掌握口语表达的原则，并在口语基础理论的指导下，进行科学、系统而严格的口语表达技能训练，能够培养和提高口语表达能力。

一、口语表达的特点

培养良好的口语表达能力，必须了解和掌握语言的特点，熟悉口语表达在词法、句法、表达方式等方面的奥妙，并把它们用于口语实践。

（一）简明性

所谓简明，即简洁明了，一方面要尽可能将信息的内容简化，缩短无谓的话，另一方面还要对方能理解。如果“简”而未“明”，则达不到交流的目的。有这样一则故事：宋代作家欧阳修与两个青年谈论修辞的问题，刚好看见一匹飞奔的马把一条躺在路边的黄狗踏死了。欧阳修问：“要把刚发生的事情写下来，如何写得简洁一些呢？”一个青年说，用20个字就可以了：“劣马正在飞奔，黄犬卧通途。马从犬身践，犬死在通衢。”欧阳修说，字太多了，20个字中有2个“马”字，3个“犬”字，“通衢”、“通途”也是一个意思。另一个青年思考了一会儿，想出一个11字句：“有犬卧通衢，逸马踏而过之。”简洁是简洁了，但犬被踩死的事未说出来。欧阳修据此重拟一句：“逸马毙犬于道。”两个青年连连称好。

如何才能把话说得简洁明了？首先是要抓住要点，明确中心。讲话不简练的原因一般有两方面：一是思路不清晰，思想不明确，重点不明朗；二是语言表达能力有限，想精练也精练不了。所以要想讲话精练，首先，就要对自己讲话的内容认真思考，理清思路，设想好表达方式，做到心中有数。其次，推敲文字，精益求精。讲话精练得益于选词造句的精练。所以口头表达时，尤其是在正式的场合发言或演讲，一定要注意文字的精练，力求做到一字不多，一字不少，精益求精。当然，说话简洁，并不是一味求简，一味求简可能造成过于简单化，虽简却不能解决问题；也不是要毫无修饰、毫无趣味地表达。

（二）大众性

口语表达"大众性"的特征主要表现在词法上。具体地说，大众性表现在词汇的通俗化或用词通俗化上。早在2000多年前，古希腊的亚里士多德就注意到了这一点。他在《修辞学》中这样写道："为了要做到清楚明白，选用词汇的时候，就应该选用那些通行的、日常的词汇。"几千年过去了，亚里士多德的这一论断已被证明是真理。在中国，毛泽东、闻一多、鲁迅等口才大师的语言实践也突出地表现了这一特征。毛泽东有一篇谈同蒋介石既联合又斗争的即兴讲话，说的是陕北毛驴很多，让毛驴上山有三个办法：一拉，二推，三打。蒋介石是不愿抗战的，我们就采取对付毛驴的办法，拉他，推他，再不干就打他，同时又要提防他。这就是既联合又斗争。这个即兴讲话，句式简短，用词质朴，通俗易懂，有很强的感染力。口才家们的口头表达实践告诉我们，要做到词汇通俗化、大众化，就必须多用现代词汇，少用古代词汇；多用通行词汇，少用方言词汇；多用口语词汇，少用书面词汇；多用形象词汇，少用抽象词汇；多用普通词汇，少用学术词汇；多用动词，少用连词；多用格言、俗语（惯用语、谚语、歇后语），少用成语。

这里首先要说明的是，"多用"并不等于"滥用"，"少用"也并不等于"不用"，而是当用则用。其次，通俗并不等于庸俗。通俗是指用朴素明白的词语形式、表达充实向上的思想内容；而庸俗则是指内容空洞，趣味低下，用词粗、脏、秽。例如：在正式场合说话使用"脱了裤子放屁，多此一举"和"占着茅坑不拉屎，你不拉我拉"这类词语，就有庸俗之嫌了。

（三）灵活性

随机应变能力是指应付谈话中出现的意想不到的变化的能力，尤其是那些不利因素，如何把它们"化险为夷"，需要急中生智。只有随机应变，才能镇静而有条理地巧妙应付、平息意外（包括外界引起的和自己造成的），使对方更乐于接受自己的谈话。

随机应变能力表现一个人观察、感受、辨析以及临场应变等智能的综合运用水平；它要求人们在极短的时间内细致观察，深入体会，快速思考，准确辨析，避开不利局面，对付各种危机。例如，美国五星上将艾森豪威尔，在第二次世界大战期间，到一个军事基地视察，当他发表完简短的演说走下台时，不慎跌到泥潭里，士兵顿时大笑起来。将军在众目睽睽之下跌跤，实在令人尴尬、恼火。但艾森豪威尔不但没有感到局促，更没有大发雷霆，而是跟着大家大笑起来，并且说："某些迹象告诉我（指大家的笑声），我这次到你们这里来视察是一次巨大的成功。"他的机智和友好，赢得了士兵们的欢呼和掌声。

（四）节奏性

语言节奏就是以声音控制为主、以内容风格及表现手法调节为辅的一种综合性的、有规律、有秩序的语言表达形式的变化。节奏性，就是说话时这种语言节奏有效发挥的实际表现，是口语表达声情并茂魅力的直接渊源。说话既然是一种声音形式，当然有自己的节奏。它主要表现于声音形式的变化，如语速的快慢、语调的抑扬、语音的轻重高低、音节的长短停顿等。根据表达的需要，说话时对多种因素进行有效和巧妙地调节、控制、安排，就构成了语言节奏的主旋律。

二、口语表达的原则

培养良好的口语表达能力，必须遵循语言交流的原则。

（一）实效性原则

现代社会生活节奏越来越快，提倡写短文，说短话，比任何时代都更讲究实效，注重简明。说话要简明，语言要精练，就是以最经济的语言手段表达丰富的思想内容，使听众在较短的时间里与说话者进行有效的交流。

（1）抓住重点，理清思路。我们平时与人寒暄或作简短的交谈，是比较随便的，谈不上条理清晰。但在正式场合，比如主持会议、讨论问题、开会发言、作报告、演讲等情况就不一样了，它要求说话者对所说的内容应有深刻的理解，对整个讲话过程作出周密的安排。因此，要把握中心，切忌离题；要言之有序，靠内在的逻辑力量吸引人；要前后连贯，首尾相接。

（2）遣词贴切，表达清楚。讲求语言的准确性，是口语表达实效性的基本要求。在语言交际中，如因措辞不当或对交际对象缺乏了解，就会引起对方的误解或反感，达不到交往的效果，这时就需要加以调节控制，换一种说话方式，用对方易于理解、乐于接受的词语。

（3）言简意赅，短小精悍。言简意赅，以少胜多，听众感兴趣，也便于理解，容易记住。那些与主题无关的废话、言之无物的空话，听众极为厌倦。要达到言简意赅，讲求实效，就应做到：①说话之前，先做到自己心中有数，对讲述内容分清主次，确定详略。别人熟悉的、爱听的多说，不熟悉、不关心的少说；事情的重点、要点，三言两语交代清楚，枝节问题则一语带过。②多用短句，少用长句。由于长句结构比较复杂，如果停顿处理不好，不但说话者说得吃力，就是听众听起来也要耐着性子。短句的表达效果是简洁、明快、活泼、有力。由于简洁有力，就可以表示紧张、激动的情绪以及坚定的意志和肯定的语气。当然，长短句的区别是相对的，该长则长，该短则短，短句同样要恰到好处，切中主题。

（4）戒掉口头禅。一些不良的语言习惯，往往不同程度地影响语言的表达，说话时应加以注意。口头禅是一种语病，原指不懂禅理，却喜欢以僧人常用的禅语作为说话的辅助性语言，后来泛指经常在说话中反复出现的无实际意义的词语。如“是不是”、“对不对”、“是吧”、“对吧”、“然后”、“反正”、“这个”、“那个”，等等。这些口头禅为简洁、流畅的说话带来阻力，一句话一个口头禅势必增加说话的时间，降低说话的效率。更主要的是某些口头禅还可能伤害对方的情感，如有人喜欢说“我告诉你”、“你得了吧”、“你懂吗”等口头禅，给人自以为是、盛气凌人之感，令人不快，影响人际关系。因此，有口头禅语病的人，必须针对具体情况，有意克服，认真矫正。

（二）对象性原则

话总是说给别人听的，正所谓“射箭要看靶子，弹琴要看听众”。语言表达也要看交际对象，要受对象的身份、职业、经历、文化教养、思想、性格、处境、心情等因素的制约。

（1）根据对象人数的多少，决定说话时应采取的方法。如果说话对象人数较多，就需要了解这“一群人”的基本情况，掌握群体心理。因为向多数人说话，必须全面照顾。最忌讳的是把一部分人冷落了，特别是在四五个人中，说话者专对一两个人大谈特谈，会令其他人寂寞难堪，甚至引起反感。这就要求一个高明的说话者学会“弹钢琴”，经常用感情亲切的语调、丰富多变的态势语，用眼睛、脸部表情等向在场的人传递种种交谈信号，使每个人都感到有一种“他是在同我交谈”的感觉。

（2）根据不同对象的文化修养，使用不同的语言。一个人的谈吐与他们的文化修养密切相关。因此，对文化高一点的人，语言可以文雅一点，太俗气了，他会觉得不尊重他；对于文化低的人，语言可平俗一些，太文雅了，他会觉得你在耍弄他。比如对方是学者、教授、专家，那么，对他素有研究的问题，大说你的见解，这不仅是班门弄斧，而且还会因本身的肤浅而贻笑大方。就算你对所说的话题大有心得，也应以请教的口吻，认真听取对方的意见。

（3）根据不同对象的接受能力，运用不同的语言。如果对方资格较老，阅历较深，或接受能力较强，则谈话的哲理可以深一点，引用的例子可以广一点，可以以理释事；如果对方年幼识浅、思想单纯或接受能力较差，则应以事悟理。在通常的情况下，我们说话应当多用些实在、朴素、通俗的语言，做到言简意赅、深入浅出；有情（感情）、有理（哲理）、有例（事例），使他人能从中悟出道理，增长见识，提高认识水平。

（4）根据不同对象的气质和性格特点，使用不同的语言。在现实生活中，每个人都有自己特有的个性，有的人热情活泼，有的人沉着冷静，这是由个人的气质和性格决定的。了解、注意人的气质和性格，对于交谈是十分有益的，所以与人谈话要因人而异。例如，同样是两个学生考试不及格，对抑郁气质、内倾性格的学生，一般不要在第三者面前议论或批评他，多愁善感的心理活动会使他立即联想起其他不愉快的事情，会进一步加重他的思想负担，反而不能帮助其找到落后的原因，甚至发生意外。

（三）时空性原则

任何口才的表达都离不开环境。凡是具有较好口才的人，都有一套适应和善于利用环境的本领。人们在进行社会交际时，说话既要符合语言规则，又要适应语言环境。语言环境又叫语境，它是由时间、地点、场合、对象等客观因素以及语言行为者的身份、思想、性格、职业、修养、处境、心情等主观因素所构成的。我们与人交谈必须注意语境，才能取得最佳的说话效果。

（1）看清场合。生活中有无数不同的场合，包括时间、地点和听众。既然每一个生活场合各不相同，那么每一个说话的场合也不同。要学好口才，第一步就要先接受每次谈话的具体环境都不同这个事实，用不同的语言去适应。同一席话，在这个场合讲可能赢得满堂喝彩，但在另一个场合则可能一败涂地。一个优秀的口才家应当像滑翔机的驾驶员善于捕捉上升气流那样，善于抓住各种不同的场合，使自己的话发挥最大的效力。因此，墨守成规是不可取的，要时时刻刻注意场合的变化。

（2）把握时机。在各种场合中，时机是极其重要的。一句话什么时候该讲什么时候不该讲，是大有讲究的。这好比足球比赛中的“临门一脚”，只有不早不晚，恰到时机，才能射门破网。

要掌握好说话的时机，必须从3个方面去考虑：一是说话的目的。如为了提醒某个人注意某个问题不要发生，为了防患于未然，在问题未出现的时候就应说出来；而为了赞扬某个人做了一件好事，则应当及时说，只有及时，才能起到鼓舞士气的作用；如果是对某个问题作评价，则应当在事件结束之后再说，不能过早地下结论。二是受话者的心境。心理学告诉我们，心境是一种使人的一切其他体验和活动都感染上情绪色彩的、比较持久的情绪状态。当一个人处于某种心境中，他往往以同样的情绪看待一切事物。良好的心境使人在待人接物中发生兴趣，易于处理；不良的心境使人感到凡事枯燥无味，容易被激怒，遇到困难也难以克制。如果你的说话对象心境不好，绝不能说埋怨、责怪、质问之类让他更为扫兴的话，即使对方有不足，也要等他平静之后再说。如果非要立即说不可，也要先说一些能使他心境向好的方面转化的话。三是说话场合。比如说话地点对话题、说话内容及表达方式会有一定的制约，要因地制宜，不同的地点采用不同的语言表达。

XL 模拟训练

（一）下面是著名教育家孙敬修为儿童修改过的一篇广播稿，朗读后会发现，它与原稿的不同之处。

呵，这天可真蓝哪！一点云彩也没有。有一条小河哗哗啦啦地流着。这水可清亮啦！水里头有好些圆石头，像鸡蛋似的，人们都管它叫鹅卵石，这些鹅卵石在水里可以看得清清楚楚！在河边坐着一个老头，长得虽然瘦，可是挺结实，那双眼睛可有神啦！

原稿：蔚蓝的天空，没有一丝云。一条潺潺的溪水从卵石中间穿过，卵石在清澈的水中忽隐忽现，清晰可见。溪边端坐着一位长者，面庞清癯，双目炯炯有神。

（二）根据自己的口语表达情况，制订一份有针对性的口语训练计划，先用书面语写出来，然后再用口语表达进行交流。

第三节　口语表达技巧

口语是人们日常生活中运用最广泛的语言形式，是人生不可缺少的工具。只有遵循口语表达的规范，恰当地运用口语表达技巧，才能有效地为人们的交际服务。

一、通俗易懂

口语在视听和思考过程中完成，如果晦涩难懂，势必影响听的效果。而且词语有同音异义、一音多义现象，如果在瞬间不能让听者理解，则听者无法再去品味其含义，从而造成交际障碍。口语表达用词通俗，句式灵活，往往现想现说，与书面表达想好了再写、写好了再改的情形不同，这是口语表达独具一格的表现功能。口语有它特定的语言环境和更加明确的交流对象，它对语境有特定的依赖性。因此口语具有很强的直观性，它较少拘束，也不太讲究句子结构的完整，甚至有时不受语法规范的约束；从句式上讲，它常用短句和省略句的形式；从发声上说，轻声与儿化音使用得较多。这些，都使口语表达更贴近生活。

二、以音表意

口语是有声语言，它是凭借语音来传达思想感情的。因为口语是说给人听的，说出来的话又转瞬即逝，所以必须使对方听得清楚、明白。有一位播音员曾经举过这样一个例子：有一次他向听众介绍一种花木的栽培方法，说了一句“种这种花切 ji 多浇水。”不少听众来信询问，到底是应该多浇水（切记），还是少浇水（切忌）？因为“记”“忌”同音，引起了听众的误会。这样的情况，在口语表达中是极易发生的，如“期终”与“期中”、“务必”与“勿必”，等等。这就要求我们在运用口语的过程中精选词语，尽力避免出现类似的情况，以达到表意的准确和明白。

三、以调传情

口语表达能表现出更丰富的思想感情，能更好地揭示语言所蕴涵的感情色彩。同样的话语不同的人用文字表达出来可能不会有什么差别，但不同的人说出来却可以在语义和表达效果上形成天壤之别。这是因为口语表达能够运用语音的停顿和轻重变化、语速的快慢以及语气的不同截开“语音流”，形成不同的语调来辅助表情达意。同样一句话，不同的语速能反映说话人不同的性格特点，传递不同的情感；而轻重音处理不同不仅能表达不同的感情，甚至能使表意产生极大的差异。如果用书面语表达，单凭文字符号是很难把这些细微变化精确地表达出来的。

四、形象生动

在口语表达时，可以借助“身体语言”（态势语）增强表达效果，如借助头脑、脸面、眼睛、手臂、身躯这些人的“副语言”系统，不仅能传递信息，辅助表情达意，还能使口语具有书面语无法比拟的形象性，能够起到强化传输信息、补充话语不足、渲染感情色彩、增强表达效果的作用。但口语表达对语境具有一定的依赖性，有时能使语言简洁，但一旦脱离了这一环境就会造成理解上的困难。尤其是口语表达中往往有较多的剩余信息和模糊信息，常出现重复、脱节、颠倒、插说和起填空作用的“这个”“那个”等赘语，这就使人产生不精练和不严密的感觉。

五、入乡随俗

每个人都有自己的思维习惯和口语习惯，每个区域也都有各自的风俗和方言，所以每个人既有相同点，也有不同的禁忌。因此，口语表达时应尊重对方的风俗习惯，尊重对方的方言。如果不是同乡，不可随意模仿对方的方言说话；生老病死的话题，不应在老弱病残者面前随意说起，即使是宽慰，也应小心试探，谨慎措词；对那些带有某些封建色彩的禁忌，为礼貌起见，在对方尚不觉悟时，仍应尊重其禁忌，避免刺激对方。

六、积极健康

自语言诞生以来，历经风风雨雨，在积极发展的同时，也不可避免地沾上了“垃圾”，我们在改造世界、改造自我的过程中，有一个重要的任务，就是净化语言！首先是去除污言秽语，开口不带脏字。有些人并不想骂人，但脏字连连，这是必须根除的。其次应遵守语法规范，读音准确，表意正确，语句连贯；再次是不随意叫绰号，即使是很亲密的朋友，在有旁人的情况下，也不应叫绰号，不随意揭别人的隐私。应礼貌待人，自尊自重。

MNXL 模拟训练

（一）朗读下面的词，体会口语与书面语表达的不同。

云——云彩 虽——虽然 时——时候 将——将要 愿——愿意 祖父——爷爷

母亲——妈妈 打鼾——打呼噜 领导——头儿 斟酌——掂量 询问——打听

（二）朗读下面的散文。

写给河流

匍匐大地的河流啊，明亮辽阔的水域，驮着帆帐木桨的拨水之声，书写着历史。

而我的故事，总与河边的小村庄、洗衣的少女、岸上的树林有关。

网。棚舍。马兰头的白色花星星样笑着。

关于太阳、劳动、人民、羊子的感情经验，使我的歌芦花般朴素而美丽。奔跑的河流，像一个幻想的孩子，总是向太阳升起的地方走去。

村姑的蓝衣衫，老人的三弦，在初冬河畔的村庄背景上，构成了碾子、井、民俗的氛围。

看着河流上阳光金子样流动，你向岁月感恩。

在河流的水湾之处，搁着一只灰黑的木船，令你想起一段岁月的古老。

在木船搁着的河滩上，白石子里长出绿色的草，草叶轻轻舔着木船的船帮。

而三只长嘴水鸟，栖落在久不使用的舵把上。

岸上的船也曾乘风破浪。

秋天的堤岸很高。九月的水很清。

河上游来了纤夫的歌声。

哦，河流啊，你还记得我的童年、她的许诺和那夜皎洁的月光吗？

思考与练习

1. 口语表达的基本要素是什么？
2. 什么是口语表达的特点？
3. 口语表达的原则是什么？
4. 口语表达的技巧有哪些？
5. 口语表达与书面表达有什么不同？

第三章　声音的运用技巧

同样的场合，同样的话，为什么不同的人讲出来，效果却大不一样？声乐专家摩尔在《完美的声音》里说："语言、台风、个性都非常重要，但嗓音才是关键中的关键。"悦耳的嗓音明净流畅、圆润饱满，而且字音不扁、声音不散、叮咚作响，具有"大珠小珠落玉盘"的效果。良好的口才，必须经过严格的、刻苦的、长期的声音训练，在熟练掌握了声音的运用技巧的基础上才能逐步形成。

第一节　发音效果训练

发音效果是口语表达技巧的重要组成部分。其总的要求是：发音准确清晰、清亮圆润、富于变化，没有痉挛、颤抖或飘忽不定；字音纯正，完全符合普通话的发音标准（方言演讲除外）；恰到好处地控制音量、音调和节奏的变化，声音娓娓动听，"甜美如醇酒和蜜糖"。

一、气息训练

气息是使声音洪亮悦耳的原动力。不掌握正确的呼吸方法，没有气息的支持与控制，也就无法解决发声的问题。会用气与不会用气，用的气息是强还是弱，说话的声音效果是大不一样的。并不是气力越大声音效果就越好，关键在于把握适度，用力得当。无论是生活中的交谈，还是演讲、授课、朗诵、辩论等，气息的控制不仅直接影响着声音的高低、大小，还直接影响着语势的强弱和情感的表达。气息是催发情感、表情达意的重要手段。因此，要想使自己的声音运用自如、响亮清晰，又能传达出应有的情感，就必须掌握一定的气息运用技巧。气息训练包括呼吸训练和换气训练。

（一）呼吸训练（胸腹式呼吸）

练声先连气，气乃声之源。说话者在练声之前要先学会用气。正确的方法是采用胸腹联合呼吸法，即运用胸腔、横膈膜和腹部肌肉共同控制气息。这种呼吸方法，胸腔容积大，控制力强，支持时间长，能够对呼气气势的强弱进行调节，使呼气均匀而有节奏，因而能够自如地控制声音的高低、强弱的变化，以适应讲话中各种发声运动的需要。同时还可减轻喉头发声的压力，不仅能发出柔美圆润的音色，也使嗓音不易沙哑，不易因疲劳而失声，是理想的呼吸方法。具体方法是：两肋左右张开，有上提感，略收小腹，横膈膜收缩，有下压腹部感，开始吸气，到不能再吸为止。注意不要耸肩挺胸。呼气时，仍要收住小腹，在腹肌和横膈膜的约束下将气徐徐吐出。总的原则是：吸气要深，呼气要有节制。在练习时可循序渐进，开始先缓吸缓呼，掌握要领后再急吸急呼。

（二）换气训练

人们说话时，常常不能一口气将所要说的内容全部说完，总要在说的过程中换上一口气。这时，就要根据讲话的内容和表情达意的需要，采用不同的方式对气息进行补充，以保证气力的充足，这就是换气。

换气一般有只吸不呼和少呼多吸两种方式。只吸不呼换气也称为“偷气”，俗称“小气口”，是用鼻子或口急速吸进一小口气，在吐完前一个字时不露痕迹地带回一点儿气进来。这种做法可以及时补充胸中的蓄气，使讲话时总能保持饱满的气息而又不易被人察觉，显得自然流畅。偷气一般用在内容连贯、句子较长的讲话中。少吸多呼的换气，俗称“大气口”，气有出有进，以出带进，并且是在公开形式下进行呼和吸。这种换气方法一般用在允许有停顿或靠停顿表示情绪变化的语句中。在瞬间停顿的条件下，先轻轻吐出一点儿气，紧接着吸进一口气，呼出的是少量的气，目的是吸进较多的气，吸气时要把气吸足。

换气与停顿有密切的关系。对话、演讲、辩论时都要根据需要有意识地安排时间不等的停歇，而每次停歇，都需要及时换气，以保证语气从容和情感自然，并防止出现“气竭”现象。讲话时不失时机地换气，不仅自己说着顺畅，别人听着也舒服。总之，在进行口才训练时，必须重视换气，学会安排大小气口，对气息的运用要自如、熟练。

二、共鸣训练

人们在日常说话中，常会无意识地用到共鸣器官，但在演讲或作报告时倘能有意识地加以运用，就会使发声能力大大提高。掌握了共鸣发声的技巧，就可以使音色明亮、圆润，富有感染力，且能持久不哑；不会运用共鸣发声，不仅音量小、音质差，而且难以持久。

所谓共鸣，就是气息在口腔、鼻腔、胸腔中相互碰撞而产生声音的统一性。共鸣腔一般分为三处：头腔、口腔和胸腔。头腔指硬、软腭以上的部分（包括鼻腔），这部分属于高频泛音区，它使声音高亢、响亮；口腔指喉部硬腭以下、胸腔以上的各共鸣腔体（含咽腔），这部分属于中频泛音区，它使声音丰满、圆润、庄重；胸腔指喉部以下部分，这部分属于低频泛音区，它使声音浑厚、低沉。人们说话或演讲一般是以口腔共鸣为主，以胸腔共鸣为基础，略带鼻腔共鸣。要想获得理想的音质，就必须使喉腔、咽腔、口腔、鼻腔、胸腔共同协调工作。

（一）发声训练

通过“哼鸣”音的训练，可以掌握正确的要领。做法是：先闭口发出“嗯——”音，注意应让气息通过软腭后部，进入头腔。此时如果气息流向正确，则可发出较为明亮的“嗯——”音，然后慢慢张开口（口腔内仍保持发“嗯——”音）。这时，如果能做到“嗯——”音不随嘴巴的开合而出现音色明暗的变化，则说明发音正确。

（二）吐字训练

吐字训练即吐字归音训练。“吐字归音”是中国传统戏曲语言中的一个术语。如果平时不重视“吐字归音”的作用，就会导致说话时字音含混，吐字模糊，或吃字吞字，表达不清。大多数汉字音节都可以分解为字头（主要指声母）、字腹（韵头和韵腹）、字尾（韵尾）三部分。如 cai，其中声母“c”即“字头”，韵母中的主要元音“a”即“字腹”，韵尾“i”即“字尾”。吐字归音把一个音节的发音过程分为出字（字头的发音过程）、立字（字腹的发音过程）、归音（字尾的发音过程）三个阶段。吐字归音要做到出字发音准确，弹发有力；立字拉开立起，圆润饱满；归音干净利落，趋向鲜明。其总的原则是吐咬清晰，归音到位。

1. 吐咬清晰

（1）喷崩法。就是在咬字时，吸足气流，双唇紧闭，然后爆破除阻将字音吐送出来。声母是 b、p 的字，可使用喷崩法。如：八百标兵奔北坡，炮兵并排北边跑，炮兵怕把标兵碰，标兵怕碰炮兵炮。

（2）弹舌法。就是利用舌头的弹力，将字有力且富有弹性地弹吐出来，声母是 d、t 的字，可使用弹舌法。如：白石塔，白石搭，白石搭白塔，白塔白石搭，搭好白石塔，白塔白又大。

（3）震牙法。就是吐字时，气流强烈震动牙齿，牙齿有明显的震动感，以求字音响亮有力。声母是 j、r 的字，可使用震牙法。如：讲究、加剧、军舰、阶级、忍让、仍然、如若、柔软。

（4）开喉法。就是在吐字时，尽量使口腔后部打开，蓄足气流，吐送有力。声母是 g、k 的字，可使用开喉法。如：哥挎瓜筐过宽沟，赶快过沟看怪狗，光看怪狗瓜筐扣，瓜滚筐空哥怪狗。

2. 归音到位

归音到位是指发音时要收准字尾，主要有以下几种技巧：

（1）展唇。以 ai、ei、nai、nei 为韵母的字，归音时，应微展唇角，嘴形扁平，收“i”音。如：没有花香，没有树高，我是一棵无人知道的小草，从不寂寞，从不烦恼，你看我的伙伴遍及天涯海角。春风把我吹绿，阳光把我照耀。河流山川抚育了我，大地母亲把我紧紧拥抱。

（2）聚唇。以 ao、iao、ou、iou 为韵母的字，归音时应聚拢双唇。如：幸福在哪里，朋友啊，告诉你。它不在柳荫下，也不在温室里。它在辛勤的工作中，它在艰苦的劳动里。啊！幸福就在你晶莹的汗水里。幸福就在你闪光的智慧里。

（3）抵舌。收前鼻音 n 的音节，字尾收音时要做一个明显的抵舌动作，舌尖稍稍回抵上牙床的位置。如：砍头不要紧，只要主义真。杀了夏明翰，还有后来人！

（4）穿鼻。收后鼻音 ng 的音节，收音时，气息要灌满鼻腔，穿鼻而出收 ng 音，舌根与小舌要有接触感。如：床前明月光，疑是地上霜。举头望明月，低头思故乡。

XL 模拟训练

（一）呼吸练习。

1. 深呼吸练习。

（1）把手放在肚子上，深呼吸。你会感觉到膈膜和胃像风箱一样胀起来。呼气，膈膜和胃缩回去。你可以静静地用鼻子吸气和呼气，你也可以用嘴静静地吸气和呼气，每次连续做 10 次呼吸，共做 3 遍。

（2）吹树叶（或纸片）练习。站在矮树或有叶的花盆前（若是室内，也可在面前挂一张稍薄的纸），距离约 1m 远，待深呼吸后，将气息缓缓吐出，凭借气息的力量吹动树叶（或纸片），要看到树叶（或纸片）有明显的颤动。若一时吹不动可适当调整距离，但不可离树叶（或纸片）过近。如此反复练习，直至轻轻一吹树叶（或纸片）就抖动不止。要训练到可自由控制树叶（或纸片）动荡程度的大小为止。

2. 慢吸慢呼。

（1）“a”音延长。用慢吸慢呼的动作，发单元音“a”的延长音。声音逐渐由小到大，由高到低，由弱到强。气息要通畅自如，下腭、舌根不紧张，喉部放松，让气流集中冲到硬腭前发出。

（2）数数练习。慢吸气至八成满，呼气时数数1、2、3、4、5、……数得速度要慢，吐字要清楚，不紧张，不憋气，发一个音马上停住，不要漏气、换气，喉头放松，气路通，一口气数到底，能数多少就数多少。

3. 快吸慢呼。

快而短促地吸一口气，然后慢呼并伴随四声发音，直至一口气用完。

bā bá bǎ bà dī dá dǐ dà

八 拔 把 爸 滴 达 底 大

这个练习可反复多次，可用快吸来练习，也可用慢吸来练习。可逐渐改变声音的高低、强弱、快慢，并调节好气息，注意字音要清楚、准确。

（二）换气练习。

1. 蓄气练习。

将下面一段文字一口气说下来，中间不准偷气、换气。如有，则需反复练习，直至能一口气坚持说完为止。

出东门，过大桥。大桥底下一树枣儿。拿着竿子去打枣儿，青的多，红的少。一个枣儿、两个枣儿、三个枣儿、四个枣儿、五个枣儿、六个枣儿、七个枣儿、八个枣儿、九个枣儿、十个枣儿。九个枣儿、八个枣儿、七个枣儿、六个枣儿、五个枣儿、四个枣儿、三个枣儿、两个枣儿、一个枣儿。这是一个绕口令，一口气说完才算好。

2. 换气练习。

朗读下段文字，依句号停顿换气，要有明显的换气动作，体会呼与吸的要领，不是句号处不准换气。反复练习，直至能准确自然地换气，顺畅地读下来为止。

望夜空，满天星，光闪闪，亮晶晶。好像那，小银灯，大大小小密密麻麻，闪闪烁烁数不清。仔细看，看分明，原来那群星，分了星座还起了名。按亮度，分了等，一等、二等、三等、四等、五等、六等一共分六等。谁最亮，是一等，谁最暗，是六等，一等到六等，总共不过6900多颗是恒星。星空中，还能看见那大行星和卫星、小行星和彗星，更有那无数无名点点繁星看不清。要想看清它，请你借助现代化的天文望远镜。

（三）吐字归音练习。

练习方式为两人一组，一人说，一人听，如有错误要及时为对方指出。二人做交替听说练习。要求快速、准确，口齿清晰地说下来。如有失误，需反复练习，做到准确无误为止。

（1）炮兵攻打八面坡，炮兵排排炮弹齐发射，步兵逼近八面坡，灭敌八千八百八十多。

(2) 刚往窗上糊字纸，你就隔着窗户撕字纸，一次撕下横字纸，一次撕下竖字纸。横竖两次撕了四十四张湿字纸。窗上没有纸，风吹满屋子。是字纸你就撕字纸，不是字纸你就不要撕一地纸。

(3) 柳林镇有个六号楼，刘老六住在六号楼。

有一天，来了牛老六，牵了六只猴；来了侯老六，拉了六条牛；来了仇老六，提了六篓油；来了尤老六，背了六匹绸。

牛老六、侯老六、仇老六、尤老六，住上刘老六的六号楼，半夜里，牛抵猴，猴斗牛，撞倒了仇老六的油，油坏了尤老六的绸。

牛老六帮仇老六收起油，侯老六帮尤老六洗掉绸上的油，拴好牛，看好猴，一同上楼去喝酒。

(4) 山前有四十四棵小涩柿子树，山后有四十四只小死石狮子，小死石狮子咬着小死涩柿子，小死涩柿子把小死石狮子涩死了。

(5) 司小四和史小世，四月十四日十四时四十上集市，司小四买了四十四斤四两西红柿，史小世买了十四斤四两细蚕丝。司小四要拿四十四斤四两西红柿换史小世十四斤四两细蚕丝。史小世十四斤四两细蚕丝不换司小四四十四斤四两西红柿。司小四说我四十四斤四两西红柿可以增加营养防近视，史小世说我十四斤四两细蚕丝可以织绸织缎又抽丝。

(6) 一位爷爷他姓顾，上街打醋又买布。买了布，打了醋，回头看见鹰抓兔。放下布，搁下醋，上前去追鹰和兔，飞了鹰，跑了兔，打翻醋，醋湿布。

(7) 南南有个篮篮，篮篮装着盘盘，盘盘放着碗碗，碗碗盛着饭饭。南南翻了篮篮，篮篮扣了盘盘，盘盘打了碗碗，碗碗撒了饭饭。

(8) 东门童家门东董家，童、董两家，同种冬瓜，童家知道董家冬瓜大，来到董家学种冬瓜。门东董家懂种冬瓜，来教东门童家种冬瓜。童家、董家都懂得种冬瓜，童、董两家的冬瓜比桶大。

(9) 瓜藤开花像喇叭，娃娃爱花不去掐。瓜藤开花瓜花结花，没花就没瓜。吃瓜要爱花，娃娃爱花也爱瓜。

(10) 板凳宽，扁担长，板凳比扁担宽，扁担比板凳长，扁担要绑在板凳上，板凳不让扁担绑在板凳上，扁担偏要板凳让扁担绑在板凳上。

(11) 化肥会挥发，黑化肥发灰，灰化肥发黑，黑化肥发灰会挥发，灰化肥挥发会发黑，黑化肥发灰挥发会花飞，灰化肥挥发发黑会飞花。

(12) 打南边来了个喇嘛，手里提拉着五斤鳎目。打北边来了个哑巴，腰里别着个喇叭。南边提拉着鳎目的喇嘛要拿鳎目换北边别喇叭的哑巴的喇叭。哑巴不愿意拿喇叭换提拉着鳎目的喇嘛的鳎目，喇嘛非要拿鳎目换别喇叭的哑巴的喇叭。喇嘛抡起鳎目抽了别喇叭的哑巴一鳎目，哑巴摘下喇叭打了提拉着鳎目的喇嘛一喇叭。也不知是提拉着鳎目的喇嘛抽了别喇叭的哑巴一鳎目，还是别喇叭的哑巴打了提拉着鳎目的喇嘛一喇叭。

第二节　音调变化训练

音调指口头表达时声调高低的变化。说话时要求能根据表情达意的需要掌握音调高低升降、抑扬顿挫的变化；听话时要求能对发话人的音调、语气作出灵敏的反应。音调变化训练可从字调、句调、重音三个方面入手。

一、字调

一般说来，一个汉字的读音就是一个音节。声调是指一个音节（字）的音高变化，又叫“字调”。普通话有四种声调：阴平、阳平、上声、去声，称为“四声”。其中“阴”、“阳”、“上（shǎng）”、“去”四个字音的高低变化就代表四声的读法。人们习惯上也称四声为：第一声、第二声、第三声、第四声。

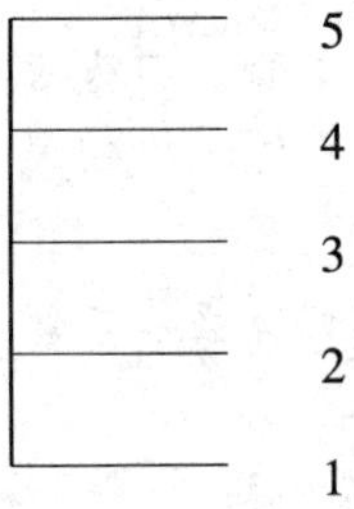

上图表示的是普通话音节的高低，由低到高分为1、2、3、4、5度，根据这个尺度就可以来描绘普通话四声的高低变化。

阴平是高平调，由5度到5度，其高低变化形式是：˥$_{55}$。发音时，声带绷得最紧，且始终不变。如“江山（jiāng shān）”、“春天（chūn tiān）”。

阳平是中升调，由3度升到5度，其高低变化形式是：Λ$_{35}$。发音时声带由不松不紧逐渐拉紧到最高程度。如“人民（rén mín）”、“严格（yán gé）”。

上声是降升调，由2度降到1度，再由1度升到4度。其高低变化形式是：V$_{214}$。发音时，声带稍微紧张之后立刻松弛下来，尔后又迅速绷紧，但不到最紧张程度。上声音节由于高低变化成曲线形，因而发音较长。如“米（mǐ）”、“好（hǎo）”。

去声是全降调，由5度降到1度，其高低变化形式是：V$_{51}$。发音时，声带由最紧张逐渐放松到最松弛。去声音节发音最短。如“大（dà）”、“看（kàn）”。

二、句调

句子的声调变化就是句调，它可以使句子抑扬顿挫，婉转动听。句调一般可分为平调、升调、降调、曲调四种。

1. 平调

整个句子语势平缓，没有明显的高低升降变化。一般用在严肃、庄重、沉吟、冷淡和叙述、说明的句子里。例如：

老渔民长得高大结实，留着一把花白胡子。（叙述）

少讲闲话，你看着办吧。（冷淡）

2. 升调

整个句子的语势由低到高，音高的最高点靠近句尾，也叫高升调。一般用在表示疑问、反问、惊诧、号召、呼唤、命令的句子里。例如：

有这样轻松脚步的老年人，心情也该是轻松的，还能不闻见红叶香？（反问）

3. 降调

整个句子的语势先高后低，逐渐下降，音高的最高点靠近句首。一般用在表示感叹、肯定、自信、允许、请求、祝愿的句子里。例如：

盼望着，盼望着，东风来了，春天的脚步近了。（陈述）

天安门多雄伟啊！（感叹）

4. 曲调

整个句子语势有曲折变化，或先升后降，或先降后升，或句末一个音节特别加重、拖长并造成曲折。一般用在表示讽刺、诙谐、夸张、怀疑、双关、反诘的句子里。例如：

哎呀呀，你这么大的力气，山都会被你推倒呢。（讽刺）

三、重音

重音是指在说话或演讲时把句子中的某些词语念成比较重、比较强的音。重音有引起注意、突出重点、启发思维的作用，它是正确表达思想内容、真切抒发感情、增强语言节奏感、提高语言表现力的重要手段。

根据重音出现的环境和条件可以把重音分为语法重音、逻辑重音和感情重音三种。

（一）语法重音

语法重音是指根据句子语法结构的需要，重读句中某些语法成分。语法重音的情况主要有以下几种：

（1）句子谓语中的主要动词常常重读。例如：

春天到了！

老师已经告诉我们了。

（2）句中表示性状和程度的状语常常重读。例如：

孩子们，不要着急，慢慢地说。

刘胡兰从容地走向敌人的铡刀。

（3）句中表示状态或程度的补语常常重读。例如：

王同学的发言精彩极了。

老师的话讲得十分深刻。

（4）句中表示疑问和指示的代词常常重读。例如：

谁能把花生的好处说出来？

他什么活动也不想参加。

那就是白杨树，西北极普通的一种树，然而实在不是平凡的一种树！

此外，用作比喻的词语、排比句中变化的词语等，往往重读。一般来讲，语法重音的强度并不十分强，只是与语句中的其他部分相比，读得比较重一些。

（二）逻辑重音

为了表示某种特殊的感情或强调某种特殊意义，往往有意把语句中的某些词读得很重。这种重音就是逻辑重音，也叫强调重音。下面同一句话由于重音的位置不同会表现出不同的意思来：

（1）我知道你会唱歌。（别人不知道你会唱歌。）

（2）我知道你会唱歌。（你不要瞒我了。）

（3）我知道你会唱歌。（别人会不会唱歌我不知道。）

（4）我知道你会唱歌。（你怎么说不会呢？）

（5）我知道你会唱歌。（会不会唱戏我不知道。）

由此可以看出，在特定的语言环境中，句子中的每个实词都可以成为逻辑重音。逻辑重音和语法重音都是为了使语意鲜明，使听众直接迅速地把握语句所传递的信息。不过语法重音是在一般情形下将固定的语法成分重读，而逻辑重音则是根据语言环境的不同而作出不同的强调。

（三）感情重音

感情重音是指为了表达强烈感情的需要，对那些为表达感情而起决定作用的词语、句子，甚至整个段落都相应地加重音量。感情重音大多出现在内心节奏强烈、情绪激动时，如兴奋、激昂、欣喜等。感情重音的作用在于使语言色彩丰富，增添血肉，充满生气，听上去真切感人，有强烈的感染力。它往往与语法重音或逻辑重音重合，这种双重重音效果就会格外加强。演讲时重音的确定往往取决于演讲者对作品思想感情的领会和把握。常见的表达感情重音的方式有五种：

一是加强音量：即把音节读得重一些、响一些。一般用于表达明朗的态度、观点以及形象鲜明的事物。例如：让暴风雨来得更猛烈些吧！

二是拖长音节：即把重音音节拖长。一般用于宣泄内心情绪，表达真挚的情意等，富有抒情色彩。有时为了使音节传送清晰，也用拖长音节这种方法来启发听众的想像，加深听众的印象，加强演讲的感染力。例如：黑夜，静寂的、死一般的黑夜。

三是一字一顿：即在需要强调的词语上，用时间停顿的方式突出重音。例如：命令有力的宫女，从昼到夜，专门撕裂彩绸，以供褒姒消愁解闷。

四是重音轻吐：有时候把需要突出的词语故意压低音量而加强力度，将重音低而有力地轻轻吐出，以造成突出的效果。这种音由于气流较强，气大于声，力大于音，因而称之为“气音”。这种方式常用来烘托意境，表达深沉凝重、含蓄内向的细腻感情，听起来轻柔真挚，真切感人，给听众以回味的余地。例如：春天，悄悄地来了。

五是变换音色：即采用特殊的语言技巧——颤音、破嗓音、沙哑音等显示重音，以表达特殊的感情。颤音表示激动或恐惧；尖叫声或破嗓音表示歇斯底里；沙哑音或改变共鸣腔表示疲劳、老练或有力等。

需要注意的是，演讲者不能孤立地考虑哪句话是“语法重音”，哪句话是“逻辑重音”，哪句话又是“感情重音”，而应该依据演讲内容随情所至，顺理成章。

XXL 模拟训练

（一）两名同学一组练习用不同的语调说同一句话。一个人说，另一个人听，分析说话者的语调是否符合要求。

第一句话：“你到这里来过？”

1. 表示高兴（这太好了！）

2. 表示惊讶（真没想到！）
3. 表示怀疑（这可能吗？）
4. 表示责怪（你不应该来这里呀！）
5. 表示愤怒（真太不像话了！）
6. 表示惋惜（唉！无可挽回的过失！）
7. 表示轻蔑（这地方你也来，你太差劲了！）

第二句话："你这个人！"

1. 表示奇怪（你怎么忽然变卦了？）
2. 表示气愤（你竟然干这种事？）
3. 表示埋怨（你怎么姗姗来迟！）
4. 表示惋惜（多下点工夫就好了！）
5. 表示感激（你为我们想得真周到！）
6. 表示嗔怪（你真会缠人啊！）

（二）分角色朗读下面的一段对话，注意确定和表达重音。

李冬宝：牛大姐，您儿子那对象挺不错的，事事都能张罗，跟您也对脾气，您可别再这山望着那山高了。

牛大姐：这样儿的，我也不敢让她当媳妇，我管得了她吗？

李冬宝：一般人也不敢认您这婆婆，成天讲大道理，嫁你们家赶上上党校培训了，一辈子也结不了业。

牛大姐：这有什么不好？家里人更要言传身教，百年树人嘛！我看我儿子那对象……

李冬宝：没挑的，就是恋爱早点儿，上中学就开始谈了吧？

牛大姐：我没少说他们。也怪我儿子太招人喜欢了。

（资料来源：电视剧《编辑部的故事》）

（三）声调词例练习。

1. 阴平字声调练习。

东颠端灯 翻飞分风 喝酣哈哼 拉捞溜撩 珠渣遮周 糟邹灾增 吃嗔昌撑 沾真专中 擦粗参仓 杀师端开 八帮掰绷 撒搜森僧

2. 阳平字声调练习。

臣席长虫 人仍然容 流离牢龙 您能拿浓 咱昨族则 全前琴穷 节决极局 谁熟神绳 谈头图腾 瞒苗没蒙 贫凭旁盘 银摇原营

3. 上声字声调练习。

永有影远 挤紧举检 古葛梗赶 所撒损伞 扯甩水闪 法匪否反 免猛美满 谎虎毁缓 几本饼扁 打赌斗胆 只准掌盏 想选醒险

4. 去声字声调练习。

去劝庆欠 至今住占 热若让认 顺树上善 路列浪烂 勿望未万 素色岁算 促错次灿 绘画互换 放奉费泛 并变被半 特透唾叹

5. 同调连读练习。

春天开花 江山多娇 人民团结 昂扬豪情 党委领导 理想美好 继续奋斗 创造世界

6. 顺序四声练习。

中华伟大 山河美丽 英雄好汉 千锤百炼 非常好记 高扬转降 坚持努力 深谋远虑

7. 逆序四声练习。

暴雨狂风 万里长征 字里行间 异口同声 袖手旁观 信以为真

8. 混合四声练习。

忠言逆耳 语重心长 身体力行 卓有成效 百炼成钢 万马奔腾 光明磊落 英雄好汉 宣传马列 精神爽快 心红胆壮 工农子弟 生活朴素 山河锦绣 声停曲尽

第三节　节奏掌握训练

在口语表达时，由一定思想感情的波澜起伏所造成的、表达有关内容过程中所显示的、抑扬顿挫、轻重缓急的声音形式的回环往复，就是节奏。从一个句子的音节划分上看不出节奏，可以看出的只是通过停、连将句子划分出的若干音节。将多句的若干音节进行综合表现，形成回环往复之势，节奏便出来了。节奏有“内在节奏”和“外在节奏”之分。“内在节奏”发于心，“外在节奏”形于外。这样的区分是为了明确内外节奏统一与不统一的问题。一般情况下，在口语表达时内外节奏是趋向统一的，但有些格律诗将诗人澎湃的情感限定在格律的框架内，造成了内外节奏的不统一，同时也带来口语表达者再创造时的内外节奏不统一。同样道理，如果说话者出现外在节奏背离内在节奏，就属于表达不当，其原因或是领略不深，或是口舌不灵等。

一、节奏及其类型

（一）轻快型节奏

音节少而词的密度大，多扬少抑，轻快而不凝重。如《综艺大观》中倪萍的语言节奏及恭贺祝愿场合中主持人的讲话节奏。

（二）凝重型节奏

语势较平稳，音强而有力，多抑少扬，音节多而词疏。如《人与自然》

中赵忠祥的语言节奏及某些追怀往事场合讲话的节奏。

（三）低沉型节奏

语势多为低潮类，句尾落点多显沉重，音节多而长，有较强的沉缓感。如广播电台、电视台播讲“讣告”及追悼会主持人的讲话节奏。

（四）高亢型节奏

语势多为起潮类，峰峰紧连，扬而更扬，基本语气趋于高昂。如体育节目中宋世雄解说的节奏及团队式辩论中的语言节奏。

（五）紧张型节奏

这种节奏多扬少抑，多轻少重，音节少而词的密度大，音短而气促。如绕口令的练习和评书演说者对某些惊险、激烈的段子所作的节奏处理。

以上所举类型，并非囊括语言现象中的所有节奏类型。事实上，口头表达的节奏是错综复杂的，往往表现出综合性节奏的特点。

二、停顿及其类型

停顿与节奏密不可分。停顿是指讲话时语流中读音的间歇。停顿在口语表达中有调节气息、显示语气、突出重点的功能，能起到标点符号的作用，和语意表达有着十分密切的关系。恰到好处的停顿，可使语句结构清楚、语意鲜明，可以增强语言的节奏感，加强语言的清晰度和表现力，还可以引起听众的注意和思考。如果停顿不当，该停顿的没有停顿，而不该停顿的却停顿了，就会使语句混乱，影响语意的表达，有时还会造成误解。

停顿可以分为语法停顿、逻辑停顿、感情停顿、生理停顿等四种基本类型。

（一）语法停顿

一般认为，语法停顿是指依照标点符号所做的间歇。标点符号反映了段落之间、句子之间、词语之间的语法关系。关于停顿的时间长短，相比之下，段落之间的停顿要长于句子之间的停顿；句子之间的停顿又长于句子内部的停顿；句号（包括句末的问号、感叹号、省略号）长于分号和冒号；分号和冒号要比逗号长，逗号又比顿号长。

（二）逻辑停顿

逻辑停顿是指为了强调某一事物或突出某一语意，在没有标点符号的地方所做的停顿，因此又叫强调停顿。例如：

遵义会议//纠正了//第五次反“围剿”斗争中所犯的/“左”倾机会主义性质的/严重的/原则错误，//团结了/党和红军，//使得党中央和红军主力/顺利地完成长征，//转到了/抗日的前沿阵地，//执行了/抗日民族统一战线的新政策。

这段话中，“遵义会议”之后没有标点，但为了突出这次会议的地位，强调它在我党历史上的伟大历史意义，要有一个逻辑停顿，而且时间要长些。“纠正了”、“团结了”、“所犯的”、“性质的”、“严重的”、“使得”、“转到了”、“执行了”等词之后都没有标点，但都要停顿。通过这些停顿，可以把“遵义会议”几方面的历史意义更有层次地表达出来。

（三）感情停顿

感情停顿是指为了突出某些感情而作出的停顿。这种停顿通常出现在感情强烈的地方，诸如兴奋异常、悲痛欲绝、恼怒至极等。在感情停顿的地方往往配合着感情重音、呼吸急促或屏住气息等手段以表现强烈的感情色彩。一般说来，感情停顿比语法停顿和逻辑停顿的时间要长一些。例如：

你丢下自己的小外孙，把伤员背进防空洞，而当你再回去抢救小孙孙的时候，//房子已经平了。

在“而当……的时候”后面多停顿一会儿，既可以表示不忍马上说出当时发生的不幸事情，又能对听众的心理、感情产生一定的冲击。

上述三种停顿的类型既有区别，又有联系，它们共同服从于表情达意的需要。其中，语法停顿使语言层次分明，语意明确；逻辑停顿使语言目的明确、表意充分；感情停顿使语言感情饱满，生命力强。如果说没有逻辑停顿的语言是文理不通的话，那么，没有感情停顿的语言就是无生命的语言。

（四）生理停顿

生理停顿也叫气息停顿，就是在长句子中间合适的地方顿一顿，换换气。运用生理停顿时，一定要选好位置，不能破坏语句的完整性，不能影响语音的准确表达。一般来说，换气应在停顿较长的地方。

XXL 模拟训练

（一）找一篇有关动物知识介绍的文章，模仿赵忠祥的凝重型节奏将其读下来，体会凝重型节奏的特点，并请其他同学进行评议。

（二）试读《荷花淀》、《白杨礼赞》，体会轻快型节奏和高亢型节奏的特点和区别，并请其他同学进行评议。

（三）同学分两组，分别试读《海燕》。一组用高亢型节奏，一组用凝重型节奏，体会高亢型节奏和凝重型节奏的区别，两组进行互评。

（四）试念下列句子，分析一下各属于哪类停顿。

1. 现在播送/中央气象台今天早晨6点钟发布的天气预报。

2. 过去/我们没有被困难吓倒，现在/我们也不会在困难面前畏缩不前！

3. 自古以来被称作天堑的长江/被我们征服了！

4. 心灵中的黑暗/必须用知识来驱除。

5. 他/当过营业员，在报社干过几天记者，还做过几天电工。

6. 中国队打败了美国队/获得了冠军。

7. 满以为可以看到辉煌的日出/却只看到团团浓雾。

8. 他说：“我/我/我根本就没有进这间办公室。”

（五）朗读下面一段话，注意句间的停顿。

小时候/乡愁是一枚小小的邮票/我在这头/母亲在那头//长大后/乡愁是一张窄窄的船票/我在这头/新娘在那头//后来啊/乡愁是一方矮矮的坟墓/我在外头/母亲在里头//而现在/乡愁是一湾浅浅的海峡/我在这头/大陆在那头。

思考与练习

1. 采用胸腹式联合呼吸的优势在哪里？
2. 何谓换气？换气的方式有几种？
3. 吐字归音的练习要求和方法有哪些？
4. 什么是句调？句调分哪几种？
5. 重音是如何分类的？
6. 表达感情重音的常见方式有哪几种？
7. 什么叫节奏？口语表达中内在节奏与外在节奏是否应该统一？为什么？
8. 停顿有哪几种类型？它们各自的作用是什么？

第四章　口才训练的途径

俗话说，成也是嘴，败也是嘴。凡是声带正常的人，说话都没有问题，但并不是每一个声带正常的人都“会”说话。现实生活中我们会发现，同样一件事情由不同的人说出来效果会大不相同。其原因就在于：有的人在与人交谈时，常常不知道怎么说。这就好比一台状态良好的汽车，把它发动起来比较容易，而真正会驾驶则需要掌握一定的要领和技巧，并通过反复练习，熟能生巧，才能成为一名真正的驾驶员。因此，要想成为一个真正有口才的人，就要掌握口才训练的途径，解决好“怎么说”的问题。

第一节　提高综合素质

古人云：“听君一席话，胜读十年书”。为什么有的人说话别人喜欢听，并能从中获益？关键就在于说话人的综合素质比较高。所谓素质，是指决定一个人行为习惯和思维方式的内在特质，是一个人能做什么（技能、知识）、想做什么（角色定位、自我认知）和会怎么做（价值观、品质、动机）的内在特质的组合。从广义上讲，它既包括自我认知、动机、个人品质以及价值观等内在的方面，也包括技能和知识等外在的方面。它是通过环境和教育的影响而逐步形成和发展起来的，是物质文明和精神文明成果在人的身心结构中的内化和积淀，因此，人的素质的内涵具有时代和社会的特征。同时，人的素质是在先天的基础上主要通过环境和教育的影响而形成的。因此，要想成为善言者就要提高自己的综合素质。而所谓综合素质，包括人的知识、智慧、才能、人格、身体和心理素质等几个方面。

一、品德素质

品德是指人的品质与道德。品质是人们在道德问题上的品格、行为的本质表现；道德是调整人们之间及个人同社会之间关系的行为规范的总和。

就口才与品德的关系而言，首要的是先看他有没有“德行”，其次才是看他能不能“说”，即“德”是第一位的，“才”是第二位的。孔子说：“其身正，不令而行；其身不正，虽令不从。”岳飞说：“正己然后可以正人。”原苏联教育家加里宁也说过：“如果你高叫反对喝酒，自己却喝起酒来，这样是不行的。如果你号召别人遵守纪律，而自己却经常破坏纪律，那么你的号召就不会起作用。”因此，“立言者，必先立身”，要想使自己讲的话有说服力，就必须以身作则，不能当面说一套背后做一套。请看李瑞环在天津任职期间与天津市人民代表进行的一次对话：

人民代表：有些地区煤气压力不足，做饭困难；有些地区检修停电，事先不通知，造成居民吃不上饭，喝不上水；有的用户，煤气表质量不好，不走字，收费人员就不合理地收费，居民很有意见。

李瑞环：先请市公用局局长答人民代表问。

公用局局长报了一堆数字，并讲了一番困难。

李瑞环：局长同志说了这么多，却没说清楚问题。我可以得出结论：是你们的领导班子不行。

人民代表：市民想听听市长对如何解决煤气问题的意见。

李瑞环：市政府接受人民代表的意见。过去天津市煤气几乎等于零。现在气化率在全国居第一位。由于没有经验，又抓得不实不紧，出了些问题，我正式郑重向全市人民检讨。

煤气化是城市现代化的标志之一。现代化的东西搞不好，还不如原始的。飞机出了问题，还不如自行车安全；有了煤气搞不好，不如没煤气。老太太不管你公用局局长有这原因、那原因，只知道点火就得着，不着就是有问题。我要求市建委、公用局、煤气公司立即采取措施，保证居民用气。

我向代表们宣布：不会很长时间，在煤气供应上一定给大家一个可靠的感觉。不然就换班子，直到换完。

李瑞环一席话引起了代表们的热烈掌声。这番话之所以受到天津市民的热烈欢迎，就是因为他具备高尚的道德情操，不摆官架子，也不推卸自己的责任，更没有“官官相护”，而是实事求是地讲清问题并提出切实可行的办法。所以他的话有人听，有人信，有人拥护。这正如古人说得：“行为心表，言为心声。”一个人如果没有高尚的品德，他的话就不会有人听，有人信，所以品德是第一位的。

二、心理素质

在日常交往中，我们不难发现，任何人都不同程度地存在着羞怯和不安的心理，这是很正常的。然而，过分的羞怯与不安会给人留下不自信的感觉，同时也会影响人的交际能力和交际范围。因为过分羞怯的人往往会产生自卑心理，常以自己的短处与别人的长处相比。心理学家认为，如果一个人觉得自己有点愚蠢，那么，他就会表现得很愚蠢；如果一个人觉得自己端庄高雅，他就表现得端庄高雅；如果一个人觉得很有信心，他就会表现得很有信心。所以，要想有好的口才，必须要有健康的心理，最主要的一点就是要有自信心。拥有自信是人际交往必须具备的心理素质，它体现着一个人的意志和力量，直接影响着人的思维和言谈举止。

三、文化素质

知识就是力量，是解决问题的金钥匙。一个善言的人应具备一定的文化基础知识，力求使自己的知识面更宽一些。俗话说："讲通一理，需读百科书。"一个人口才好不好，很大程度上则取决于一个"杂"字。天文地理、风俗人情都应该懂一些，能够信手拈来并用得得心应手。只有这样，才能做到左右逢源，说起话来头头是道，才能更有说服力。例如 1924 年 5 月 8 日是印度大诗人泰戈尔 64 岁寿辰，当时他正在北京。这天北京学术界代表为他举行了隆重的祝寿仪式，并由梁启超致贺词："今天的老寿星很有意思，我和他第二次见面的时候，他要我替他起一个中国名字，还说他原名里上一个字 Rab 是太阳的意思，下一个字 Mdra 是雷雨的意思，要我给他起'名字相副'的两个字。我当时不过信口答应罢了。过两天他又催我，还说希望在他生日那天得着这可爱的名字。……我想印度人从前呼中国为震旦，原不过是支那的译音，但选用这两个字却含有很深的象征意味，从阴郁暗淡的状态里轰然一震，万象昭苏，刚在扶桑浴过的丽日从地平线上涌现出来（旦字末笔表地平线，这是何等的境界！)。泰戈尔原名正含有这两种意义，把他的名字意译成震旦两字再好没有了。又从前自汉至晋的西来古德都有中国名，大多以所来之国为姓，如安世高从安息来便姓安，支娄迦讦从月支来便姓支，其间从天竺——即印度来的便姓竺，如竺法兰、竺法护，都是历史上有功于文化的人。今日我们所敬爱的天竺诗圣在他所爱的震旦地方过他 64 岁的生日，我用极诚挚、极喜悦的情绪将两个国名联起来赠给他一个新名字竺震旦。我希望我们对于他的热爱跟着这名儿永远嵌在他心灵上。我希望印度人和中国的旧爱借竺震旦这个人复活过来。"命名仪式上，梁启超还把一方鸡血石印章献给泰戈尔，上面镌着"竺震旦"三个字。从这个故事我们可以看出，如果梁启超没有丰富的历史文化知识，他是起不出这样的名字来的。

这里需要注意的是，听众的接受能力往往参差不齐，因此如何使自己的话适合各个层面的人的口味，做到雅俗共赏，并能达到说者与听者思想上的共鸣，这就要靠平时知识的积累，尤其要靠语言功底，比如，怎样辨析同义词、怎样才能用词恰当，等等。因此，在一定程度上说，掌握丰富的词汇是提高自己口才的必备条件之一，能否正确运用词汇，即用词是否适当是衡量一个人口才好与不好的关键一环。有一个故事，讲的是山东军阀韩复榘，此人无德无才、目不识丁却故作风雅。一次他到齐鲁大学作演讲：

“诸位、各位、在齐位：

今天是什么天气，今天就是演讲的天气，来宾十分茂盛，敝人也实在感冒。

今天来的人不少咧，看样子大抵有五分之八啦！来到的不说，没来的举手吧！

今天兄弟如今召集大家，来训一训！兄弟有说得不对的，大家应该互相原谅。因为兄弟和大家比起来是大老粗儿，大家都是从笔杆子里爬出来的，我是那炮筒子里钻出来的。你们大家都是各国留学生，都会说各国的英国话。所以今天兄弟不准备多讲，我就先谈三个纲目。”

不管韩复榘是否真的作过这样一个演讲，这个故事告诉我们，缺乏文化素质与修养，是要闹出天大的笑话的。

当今世界是知识爆炸的时代，需要人们终身学习。学历只代表过去，只有通过不断的学习新知识来充实自己，才能展望未来。知识的获得，一要靠自身平时的积累，二要向有经验的人请教。只有这样，才能少走弯路。如有一个博士到一家研究所工作，成为这个研究所学历最高的人。一天他到单位后面的小池塘钓鱼，研究所的正副所长也在这个池塘钓鱼。他看见两位所长，只是微微点了点头，心想：跟两个本科生，有啥好聊的呢？之后，选了一个离两位所长稍远的地方开始钓起鱼来。不一会儿，正所长放下钓竿，伸伸懒腰，“噌、噌、噌”从水面上“飞”到对面上厕所。博士眼珠瞪得都快掉出来了，心想：“所长还会水上飘？不会吧？这可是一个池塘啊。”正在他暗自思忖时，只见正所长又“噌、噌、噌”地从水上“飞”回来了。“怎么回事？”博士生好生纳闷，但又不好去问，自己可是博士生哪！怎么能向本科生去请教？过了一阵儿，副所长也站起身来，走了几步，“噌、噌、噌”地“飞”过水面去上厕所。这下子博士更是差点昏倒：“不会吧，难道我到了一个江湖高手集中的地方？”过了一会儿，这位博士生也内急了。这个池塘两边有围墙，要到对面厕所需绕10分钟的路，而回单位又太远，怎么办？博士生也不愿意去问两位所长，憋了半天实在忍不住了，便起身学着两位所长的样子往水里跨：“我就不信本科生能过的水面，我博士生不能过。”只听“扑通”一声，博士生栽到了水里。两位所长见状，急忙跑过来将他拉起，异口同声地问道：“怎么了？为什么要下水？有什么事想不通？还是所里对你的工作不够支持？”只见满身泥水的他红着脸问道：“没什么，我只是内急，想去对面的厕所。为什么你们可以‘飞’过去？”两位所长听完后乐得前俯后仰，说道：“这池塘里有两排木桩子，这两天下雨涨水，淹在了水面下。我们都知道这木桩的位置，所以可以踩着桩子过去。你怎么不问一声呢?”

勤学好问是中华民族的美德。孔子说：“三人行，必有我师焉。”只有不耻下问，才能不断增长自己的才干，才能成为真正有“学问”的人。

四、能力素质

社会中所有的事都是人和人之间的事，而解决人和人之间的事，也就免不了人和人打交道，人和人就要进行交流。而人与人之间的交流，简洁、生动、有效的方式就是口头表达。无论你想什么，如果你不说谁也不会猜到；如果说了但没有说清楚，人家就会误解你。当然，有时候把你想的说清楚并不是目的，你的目的是让对方能够接受你的观点，也就是要说服对方。说服对方有一定的难度。因为每个人都有自己的思想，都有自己的智慧，而且都认为自己的思想是正确的。而一旦接受你的思想，无疑会在不同程度上否定自己的思想和智慧。对一般人而言，否定自己是件非常痛苦的、令人难以接受的事情。比如在商业领域，买卖双方为了实现自己的利益，经常坐在谈判桌前争得面红耳赤，这时候口才的作用会体现得淋漓尽致。从某种意义上说，谈判的胜负，关键是看谈判水平的高低和能力的大小。作为一般的人际交往，应具备哪些最基本的能力，如何提高这些能力呢?

（一）语言表达能力

古代一个国王，一天晚上做梦满嘴的牙都掉光了。第二天，他找来两位解梦者。国王问第一个解梦者：“满口牙全掉了，是怎么回事?”第一个解梦者回答道：“皇上，在你所有的亲属都死去以后，你才能死，一个都不剩。”皇帝一听，龙颜大怒，结果第一个解梦者被杖打一百棍。接着皇上问第二个解梦者，第二个解梦者回答说：“至高无上的皇上，您将是您所有亲属当中最长寿的一位呀!”结果龙颜大悦，拿出一百个金币，奖给第二位解梦者。同样的事情，同样的内容，一个挨打，一个受奖，这就是语言表达能力的体现。

语言能力是我们提高素质、开发潜力的主要途径，是我们驾驭人生、改造生活、追求事业成功的无价之宝，是通往成功之路的必要途径。古人云：“我之所以为人者，言也。人而不能言，何以为人?”可见“说”有多重要。语言是人类分布最广泛、最平均的一种能力。在人的各种智力中，语言智力被列为第一种智力。事实表明：语言在人的一生中都占据着重要地位，是人们开发智力和培养社交能力的核心因素，也是现代人才必备的基本素质之一。在现代社会，由于经济的迅猛发展，人们之间的交往日益频繁，语言表达能力的重要性也日益凸显，好口才越来越被认为是现代人所应具备的能力。

作为现代人，不仅要有新的思想和见解，还要在别人面前能够很好地表达出来；不仅要用自己的行为对社会作贡献，还要用自己的语言去感染、说服别人。如果没有较好的表达能力，再好的思想和见解也无法把它很好地表达出来。在现实生活当中，我们就常常遇到这样的人，他们肚子里“有货”却“倒”不出来，人们形象地称他们为“茶壶煮饺子，有嘴儿倒不出”。某中学有位化学老师，再难解的化学题他都能做出来，但在讲台上常常讲不清问题，同学们听半天往往是一头雾水，他自己也急得满头大汗。是什么造成这种词不达意、索然无味的现象呢？原因就在于缺乏很好的语言表达能力。而有的人却具备良好的表达能力。如喜剧表演艺术家王景愚的自我介绍：

“我就是王景愚，表演《吃鸡》的那个王景愚。人称我是多愁善感的喜剧家，实在是愧不敢当，只不过是个“走火入魔”的哑剧迷罢了。你看我这40多公斤的瘦小身躯，却经常负荷许多忧虑与烦恼，而这些忧虑与烦恼，又多半是自找的。我不善于向自己敬爱的人表达敬与爱，却善于向自己所憎恶的人表达憎与恶，然而胆子并不大。我虽然很执拗，却又常常否定自己。否定自己既痛苦又快乐，我就生活在痛苦与欢乐的交织网里，总也冲不出去。在事业上人家说我是敢于拼搏的强者，而在复杂的人际关系面前，我又是一个心无灵犀，半点不通的弱者，因此，在生活中，我是交替扮演强者和弱者的角色。”

王景愚的自我介绍很有技巧，用词准确精练，幽默自然，体现了他高超的语言表达能力，给人留下良好的、难以忘却的第一印象。

那么，语言表达能力是与生俱来的吗？当然不是。尽管有遗传基因或脑部构造异常而造成语能优势或语能残缺的现象，但它主要是通过后天学习获得的一种技能。即使是聋哑人，只要他付出艰辛的努力，同样能学会说话。海伦·凯勒就是一个例证。被马克·吐温誉为19世纪两个奇人之一的海伦·凯勒，从小就失去听力和视力，却能以优异的成绩从哈佛大学德克利夫学院毕业，并建起了一家又一家慈善机构，被美国《时代周刊》评选为20世纪美国十大英雄偶像之一。她之所以能获得如此大的成功，很大程度上得益于她学会了说话。正如她在自传《假如给我三天光明》中所说：“如今我能用长有翅膀的言语说话了，再也不需要别人帮我翻译了，由此而得到的方便是无法用语言来形容的。现在我可以一边思考，一边说话，而从前用手指说话是无论如何也做不到这一点的。”

海伦·凯勒作为一个失聪、失明、失语的人，都能通过自己的努力变成一个失聪、失明而不失语的人，我们作为生理正常的人更应该把自己的话说好。那么，怎样才能使自己说的话让人喜欢听，更有说服力呢？

首先，要围绕主题说。想说什么，要有一个中心，不能信马由缰，不着边际；同时说话要简练、生动。如有一次在天津进行一场足球甲级联赛，正好赶上下雨，李瑞环鼓励天津队的队员们说："下雨了，你们要浑水摸球，要多射快传，千万别拖泥带水。"李瑞环既没有脱开球赛这个主题，又借下雨这个话题活跃了气氛。

其次，语言要通俗易懂，而且要分清对象和情境。说话要避免深奥，尽量使用大众化、口语化的语言，像俗语、歇后语、幽默笑话等，切忌"之"、"乎"、"者"、"也"假斯文。有个故事，讲的是一位秀才，其妻大字不识一个。一天晚上秀才被蝎子蜇了，痛得他大叫："贤妻，迅燃银灯，尔夫为蛟虫所袭。"喊了几遍，见妻子没有反应，急得他大叫："老婆子，快点灯，蝎子蜇着我了！"闻听此言，其妻才急忙跑过来。由此可见，应视不同的对象，选择不同的语言与方式，对不同性别、不同年龄、不同文化程度、不同心境的人应说不同的话。对不同的民族说话时，更应引起高度重视。不同的民族有不同的语言和文化，语言和文化是相互依存的。同样一句话，不同的民族会有不同的理解和反映。因此，在与不同民族的人交谈时，应尽量避免两种文化冲突所引起的语言误会。如和外国人交谈，切忌询问个人私事，问这类问题在中国人看来是表示关心，但外国人却认为是干预人家的私事。

（二）应变能力

我们在与人交际、交流时，常常还会遇到一些意想不到的事情发生。如你正在演讲时却有人起哄，正在交谈时却遭人抢白，你的辩词受到人们的反对……这一切都需要有从容镇定的应变能力。所以为了使自己从窘境中解脱出来，为了练就在任何情况下都对答如流的好口才，为了在社交场合免受尴尬，为了临危不乱，就需要培养自己的应变能力。

（1）机智幽默，巧妙圆场。有一次，著名相声演员马季到湖北省黄石市演出，在他表演之前，有一位演员错把"黄石市"说成了"黄石县"，顿时引起了观众的哄笑。在笑声中，马季登台演出。他张口就说："今天，我们有幸来到黄石省演出……"这话把哄笑中的观众弄糊涂了。正当大家窃窃私语时，马季解释道："方才，我们的一位演员把黄石市说成县，降了一级。我在这里当然要说成省，给提上一级，这样一降一提，哈，就平啦！"几句话，引得全场哄堂大笑，马季机智巧妙地给圆了场，使演出得以顺利进行。马季之所以能把场圆下来，关键还在于他有较强的应变能力。

（2）巧妙回答，变被动为主动。现实生活中能巧妙问答，变被动为主动的事例比比皆是。周总理是世界公认的演说家，有着极好的口才。有一次，一个美国记者采访周恩来总理时，看到桌子上放着一支美国派克钢笔。他以讥讽的口吻问道："请问总理阁下，你们堂堂的中国人为什么还要用美国的钢笔呢？”周总理淡淡一笑，答道：“谈起这支派克钢笔话就长了，这是一个朝鲜朋友的抗美战利品嘛！他是作为礼物赠送给我的。我想，无功不受禄，就推谢。可朋友说：留下做个纪念吧。我觉得很有意义，就收下了贵国的这支钢笔。”美国记者本想借此让总理难堪，结果自己讨了个没趣。

再如罗斯福在当选美国总统之前，曾在海军里担任要职。有一次，一个记者问他关于在加勒比海的小岛上建立潜艇基地的计划。罗斯福向周围看了看，压低声音问：“你能保密吗？”记者回答：“能保密。”罗斯福马上接着说：“你能我也能。”在这段对话中，罗斯福并没有生硬地拒绝对方，也没有泄露军事秘密，却回答了一个不易回答的问题，反映了罗斯福具有较高的应变能力。

（3）将错就错，补充解释。某大学一次智力竞赛抢答会上，主持人问：“三纲五常中的‘三纲’指的什么？”一个女学生抢答道：“臣为君纲，子为父纲，妻为夫纲。”刚刚答完，下面一顿爆笑。这位学生马上意识到自己说反了，随即补充道：“笑什么，我说的是新‘三纲五常’。”主持人问：“何为新‘三纲’？”她说：“现在，我国人民当家做主，是主人。而领导者不管多大，都是人民的公仆，岂不是臣为君纲吗？计划生育政策实施之后，一对夫妻只生一个孩子，这孩子成了父母的小皇帝，这岂不是子为父纲吗？现在，许多家庭中，妻子的权力远远超过了丈夫，妻管严、模范丈夫比比皆是，岂不是妻为夫纲吗？”话音刚落，全场爆发出一阵热烈的掌声。

（4）找人代答。一次，某物理学家到一所大学去演讲，突遇暴风雨，呕吐得厉害，下了飞机仍十分难受。上了出租车后他突发奇想：“这所大学没有一个人见过我，何不让出租车司机代我宣读论文？”于是与出租车司机商量，给他演讲费的一半 250 美元，司机最后答应了。在车上物理学家给出租车司机讲了一些基本知识，并告诉司机演讲时他坐在最后一排。到达学校后，司机开始演讲，讲得效果非常好，赢得无数掌声。就在结束演讲的时候，有个学生站起来问了一个非常简单的问题，但他毕竟是个“假教授”，讲稿之外的东西他真的搞不懂。这时他灵机一动说：“这个问题这么简单，连我的司机都能回答，他就在这里，坐在最后一排。”结果后面的问题都由物理学家来解答。这位司机虽然没有物理理论知识，但他有着很好的随机应变的能力。

（三）思维能力

思维是人脑对客观事物的间接的概括和反映。人脑与动物脑的最大区别就是人脑可以产生意识。

思维是让思想条理化的必由之路。在现实生活中，很多时候我们不是不会说，而是不会想，想不明白也就说不清楚。如，在说一件事、介绍一个人之前，先认真想想事情发生的时间、地点和经过，想一想人物的外貌、特征等。

有了比较条理化的思维，才会让自己的语言更加条理化。尤其是利用联想来扩充人脑固有的思维，可以大大提高人的思维广度。联想一般有相似联想、对比联想、接近联想、关系联想，等等。如一男子乘公交车，因司机紧急刹车，该男子站立不稳撞了前面的女子，该女子很不高兴地说：“德性！”男子答：“不是德性，是惯性。”一句话逗得一车人都笑了，被撞女子也不好再说什么。该男子由“德性”联想到“惯性”，巧妙地避免了一场无意义的争吵。

在思维能力的诸多方面需要重点学习和训练的是逆向思维。所谓逆向思维，就是有意识地从常规思维的反方向去思考问题的思维方式。逆向思维往往能起到事半功倍的效果。如一个记者在家写稿时，他的四岁儿子吵着要他陪。记者很烦，就将一本杂志的封底撕碎，对他儿子说：“你先将这上面的世界地图拼完整，爸爸就陪你玩。”过了不到五分钟，儿子又来拖他的手说：“爸爸我拼好了，陪我玩！”记者很生气：“小孩子要玩是可以理解的，但如果说谎话就不好了。怎么可能这么快就拼好世界地图！”儿子非常委屈，说道：“可是我真的拼好了呀！”记者一看，果然如此：不会吧？难道家里出了神童？他非常好奇地问：“你是怎么做到的？”儿子说：“世界地图的背面是一个人的头像。我反过来拼，只要这个人好了，世界地图就完整了。”

这个孩子非常聪明，世界地图非常难拼，但人头是有规律的。他正是利用了背面的人头，才得以在很短的时间内拼全世界地图。

（四）创新能力

江泽民同志指出，创新精神是我们民族几千年来生生不息、发展壮大的重要动力。《易·系辞》中也说：“穷则变，变则通，通则久。”人类社会的进步正是不断追求变革与创新的结果。

创新既是人类历史活动的本质要求，又是人类的本质规定。人类只有不断地进行创造性活动，才能不断满足自己生存发展的需要。创新有两个明显的特征：一是与旧的事物不同；二是比旧的先进。正是这两点共同构成了创新。或者换句话说，创新就是与众不同。假如所有人的思想行为都一样，这个社会就不会发展了。创新来自哪里？当然是来自创造力的开发。

根据创造力的基本原理，创造力是人皆有之的，但创造力又是一种潜力，是可以开发而且必须开发的东西，它具有无穷性。这就要求我们必须正确认识自己的创造力，必须开发自己的左、右脑。因为如果认识有误，潜力得不到开发，就永远不可能成为人才。要知道，人的潜力是很大的。我们常说超常发挥，实际上是指人的潜力在某一特定的条件下得到开发。在交谈当中，也很需要这种能力。如果人云亦云，吃人嚼过的馍，那么你的话会失去吸引力。巴尔扎克说过：“第一个把少女比作鲜花的人是天才，第二个套用这一比喻的人则是庸才，第三个仍用此比喻的人则被称为蠢材。”

创新需要灵感。在一些人眼里，创新是一种很神秘的东西，创新的灵感似乎是极其偶然的，如同彩票中奖一般。其实不然，只要你学会用科学的思想方法关注周围的一切，就会发现，灵感无处不在。所以要想在交谈中能够说出有新意的话，就要摆脱思维定势，因为它对创新是非常有害的，能使人的思路变得非常狭窄。如，有一位母亲问老师：“怎样才可以使我的孩子早餐吃鸡蛋呢?”老师反问道：“你为何要让孩子吃鸡蛋呢?”“为了补充蛋白质。”母亲回答。“那你为什么不换一种方法呢?”老师说。于是，第二天早晨，母亲心满意足地看着孩子吃他最爱吃的牛肉干。老师的一句话点拨了这位母亲，因为在她的思维定势里，要补充蛋白质只有吃鸡蛋，其实蛋白质不只鸡蛋里才有。

创新需要变换视角。在思考某一问题的时候，按照正常的思维往往难以得到正确的答案。但假如变换一个角度，就会很容易地得到。正所谓“踏破铁鞋无觅处，得来全不费工夫”。如在一次记者招待会上，一位外国记者问周恩来总理：“中国银行发行了多少人民币?”由于这是一个保密的数字，周恩来作为总理不可能回答，但又不好直言“无可奉告”，他灵机一动，十分严肃地说：“中国银行发行的人民币是壹拾捌元捌角捌分。”稍稍停顿一下，他接着解释说：“就是一张拾元，一张伍元，一张贰元，一张壹元，还有伍角、贰角、壹角、伍分、贰分、壹分，总计壹拾捌元捌角捌分。”这样，记者除惊叹周恩来的机智敏锐外，一无所获。

创新需要想像力。所谓想像，实际上就是突破时空的限制。美国一个学生曾经写过这样一篇作文：几个孩子到外面玩，捡到一个蛋，大家议论起来，有的说是蛇蛋，有的说是鸡蛋，众说纷纭。后来一个孩子说，不管它是什么蛋，拿回家去孵化出来看一看就知道了。美国的多家报纸对这篇作文作了转载，给了很高的评价，说这小孩很有创造能力，想像力特别丰富，将来会大有前途。这个学生就是后来的里根总统。

XXL 模拟训练

（一）品德素质训练。

近日，全国众多媒体报道了上海身患肺癌的七旬老人朱祥林在820路公交车遭遇无人让座的尴尬。令老人心碎的不是自己身患重病，而是在公交车上十多分钟的时间内，老人手持癌症病历苦苦哀求让座，换来的却是双双冷漠的眼睛。尽管车上的售票员也四次动员乘客："哪位先生、女士能给这位体弱的老先生让个座?"依旧是没能换来任何回音。

请你就上述事件发表评论。

(二) 想像力训练。

如果某人大鼻子，你能从多少个角度去描绘它?

挑战的口气:

友谊的口气:

描摹的口气:

好奇的口气:

温雅的口气:

粗俗的口气:

警告的口气:

讨好的口气:

学究的口气:

放肆的口气:

咬文嚼字的口气:

悲剧家的口气:

羡慕的口气:

抒情诗人的口气:

天真的口气:

恭敬的口气:

乡民的口气:

军队的口气:

实用的口气:

第二节　克服心理障碍

有时候我们会发现，并不是具备了上述综合素质，就一定会使你与他人成功交流。除了综合素质要高之外，还要克服心理障碍。

一、口语交际中的心理障碍

一般来讲，人们不敢当众讲话、不愿讲话、不想讲话，属于心理障碍，它主要包括畏惧心理、自卑心理、害羞心理。

（一）恐惧心理

恐惧心理是一种正常的心理反应，它会相应地带来一些生理变化，如心跳加快、呼吸急促、颜面赤热、手脚发软、头脑空白，严重者甚至会当场晕倒，人们把这种当众说话时产生的恐惧心理称为怯场。心理学家爱默生说："恐惧较之世上任何事物更能击溃人类。"其实，只要我们能够掌握一些处理怯场的方法并加以适当的运用，便能克服怯场或者减轻怯场所带来的不良影响。自信，便是克服怯场的一种很好的方法，也是交谈者所必需的心理素质。

天生我才必有用。一位哲人说过，人类的第一敌人、最危险的敌人，就是畏惧。有畏惧思想的人，害怕困难，怕艰苦，怕失败。其实，失败并不可怕。有一位大科学家曾经这样说过："我坚持奋战 55 年，致力于科学的发展，用一个词可以道出我艰辛的工作特点，这个词就是'失败'，失败是成功之母。"害怕失败的人，永远成不了演说家和雄辩家。爱默生还曾经说过：相信自己能，便会攻无不克。所以能改变自己的只能是你自己。

（二）自卑心理

自卑心理是一种常见的心理状态。自卑感较强的人一般具有小心、内向、孤独、偏见和完美主义的性格特征。比如，有的人老拿自己的弱点比别人的强处，觉得自己知识面窄、学历低而不敢轻易张嘴讲话；有的人在别人面前便会脸红耳赤，说不出话；有的人遇上重要的会面就口吃、结巴；有的人性格内向，不善言谈，担心自己口才不如他人而时时约束自己少说话；有的人信奉"言多必失"的处世哲学，时时告诫自己少说话；还有一些有生理缺陷或生理障碍的人，由于害怕别人注意自己的缺陷，为了不引起别人的注意而选择少说话或不说话。以上都是自卑心理的表现。

二、如何克服心理障碍

爱默生说，自信是成功的第一秘诀。建立自信心的过程就是与怯场心理作斗争的过程。自信能改变人的形象，使人获得巨大的成功。如美国历史上最大胆的总统西奥多·罗斯福原来是个自卑、胆怯、神经质、体弱的人。就连老师叫他读课文，也是颤颤巍巍、含混不清。后来他读到一本书，书中的主人公是一位英国军舰舰长，他原本也是恐惧症患者，后来克服了恐惧症。他的办法是：你可以装作不害怕的样子，时间一长，假的就不知不觉变成真的了。罗斯福相信了这种说法。他让自己装作不害怕的样子，慢慢地果然不怕了。罗斯福由自卑、胆怯变成坚毅、大胆，不仅克服了先天的缺陷，练就了强壮的体魄和本领，而且成了美国历史上最有作为的总统之一。所以坚定地相信自己会成功，就会去做走向成功所必须做的一切，因而也必定能走向成功。

那么，如何建立自己的自信心？关键是要正确地认识自己，善于发现自己的优点与长处。日本教育家小原国方曾经说过：“即使是再怎么不学无术的人，也都有他的特别能力。所以，重要的是每一个人绝对不要丧失信心。”

（一）自我暗示

通过自我暗示，对自己的能力和说话的效果充满自信，在精神上鼓励自己去争取成功。比如，可以用类似以下的话反复暗示自己、刺激自己：“我要讲的内容具有很大的吸引力，听众一定会喜欢”，“这个题目对我来说再熟悉不过了，我一定能够把它讲好的”。

关于克服畏惧心理，卡耐基先生最有经验，而在他的众多经验中最基本的一条就是：“你要假设听众都欠你的钱，正要求你多宽限几天；你是神气的债主，根本不用怕他们。”有一次，卡耐基参加训练班的毕业聚会，在聚会上，一个毕业生当着200多人的面对他说：“卡耐基先生，五年前，我来到你举办示范表演的一家饭店。当我来到会场门口，就停住了。我知道只要走进房间，参加上课，早晚都得要讲演一番。我的手僵在门柄上，我害怕走进去；最后，只有转身走出了饭店。当时，我要是知道你能教人轻易地克服恐惧——那种面对听众会瘫软的恐惧，我就不会白白错过失去的五年了。”听完他的话，卡耐基知道他已经完全克服了心理障碍，因为他能坦诚相告，并能当众发表议论。

当然，自信也要适度，常言道，“物极必反”，盲目自信不但无益反而有害。如赵国名将赵奢的儿子赵括，年轻时学习兵法，善于谈兵，连父亲都难不倒他。后来，赵王让他代廉颇为赵将，结果他在长平之战中只知道根据兵法指挥作战，不知道灵活处理，因而遭到惨败，部下40万人全部被俘，自己也被射死，这就是过于自信造成的恶果。所以要客观地评价自己，既不过度自谦，也不过于自信。谦虚固然是人的美德，但过分地自谦就会失去自信。一个人不能妄自尊大，但也不能妄自菲薄，一定要正确地估价自己。如果一个人认为自己这也不行，那也不行，甚至无端地指责自己，就会导致“创造麻痹症”。一个人一旦患了这种病，他就会变成一个庸人。

（二）培养取得成功的欲望

一个人做一件事，如果不想成功，那就根本没有成功的可能。而如果想成功，那就一定会成功。因此，是否具有成功的欲望，是做好每一件事所必需的。口才训练也是如此。有这样一个故事：一个猎人在鹰巢里抓到一只雏鹰，他把雏鹰带回家，养在鸡笼里。雏鹰渐渐长大了，猎人想把它训练成猎鹰。然而，由于终日和鸡混在一起，鹰变得和鸡一样，根本没有飞的欲望了。最后，无计可施的猎人把鹰带到山顶，一把将它扔了出去。一开始，鹰像块石头似的下坠，惊恐慌乱之中它拼命地扑打翅膀，后来它竟然飞起来了。这个故事说明欲望是获得成功的强大动力。动物如此，人也是一样，“欲望”影响着一个人事业的成功，欲望的强弱大小同一个人将来的成就成正比。如果你想使自己有勇气、有信心地去获取讲话的成功，那么就必须有这种欲望而且是非常强烈的欲望，因为它是一种有效的动力，它可以使你拼命地去追求，就像狼追赶羊羔一样。

（三）生理法

如果临场发生怯场反应，可以通过呼吸来调节紧绷的神经。适度的深呼吸有助于缓解紧张、焦躁、烦闷的情绪。

（四）练习当众说话

俗语说得好：勤能补拙。懒惰、投机、侥幸会使人陷入歧途。而勤奋，则能使人在逆境中奋起，并最终获得巨大的成功。口才的训练也一样。人们能够顺利地进行交流，在很大程度上取决于勤奋练习。任何人都不是一生下来就是演说家，都是从牙牙学语开始的，关键在于一个“练”字。某大学一位年轻有为的女教授讲过她的一段亲身经历，她说：“我上小学一年级时，学校开大会，要求每班出一个发言的人，老师推举了我，发言稿是老师写的，短短的几行字，我在下面练了半天，可等上了台后仍心跳加速、浑身颤抖、嘴唇哆嗦，最后竟念不下去了，哭着跑下台。当时台下一片哄笑声，我羞的头都抬不起来。第二次，老师鼓励我，仍让我上台，虽然嘴还是哆嗦，念出的字仍带着颤音，但比第一次要镇定得多了。正是有了第一次的不成功，才有了第二次的成功，也才有我的今天——成为一个受学生欢迎的大学老师。”这件事告诉我们，要想练就一副过硬的口才，就必须一丝不苟，刻苦训练，正如华罗庚先生在总结练“口才”的体会时说的：“勤能补拙是良训，一分辛苦一分才。”那么，如何进行练习呢？

卡耐基认为，练习在公共场合说话是一种天然的方法，它不仅可以克服不安，而且有助于树立勇气和自信。因为当众说话可以使人们控制住自己的恐惧。著名的演说家和心理学家爱德华·威格恩先生曾经非常害怕当众说话和演说，在他读中学时，一想到要起立做五分钟的讲演就惊悸莫名，但他经过努力之后，克服了恐惧。著名的历史学家艾兰·尼文斯先生曾经这样告诫人们：“找一个对你的题材有兴趣的朋友，详尽地将你的心得说出来，这种方式可以帮你发现你可能遗漏的见解和事先无法预料的争论，并找到最适合讲述这个故事的形式。”

练习当众说话，要挑选自己熟悉的人、事、物来讲。这样可以增强自己的自信心，坚信自己是这方面的行家，只要勇敢地迈出第一步，那么成功就不再是很遥远的事情了。久而久之，你的自信心就会树立起来。

练习当众说话，也可以先和自己熟悉的人尤其是朋友讲。因为在自己熟悉的人面前讲话，人们往往要自然得多，在朋友面前多说多讲多练习，并请他们给予指点，以提高自己讲话的本领。只要工夫深，铁杵磨成针。只有不怕失败，有坚定的信念，才能取得成功。做任何一件事都不是容易的，居里夫人研究镭也是经过无数次的失败才取得成功的，事后她感言："我们的生活似乎都不容易，但是那有什么关系？我们应有恒心，尤其要有自信心。"

另外，与人交谈前应适当做些准备。俗话说，有备无患。只有有备而来才能获得自信和成功。这就像一个人上战场一样，带着有故障的武器，并且身无弹药，怎能奢谈猛攻"恐惧"之堡呢？林肯曾经说过："我相信，我若是无话可说时，就是经验再多、年龄再老，也不能免于难为情的。"这话说得太深刻了。要想进行成功的交谈，就必须有成功的准备，否则，未经准备即出现在听众面前，与未穿衣服无异。当然准备并不一定非要形成文字，并逐字逐句地背诵它，而是事先在脑子里有一个大致的思路，这样做的好处是不至于交谈时无话可讲。

XXL 模拟训练

（一）每天用一分钟大声讲述自己的优点，对着镜子表扬自己。

（二）邀请几个同学，一起进行课堂发言。其中一个同学做老师，其他几个同学做听众。进行多次模拟练习，直到能在模拟的课堂中进行正常发言为止。

（三）每天在宿舍大声朗读一段报纸，介绍一件事情。

（四）组成心理互助小组，开展"自信训练"。

1. 每人发一张白纸，请同学们至少写出三句"我应该……，因为……"或者"我必须……，因为……"。

例如：我应该考第一名，因为这样大家才会喜欢我。

2. 写完后，全部贴在墙壁上或者贴在一大张纸上，逐个说明自己为什么有这样的想法？

3. 同学们之间互相评价，这些"我应该……"的合理性对自己有哪些好的影响。

4. 根据"我应该……"的内容，同学之间相互说说"你不必……，因为……"。

例如：你不必总要争第一名，因为大家都喜欢你。

5. 分成几个小组，每个人列出自己认为的十大优点，包括专长、特质、成就，并在全组成员面前读出来，时间7分钟。之后把它放在你可以看到的地方，连续两个星期每天念一遍给自己听，发现新的优点随时补充进来。每天都留意一下自己所做的令自己满意的事（不必是很大的事），向自己祝贺。

第三节 掌握有效方法

古今中外，有关如何进行演讲训练的事例可谓汗牛充栋。据说，古希腊有一种风气，后来形成一个规矩：谁能演讲，谁就成为城堡的领袖。当时有一个人想当城堡的领袖。他通过长期的准备，在某一天终于上台演讲。但没有讲几分钟就被下面的听众鼓倒掌哄下去了。回来后，他并没有气馁，而是认真总结自己失败的原因。第一，他演讲的时候形象不佳，两个肩总是往上端，并不断耸肩。第二，他演讲时大声呼吸，形象也不美。第三，吐字不清楚。为了能当上城堡的领袖，他暗自下了决心，自己剃了个阴阳头，从此不再出屋。他在房间里将两个宝剑对着自己，如果一耸肩剑头就会刺着自己；他背好了自己的诗歌，在屋子里跑步，边跑边朗诵；他含着一个鹅卵石在自己的嘴里练发音。经过一段时间的练习，当他再次登台演讲的时候，获得了暴风雨般的掌声。在土耳其进攻希腊的时候，他五次演讲号召人们奋起抵抗土耳其的侵略。

再如，美国总统林肯从小家里没有钱，但他又特别想当一个演说家，怎么办？他步行30华里去听别人的演讲，每天在路上自己还不忘练习，他把路上的树、稻田都当作自己的听众，最后他成为享誉世界的大演说家。他有一篇演讲词，只10句话，讲了3分钟，就令台下15 000多听众个个眼里含着泪花，这就是他著名的《格底斯堡演说》。

他们练口才的方法并不一定适合于每一个人，但练口才的确需要刻苦精神，还要掌握一定的科学方法。科学的方法可以使你事半功倍，加速你口才的培养。当然，根据每个人的学识、环境、年龄的不同，练口才的方法也会有所差异，但只要选择最适合自己的方法，加上持之以恒的刻苦训练，那么你就会在通向“口才家”的光明大道上迅速成长起来。下面介绍几种简单、易行、有效的口才训练方法。

一、读书法

读书法是指默读、慢读、快读、背诵的方法。

第一步，默读。可以找来几篇演讲词或文辞优美的散文默读，在默读过程中，一边读一边思考，这篇文章的主题是什么，说的是什么意思；采用的什么结构，开头是怎样的，结尾是怎样的，中间是怎样过渡的，照应是怎样安排的；材料是怎样组织的；用了怎样的语言。只有通过这样的分析，才能真正领会文章的神韵，学会怎么抓住主题、选用材料、安排语言。

第二步，慢读，即出声朗读。速度不要太快，注意哪些地方应当快哪些地方应当慢，哪些地方声音应该高哪些地方声音应该低，哪些地方应该停顿的时间长哪些地方应该停顿的时间短，要分清快慢轻重缓急，要充满感情地朗读，使整个声音抑扬顿挫，用自己的声音表达出自己的感情。如日本前首相田中角荣，少年时曾患有口吃病，但他不被困难所吓倒，为了克服口吃，练就口才，他常常朗诵、慢读课文，为了准确发音，他对着镜子纠正嘴和舌根的部位，严肃认真，一丝不苟。

第三步，快读，即快速朗读。在慢读的基础上逐次加快，一次比一次读得快，最后达到你所能达到的最快速度。这种方法可以使你成为口齿伶俐、语音准确、吐字清晰的人。值得注意的是，快读必须建立在吐字清楚、发音准确、干净利落的基础上，不是为了快而快。听过体育节目解说专家宋世雄解说的人都知道，他的解说就很有“快”的功夫。宋世雄解说的“快”，是快而不乱，每个字，每个音都发得十分清楚、准确，没有含混不清的地方。我们希望达到的标准也正是如此。

第四步，背诵。背诵的内容可以多种多样，可以是诗词，也可以是格言，还可以是谚语等等。这样做有两大好处：一是培养记忆能力，二是培养口头表达能力。记忆是练口才必不可少的一种素质，没有好的记忆力，要想培养出好口才是不可能的。只有在大脑中充分地积累了知识，你才可能张口即出，滔滔不绝。如果你大脑中一片空白，那么你再伶牙俐齿，也无济于事。记忆与口才一样，它并不是一种天赋的才能，后天的锻炼对它同样起着至关重要的作用，“背”可以起到强化记忆的作用，也正是对记忆能力的培养。相对于“背”，“诵”是对表达能力的一种训练。这里的“诵”，也就是我们常说的“朗诵”。它要求在准确把握文章内容的基础上进行声情并茂的表达。背诵要求一个“准”字，也就是你背的演讲词或文章一定要准确，不能有遗漏或错误的地方，而且在吐字、发音上也一定要准确无误。背诵可以训练语感。背多了，不仅会在情感上受到滋润、熏陶，还可以慢慢形成自己正确而生动的语言。比如，读高尔基的《海燕》，首先明白这是篇散文诗，它是在预报革命的风暴即将来临，讴歌的是海燕——无产阶级战士的形象。整篇散文诗都是热烈高亢的，表达了革命者不可遏止的憎爱之情。在朗诵《海燕》时要抓住这个基调，并对作品进行一些技巧上的处理，比如划分段落、确定重音、停顿，等等。切忌平平淡淡，没有波澜，没有起伏，一调到底。当然也不能声嘶力竭。

读书法的优点是不受时间、地点、人员的限制，可以自己独立完成，不需要别人配合；可以读给别人听，让其帮助自己找出毛病。比如哪个字发音不够准确，那个地方吐字还不清晰，等等；可以一边读一边用录音机录下来，自己从中找出不足，进行改进；可以请专业老师辅导；可以对着镜子练习，等等。如我国早期无产阶级革命家、演讲家萧楚女，在重庆国立第二女子师范教书时，除了认真备课外，他每天天刚亮就跑到学校后面的山上，找一处僻静的地方，把一面镜子挂在树枝上，对着镜子开始练演讲，从镜子中观察自己的表情和动作，经过这样的刻苦训练，练就了非凡的口才。1926 年，他年方 30 岁，就在毛泽东同志主办的广州农民运动讲习所工作，他的演讲至今受到世人的推崇。

二、讲故事法

常言道："看花容易，绣花难"。讲故事看起来很容易，但并不是人人都会讲、都能讲、讲得好的。有时候听别人讲故事绘声绘色，自己讲起来却干巴巴的，毫无吸引力。因此，讲故事也是一种才能，是练口才的一种好方法，它可以训练人的多种能力。

因为故事里面既有独白，又有人物对话，还有描述性的语言以及叙述性的语言，所以讲故事可以训练人的多种口语能力。

故事的情节性是非常强的，而且故事的主题大都是通过人物的语言、行动表现出来的，所以在讲故事以前就要先分析故事中的人物，研究人物的性格特征以及人物之间的关系。而这有助于提高我们的分析能力。

故事的语言不同于其他文学形式的语言，其最大的特点是口语性强、个性化强。所以当我们拿到一个材料的时候，不要马上就开始练习讲，而要先把材料改造一下，改成适合我们讲的故事。开始练习时，最好选择句子较短、内容活泼的材料进行，这样便于把握、记忆、复述。随着训练的深入，可以逐渐选一些句子较长、情节较少的材料进行练习。这样由易到难，循序渐进，效果会更好。

对材料作了以上的分析、加工以后，我们就可以开始演练，通过反复演练达到对内容的熟悉，最后能使自己的感情与故事中人物的感情相融合，做到惟妙惟肖地模仿人物对话，通过对话表现人物的性格。

三、唠叨法

见到什么就说什么，可以是舌动口不动，也可以是唇动不出声，还可以是既出声又有情。比如，在街上见到一位拄拐杖的老大爷走过来，你立刻可以说：我现在瞧见一位老大爷走来，他穿着什么样的衣服，走路的姿势怎么样的，拐杖是什么样的，还有高矮胖瘦、外貌特征以及心理，等等。说话时要注意不能间断和犹豫，要不停顿地说。这样做的好处是可以锻炼自己的思维和表达能力。

唠叨法实际上是一种比较高级的训练方法，其关键是什么也不要管，只要说的时候能够不停顿就行了。一般人刚开始时感到毫无条理性，也会比较辛苦，但是坚持一两周刻苦练习就会有所改变。慢慢习惯了，就可以有意识地去调整，使其更有条理性，这样可以训练出你的快速思维了。经过一段时间的训练，你会发现自己的思维能力增强许多，比如写文章可以一口气写下去。

四、模仿法

模仿法是一种简单易学、娱乐性强、见效快的方法。如美国前总统林肯为了练口才，徒步30英里，到一个法院去听律师们的辩护词，看他们如何论辩，如何做手势，他一边倾听，一边模仿。他听到那些云游八方的福音传教士挥舞手臂、声震长空的布道，回来后也学他们的样子。他曾对着树桩、成行的玉米练习口才。

模仿的过程也是一个学习的过程。每个人从小就会模仿，模仿大人做事，模仿大人说话。练口才也可以利用模仿法，向这方面有专长的人学习。天长日久，口语表达能力就能得到提高。模仿的对象可以是播音员、演员，也可以是自己身边口语表达能力强的人，请他讲几段最精彩的话，录下来，进行模仿。模仿的方式，可以是专题模仿，也可以是随时模仿。如我们每天都听广播，看电视、电影，这是模仿的一个好机会，可以随时跟着播音员、演员进行模仿，注意他们的声音、语调、神态、动作，边听边模仿，边看边模仿。这种方法简单易行，日积月累，不但能提高自己的口语能力，还会增加词汇量。

在进行这种练习时应注意有所选择：一要选择适合自己的对象进行模仿，二要选择那些对自己身心有好处的语言动作进行模仿。同时，模仿要尽量模仿得像，并在模仿中有所创造，力争在模仿中超越模仿对象，形成自己的风格。

五、聊天法

有人说，如果你想提高你的口才，有一个非常简便而又非常有效的方法，就是和别人聊天。不会讲话没关系，先坐到别人的旁边听别人讲，注意听别人如何讲，觉得可以的话语，就把它记在心里，并尝试提问题，尝试回答问题。这样，你很快就会感觉到进步了。

除了上述几种常用的训练口才的方法外，还有幽默法、成语接龙法、复述法、描述法等等几种方法可供人们训练口才时使用。

XXL 模拟训练

（一）找一篇自己喜欢的课文，进行20分钟朗读（最大声，最清晰，最快速）。

（二）每天找一条笑话，把笑话背熟，反复练习，尽可能讲得风趣幽默、诙谐（笑话要求简短易背，这样容易产生成就感）。

（三）找几个平时要好的同学，大家在一起，先请一个人讲一段小故事、小幽默，然后大家轮流模仿，看谁模仿得最像。

注意：每个人讲的小故事、小幽默，一定要新鲜有趣，大家爱听爱学。而且在讲以前一定要进行一些准备，一定要讲得准确、生动、形象，不要把一些错误的东西带进去。为了增强积极性，也可以采用打分的形式，大家一起来评分，表扬模仿最成功的一位。

思考与练习

1. 综合素质包括哪些方面？
2. 如何培养人的创新能力？
3. 如何快速突破当众讲话恐惧、怯场等心理障碍？
4. 如何克服演讲的自卑心理，树立自信？
5. 快速提高口才的方法有哪几种？
6. 快速提高口才的方法中，哪种最适合你？为什么？

第五章　提问技巧训练

爱因斯坦曾说过："提出一个问题往往比解决一个问题更为重要。因为解决问题，也许仅是数学上或实验上的技能而已，而提出新的问题，新的可能性，从新的角度去看旧的问题，却需要创造性的想像力，而且标志着科学的真正进步。"著名教育家陶行知先生也说过："发明千千万，起点是一问。禽兽不如人，过在不会问。智者问得巧，愚者问得笨。"然而，在现实生活当中，有的人没有抓准提问的契机，或者不懂得提问的艺术，出现了不少提问的误区。如：提问过于简单，没有思考价值，总喜欢问"是不是"、"好不好"、"对不对"等这样毫无价值的问题；提出的问题空泛、难度大，让人丈二和尚摸不着头脑；提问过于急于求成，还没有给人足够的思考时间就要求立刻作答；提问没有新意，等等。古人云："学起于思，思起于疑"，创新源之"好奇"与"质疑"。适时适度、富于艺术技巧的提问，是保证和提高交谈质量的有效途径，恰如其分的问话是开人心扉的钥匙。

第一节　提问的策略

一般来说，提问应当开门见山，想从对方那里知道什么就问什么。但有时候直接提问会引起对方的不快，这就需要我们掌握一些提问的策略。

一、巧选话题，激起谈兴

卡耐基曾说过：听众感兴趣，是因为你的谈话内容与他们有关，与他们的兴趣有关，与他们的问题有关。这种与听众最感兴趣之事的联系，也就是与听众本身的联系，将可稳获听众的注意，并能保证沟通畅通无阻。所以话题选得巧，可以起到调节气氛的作用，由"要我谈"变成"我要谈"。如何才能使话题选得巧呢？

一是选择听者熟悉的话题。提问者可以提问一些听者熟悉的话题来引导他开口，比如，和农民交谈可以问他的庄稼施了什么肥，和牧民交谈可以问他产了几只羊羔，和司机交谈可以问他车的型号和性能。

二是巧妙地借题发挥，吸引听者。如法拉奇采访邓小平同志时，并没有直接提问，而是从祝贺邓小平同志的生日开始。法拉奇从邓小平传记中知道他的生日是8月22日，而邓小平同志自己却忘记了。

邓：我的生日？我的生日是明天吗？

法：不错，邓小平先生，我从你的传记中知道的。

邓：既然你这样说，就算是罢！我从来不知道什么时候是我的生日。就算明天是我的生日，你也不应祝贺我啊！我已经76岁了，76岁是衰退的年龄啦！

法：邓小平先生，我父亲也是76岁了。如果我对他说那是一个衰退的年龄，他会给我一巴掌呢！

邓：他做得对。你不会这样对你父亲说的，是吗？

法拉奇从邓小平的生日谈起，为后面的顺利采访作了铺垫。

三是给听者提供发挥的机会。我们常常会遇到这样的情况：被问者本来有许多话想说，提问者却没有给他提供这样的机会。究其原因，就是因为提问策略不当。如一位记者就农民吃水问题到北京远郊采访，记者问："大娘，您吃上自来水了，高兴吧？"大娘回答说："高兴！高兴！"大娘连着说了两个"高兴"，也就没话了，其实大娘心里有话却因记者的直白提问而没能说出来。如果记者问："大娘，原先您想到过吃自来水吗？"或者问："大娘，听说你们过去吃水好困难，是吗？"大娘心里的话就能痛快地说出来。

四是选择听者关注的话题，让听者有话可讲。如原山西电视台记者高丽萍，1987年在录制专题片《重访大寨录》时，一开始郭凤莲并不同意采访，郭凤莲说："采访别人我没意见，我是不愿意接受采访的，我再也不想上电视、上报纸了。"问其原因，郭凤莲说："前几次有的记者找我，我正好有急事要办不在家，就说我拒绝采访，躲着不见，还有人说我对三中全会的政策不满。我根本没意见，大寨人现在不就是靠三中全会的富民政策富起来的吗？一听他们那样说我，我就生气。"高丽萍看郭凤莲生气的样子，说："我理解你的心情。可我觉得要让人们真正了解你和大寨人今天的情况，就得你们自己出面说话，大家才信。现在如果你不接受我的电视采访，观众怎么能知道你是如何看待三中全会的政策的，更不知道你的近况如何了，你说呢？"听到这话，郭凤莲马上说："那好，你就采访吧。可我从哪说起呢？"于是，记者就给她出了主意，她也爽快地接受了采访。我们可以看出，其实郭凤莲并不是不愿意接受采访，而是对某些记者的做法提出了质疑。这里，记者从人们想了解大寨人今天的情况和对三中全会政策的看法这两个对方最关注、也最有发言权的问题入手，通过反问的方法，说服了对方。

二、开门见山，直入主题

这种策略一般适合于两类人：一是自己非常熟悉的人；二是文化层次高、社会经验丰富的人。前者因为熟悉，情感交流早已建立，过于客套、寒暄反而显得见外；后者则有相当的社会经历和社交经验，适应性比较强，容易领会问者的意图。既然是开门见山，提问的难度一般不要太大，只要注意提问切题、到位就可以了，切不可就同一问题反复提问。如某记者访问一位农民企业家，总是围绕“下一步的打算是什么”和“是否有意于投资农村教育事业”这两个问题问来问去，结果把对方逼急了，拒绝了记者的进一步采访。

采用这种策略，提问者还应当就所提的问题进行一些必要的准备，理清自己的思路，明了自己所要达到的目的，围绕主题可以事先设计几个话题。这样做的好处是可以做到心中有数，临阵不会慌乱，增强自信心。有个故事，讲的是两个美国人到欧洲向街头的同一个画家买画。第一个美国人没有准备就去了，见面就问：“这幅画多少钱?”画家回答说：“15 美元。”说完后发现这个美国人没什么反应，心里想：这个价钱他该能够承受。于是接着说：“15 美元是黑白的，如果你要彩色的是 20 美元。”见这个美国人还是没有反应，他又说：“如果你连框都买回去是 30 美元。”结果这个美国人把彩色画连带相框买了回去，以 30 美元成交。第二个美国人经过考虑，做好了花多少钱买画的准备。问价时，画家也说 15 美元。这个美国人立刻大声喊道：“隔壁才卖 12 美元，你怎么卖 15 美元？画得又不比人家好!”画家一看，立刻改口说：“这样好了，15 美元本来是黑白的，您这样说，15 美元卖给你彩色的好了。”美国人继续抱怨：“我刚刚问的就是彩色的，谁问你黑白的?”结果他 15 美元既买了彩色画，又带走了相框。由此可见有所准备是多么重要。在实际交往中我们会发现，这种没有准备的情况会经常发生，他们虽然说了好多话却问不到主题上，甚至有时候不仅把被问者问糊涂了，连问者自己都不知所云。

运用这种策略，提问者应该注意察言观色，根据情况及时作出调整。如果对方对你提的某个问题非常感兴趣，那么你还可以在适当的时候就这个问题谈谈自己的经历与看法。如果对方谈到某个问题自己听不懂时，只要与主题有关，不但要坚持认真听下去，而且要把它记录下来，伺机请求对方加以解释。如果对方因为羞怯而不爱多说话，可以换个话题先聊点无关的事情，比如问问他家中的情况，也可以说说笑笑，使对方无拘无束，心情愉快。如果实在谈不下去，可以休息一下，或者改日再谈，留给对方思考的时间。当然，假如条件允许，可以把事先准备好的提问提纲整理成文字交给对方，这样对方才不至于措手不及。总之，只有彼此理解，才能推心置腹，亲密融洽，为以后见面再谈打下良好的感情基础。与上述相反的情况是，对方过于“健谈”，没完没了地谈与主题无关的话。如果遇到这种情况，不要急躁，不要过多地打断对方，在适当的时候，不妨说一句：“这件事很有趣，希望以后继续请教您，不过我还是希望您谈谈刚才的那件事。”这样，既巧妙地中断了令人厌烦的话题，使谈话恢复到正题上来，也显示了对对方的尊重，而且保持了对方的兴致。一般来说，谈话者是乐意听从你的建议的。

三、长话短说，简洁通俗

我们经常会遇到这种情况：当你提问一通后，对方只对你说：“对不起，请您把刚才的问题再重复一遍”，“我没听明白，你是问……”。造成这种情况的原因可能有许多，但其中最重要的一个原因，恐怕就是提问者没有对自己的问题进行精心设计。

提问者对每个要提出的问题，一般应遵循“宁短勿长，宁通俗勿艰涩”的原则，在用语的长短上精心设计、仔细推敲。因为人的记忆力有限，因此，问题设计不当或者句子太长都会给对方的理解造成困难，甚至前记后忘。要使说话简短，就要学会浓缩。浓缩就是对语言的提炼，浓缩的语言是语言的精华。下面这个故事，也许会对我们有所启发。

很久以前，一位聪明的老国王召集一群聪明的臣子，交代了一个任务：“我要你们编一本《智慧录》，好流传给子孙。”这群聪明人离开老国王以后，便开始了艰苦的工作。他们用了很长一段时间，最终完成了一部十二卷的巨著。他们将《智慧录》交给老国王看，他看了后说：“各位大臣，我深信这是各时代的智慧结晶。但是，它太厚了，我担心没有人会去读完它，再把它浓缩一下吧！”这群聪明人又经过长期的努力工作，删减了很多内容，最后完成了一卷书。可老国王依然认为太长了，命令他们继续浓缩。这群聪明人把一本书浓缩为一章、一页、一段，最后浓缩成了一句话。当老国王看到这句话时很高兴，说：“各位大臣，这才是各时代的智慧结晶。各地的人只要知道这个真理，我们一直担心的大部分问题就可以顺利解决了。”这句经典的话就是：“天下没有免费的午餐。”

除了简洁之外，提问时还要有停顿，句子也不能过长，语言要通俗易懂。一句话哪儿可以停、哪儿不可以停、哪儿可停可不停、哪儿必须停都是有讲究的，不该停的地方乱停，意思就会发生很大的变化，甚至与原来的意思相反。如我国古代曾流传着这样一个故事：有位书生到亲戚家串门，顷刻间外面就下起雨来，这时天色将晚，他打算住下来。但这位亲戚却不乐意，于是就在纸上写了一句话：下雨天留客天留人不留。书生看了，立即明白了亲戚的意思，却又不好明说，心想一不做二不休，干脆加了几个标点：下雨天，留客天，留人不？留！亲戚一看，这句话的意思完全反了，也就无话可说，只好给书生安排了住宿。其实这句话如果用不同的停顿和语气读出来，还可以有三种意思。亲戚的意思是陈述句：下雨天留客，天留人不留！还可以改成疑问句：下雨天，留客天，留人不留？并能改成问答句：下雨天留客，天留人不？留！尤其是在提问的时候，如果没有停顿，往往会闹出笑话。比如到超市买猪肉，问："师傅肉多少钱一斤？"卖肉师傅肯定会白你一眼，然后不高兴地回答："师傅肉不卖！"

四、亲切和蔼，多用善言

亲切和蔼，才能打消彼此的戒心，拉近双方的距离。有时候看似平常的一句问话，会使对方感动不已。如1961年，日本著名乒乓球女将松崎君代首次访华，周恩来总理送给她两瓶茅台酒，让她带回去给她的父母品尝。一年后，松崎君代再度访华，一见面总理第一句话就是："那两瓶酒味道怎样？"松崎君代面带吃惊地回答："非常好，非常好。"她没有想到日理万机的总理还会记得那两瓶茅台酒，仅有一面之交的总理还记得她这个日本运动员，所以她非常激动，不知道说什么才好，一下子就拉近了这位异国姑娘和总理之间的距离。因此，1987年，松崎君代和她父母访华期间，为已故的周总理写下了"周恩来总理：您活在我心中"这样情真意切的悼词。

古人云："与人善言，暖若锦帛，与人善恶，深于矛戟。"意思是说，和别人说善意的话，比给他穿件衣服还温暖；用恶语伤人，就比矛戟刺得还深。"良言一句三冬暖，恶语片言盛夏寒"，说得也是这个意思。因此，与人交谈时，应多使用善言，不吐恶语。传说有两位猎人，每人打到两只野兔回家，第一位猎人的妻子问："你只打到了两只吗？"这位猎人心中很不高兴："你以为很容易打到吗？"第二天他故意空手回家，让妻子知道打猎不是件容易的事情。第二个猎人的情况恰好相反，他妻子看见他带回两只野兔，非常惊喜地问："你今天居然打到了两只兔子？"第二位猎人心中非常高兴："两只算得了什么？"第二天他打到了4只。善言真的有这样的威力吗？回答是肯定的。曾经有一位社会心理学家在大学生中做过一个这样的实验，他在女大学生中选出两名相貌平平、性格内向、平常根本不注意服装穿戴、学习成绩也非常平常的同学，然后选择了几名男生。男生的任务是，看见第一位女同学便显出非常高兴的样子，并且不断称赞她是多么漂亮，穿着是多么淳朴，气质也很好，这些男生非常乐意与她交往，和她谈心。后来的结果表明，这位女生果然变得开朗大方，学习成绩优秀，充满自信，在人们眼里变得非常漂亮。而第二个女学生还是原来的样子，没有一点改变。这充分证明了赞扬、鼓励的语言对改变一个人是何等重要。生活中我们经常需要去称赞别人，真诚的称赞，于人于己都有好处。对别人来说，他的优点和长处因为你的赞扬而显得更有光彩，他本人也会因为你的称赞而变得更加自信。

五、风趣幽默，喻繁于简

在现实生活中我们身边不乏这样的人：他们常常采取借题发挥的方法来提问，给人以新鲜感和幽默感，让对方乐于回答。风趣的语言可以起到深化主题、增强语言表现力的作用。如有一次，著名作家刘绍棠在南开大学作报告。在他讲到“每一个阶级的作家都是有所为有所不为的，即使是真实的东西，也是有所写有所不写的，无产阶级的文学更是如此”时，台下有人递来一张纸条，上面写着：“刘老师，您说作家有所为有所不为，我觉得不应该这样。既然是事实的，就是存在着的；存在着的，就应该给予表现，就可以写。”刘绍棠对于这张纸条提出的问题，没有采取简单、直接的批评方法去回答，而是找到这位写纸条的女同学，说：“你把你的学生证给我看看好吗？”这位女同学感到迷惑不解，刘绍棠看她一脸困惑的样子，连忙解释道：“我要看看你的学生证上是不是贴着脸上长疮的照片。”那位同学更加茫然：“我为什么要把长疮的照片贴在学生证上啊？”“长疮时你为什么不拍个照片呢？”刘绍棠追问一句。女同学很轻松地回答：“长疮时谁还拍照片啊，怪寒碜的。”这时，刘绍棠才开始进入正题：“你不在长疮时拍照片，更不会把长疮的照片贴在学生证上，这说明你对自己是看本质的。因为你是漂亮的，长疮时的不漂亮是暂时的，它不是你最真实的面目。所以你不想照相留念，更不想照这样的相片贴在学生证上。共产党的某些缺点是需要批评的，但有些事情是有特殊原因的，是涉及许多方面问题的，应由党采取措施去改正。可你非把它揭露出来，这岂不是要共产党把长疮的照片贴在工作证上吗？”这里，面对女同学提出的尖锐问题，刘绍棠用诙谐的语言、形象的比喻展开说理，没有陷入真实与存在、现象与本质的哲学辩论中，这就跳出了传统思维的怪圈。

六、说话委婉，避免冲突

一般人们喜欢与快言快语的人交往，因为这种人没有什么城府，心里怎么想的嘴上就怎么说。但现实生活是复杂的，并不总是像 1 + 1 = 2 那么简单，所以有时候需要绕个弯子。如一位英国作家看了钱钟书的作品后，十分敬慕。一次，她到中国访学，想借此机会拜见钱钟书，于是便给钱钟书打电话。钱钟书不愿接见她，如果生硬回绝显得很没礼貌，所以他在电话里说：“假如你吃了一个鸡蛋，觉得味道不错，又何必认识那个下蛋的母鸡呢?”钱钟书就这样以提问的方式，用委婉的语言而又不失礼貌地回绝了对方的访问。

有时候，一些不怀好意的人常常用绕弯子的方法诱骗人上当。如高尔基在他的小说《三人》里有伊利亚与检察官的一段对话。

检：你能不能告诉我，星期四下午两点到三点之间你在哪儿?

伊：在小酒店喝茶。

检：啊！在什么小酒店？在哪儿?

伊：在“普列文”酒店。

检：为什么你能这样确切地说你恰好这个时候在酒店里呢?

伊：因为进酒店以前我向一个警察问过时间，那警察告诉我是一点多钟，大概是一点二十分。

检：你认识他吗?

伊：认识。

检：你自己没有表吗?

伊：没有。

检：你以前也问过他时间吗?

伊：问过。

检：在“普列文”酒店呆了很久吗?

伊：一直呆到有人喊杀人了。

检：后来到了什么地方?

伊：去看被杀的人。

检：当场，就在那店铺附近，有人看见过你吗?

伊：也是那个警察看见过我，他还把我从那儿轰走，用手推我。

检：很好！你问警察时间是在凶杀案发生以前，还是以后呢?

伊：这我怎么能知道呢?

检察官的发问策略是：先提些琐碎的、与案情没有什么实质性关系或毫无关系的问题，麻痹伊利亚，然后再选择适当的时机，提出实质的问题。当检察官问“你问警察时间是在凶杀案发生以前，还是以后呢”时，不管伊利亚如何回答，他总会处于知道作案时间者的地位，也就是处于凶手的地位。伊利亚用了一个问句“这我怎么能知道呢”来回答，就这一句话，宣告了检察官的“破产”。他并没有和检察官发生正面冲突，从而避免了一场无益的争辩，可谓一举两得。

当然，运用这种策略应该注意两点：一是委婉并不是虚伪，之所以用委婉的语言，主要是尊重对方，并为自己留有余地；二是圈子不能绕得太远，要恰到好处。

七、寻根究底，见缝插针

当面对那些死不认账、负隅顽抗者，必须采取对策，穷追猛打，揭穿其虚伪的面纱。意大利著名女记者奥琳埃娜·法拉奇，思路明晰，言辞锋利，善于寻根究底，富有活力，即使面对那些诡辩者，也毫不畏惧，并能取得巨大的成功，其原因就是采用了这种策略。她对卡扎菲的采访就是这方面的典范。

法：从你与那个沾满鲜血的罪犯阿明的友谊说起吧？（阿明是前乌干达的“元首”，1979 年 4 月被推翻逃到国外，曾在利比亚居留，他被人称为“希特勒”——编者注）人们会问，卡扎菲上校怎么和这样一个人做朋友呢？

卡：这又何足为奇？关于阿明的一切消息都是虚假的，这是犹太复国主义宣传的结果。你们西方人什么都搞不清，你们不应该反对阿明，应该谴责占领乌干达的尼雷尔（坦桑尼亚总统，曾派军队帮助乌干达人民进行推翻阿明的战争——编者注），应该谴责法国，因为正是它现在占领着中非共和国。

法：我再说一遍，你既然自称是权利、自由和革命的捍卫者，怎么能够同阿明这只猪猡讲友谊，并提供庇护呢？而且，你为什么不帮助乌干达除掉阿明，反而帮助阿明，用恐怖来统治乌干达呢？

卡：难道过去和现在我有这样的权力去干涉其他国家的内政并且推翻它们的政权吗？我不是刚刚对你说过，做这种事情的人应该受到审判吗？

法：那么，现在已经到应该提醒你的时候了，在帮助被压迫人民的借口下——这些人民只是得到你的帮助之后才受压迫的，如果这是事实的话，你干涉了其他国家的内政，例如乍得。

卡：乍得人民正在反抗法国军队，为了支持反抗法国军队的乍得人民的斗争，我们有权干预。当尼雷尔带领他的军队进入乌干达时，我们同样有权反对尼雷尔。

法：请原谅！上校先生，最初你说，你没有帮助乌干达人民赶走阿明，因为你无权干涉这个国家的内政。然后，你又说，你愿意帮助乍得人民，因为你有权干预。你最初说一面，然后你又说其反面。为了便于联系起来，请允许我提醒你，在坦桑尼亚开战之前，你已经站到阿明的乌干达一边了。为什么你站在那一边？

卡：如果阿明在这里，我会考虑怎样回答你的问题。可是他不在这儿，因此，这种对比没有什么意义。

法：阿明在这里，上校先生。我们知道得很清楚。阿明隐藏在这里，知道他是你的客人。现在他正住在黎波里附近的一座别墅里，有公园，还有一个游泳池。他从许多妻子中带来了两个，从无数的女儿中带来了10个，一同住在这里。有一位菲律宾记者甚至访问了他，这个记者被下令逮捕了，以此作为对他的惩罚。

卡：不对，阿明不在这里！或许那位记者是趁阿明那次访问的时候会见了他。

法：算了吧。什么访问？如果你称这是“访问”，那么，巴列维也是访问。因此，我再说一遍：如果乌干达请你引渡在这里“访问”的阿明，你将是引渡，还是不引渡他呢？

卡：我主张每个人都有权在世界上的任何地方、在任何国家里，请求政治避难。而且，我也主张，伊朗人有权要求巴列维回去。换句话说，我赞成伊朗反对巴列维的革命，我希望巴列维死在伊朗人民的手中，这是他应得的下场。同时，巴列维也有权请求在美国或其他地方避难。但是，无论如何，我所谈的情况是另一码事，因为我不想干涉别国内政。

在这里，法拉奇高明而巧妙的提问艺术体现得淋漓尽致，她用一系列事实使卡扎菲无法招架，尽管卡扎菲极力辩解，但在法拉奇提出的铁一般的事实面前已无法回避。

XXL 模拟训练

（一）中央电视台著名主持人敬一丹在石家庄签名售书，一名记者采访她时提问道：“你如何看待中国目前的新闻舆论监督作用，你怎样处理生活和事业的关系？”敬一丹听后回应说：“你的问题太大了，恐怕我回答不了。”

1. 记者的提问策略正确吗？为什么？

2. 如果让你去采访，会采用什么策略？

（二）某汽车生产厂极力向运输公司推销载重大、价格也较贵的四吨车，而运输公司却执意购买两吨车，为此，生产厂家（甲方）对运输公司（乙方）进行了如下说服工作：

甲：你们运的货，每次平均重量多少？

乙：很难说，大概两吨吧。

甲：有时候多有时候少，对吗？

乙：对。

甲：究竟需要哪种型号的卡车，一方面要看运什么货，另一方面要看在什么路上行驶。你说对吗？

乙：对。

甲：冬天在丘陵地区行车，汽车机器和车身所受压力比正常情况要大些？

乙：对。

甲：贵公司安排冬天出车的次数比夏天多吧？

乙：对，多得多。我们夏天生意不好。

甲：冬天货物多，又在丘陵地带行驶，汽车经常处在超负荷状态吧？

乙：对，你很懂行嘛。

甲：你在决定购车型号时，是否要留有余地？

乙：是的，一定要留有余地。

甲：从长远看，决定买什么车的因素要考虑车的寿命，对不对？

乙：当然要看它的寿命了。

甲：一辆车长时间超负荷，另一辆不超载，你觉得哪辆车寿命长些？

乙：当然是马力大载重多的那辆了！我懂你的意思了，好吧，我买四吨车！

甲乙双方之所以能够谈成这笔生意，关键在于甲方采用了正确的提问策略。认真阅读双方的对话，指出其运用了哪些提问策略。

第二节　提问的方法与技巧

提问有两种情况：一是不知而问，通过“问”来获取信息；二是明知故问，当有些问题不好明说的时候，通过“问”来引导对方的思路，以达到自己的目的。问话往往从交际开始，在不同的社会层面，有不同的语言习惯，无论哪一个层面的人，都应具有恰如其分的交谈能力。如果不能把话说得得体，交谈就会无法进行下去，也很难了解到自己所需要的情况。从语法上讲，常用两种句式：一是用选择问句。即并列几个项目，让回答的人选择一种，其中有一种是问话者重点要问的或是问话者非常希望被问者能就此问题给予肯定答复的，但因为问者不能确定被问者的态度，所以多问几个，这样留有试探的余地。如夏天家里来了一位不很熟悉的客人，你可以问：“你是要茶？还是要可乐？或是西瓜？”二是用否定的形式去探问。如：一天张三在办公室找不到自己的钢笔了，问同事小王：“您没有借过我的钢笔吧？”表面说“没有”，其实是在问“有没有”，这是典型的用否定形式来试探。

提问是一门学问，根据不同场合、对象，要使用不同的提问方法，只有这样才会得体，也才能得到你想要的答案。常用的提问方法一般有直问法、曲问法、浅问法、深问法、顺问法、倒问法、单问法、杂问法、反问法。

一、直问

直问，即直截了当地提出问题。这种提问，开诚布公，干净利落，方向性强，无需拐弯抹角，听者立刻就能明白问者的意图。尤其是需要对方毫不含糊地作出明确答复时，直问是一种较理想的方式。如上级对下级的询问或者关系非常密切的人之间的询问，都可用这种方法。直问是信任人的表现，也是和对方关系密切的标志。在朋友之间，真诚的直问还是一种美德。比如一位非常要好的朋友到家里来做客，你知道他喜欢喝咖啡，那么你就可以直截了当地问他："来杯咖啡？"朋友就会说："好的。"非常直白，无需多余的客套话。

当然，在使用直问时也要注意，不能只是一味地直来直去，否则像查户口一样死板的问话，被问者就会对这样的提问感到索然无味。如某记者采访一位IT精英：

记者：你是北大毕业的吗？

答：是的。

记者：你是学计算机的？

答：是的。

记者：你今年有30岁了？

答：是的。

记者：你还没结婚吗？

答：是的，如果没有其他问题我要去工作了。

像这样的提问没有任何的意义，过不了多久谈话就会进行不下去了，而且气氛会非常沉闷，其结果必然是事与愿违。

二、曲问

旁敲侧击地提出问题为曲问。有时候在交谈中直接向对方提出问题经常会引起对方的反感或者误会，致使对方不愿回答你的问题。尤其是和陌生人交谈，这时就需要故意采取绕弯子的方法，声东击西，问在此而意在彼，最后才显露真实意图。只有这样才容易使对方接受，达到交谈的目的。如孟子在劝谏梁惠王时，曾经提出一个问题："假定有一个人向大王报告：我的臂力能举起三千斤的重物，却拿不起一根羽毛；我的目力能把秋天鸟的细毛看得分明，但一车柴火摆在眼前却瞧不见。你相信吗？"梁惠王说："不，我不相信。"孟子马上接着说："这样看来，那个力士连一根羽毛也拿不起，只是不肯用力的缘故；那位明察秋毫的人连一车柴火都瞧不见，只是不肯用眼睛的缘故；如果老百姓得不到安定的生活，只是不肯干，不是不能干。”孟子开始的问话就是曲问。他故意把一个已知结论的问题提出来，不但能引起对方的兴趣，而且还可以启发对方思考。因此，曲问的关键是问题要提得巧，一般可借用历史典故去启发对方思考，最后点明主题，达到交谈的目的。

当然也可用闲聊的方法，让对方在不知不觉中将话题接过去，这时，你要注意审视对方对这个话题的态度，到适当的时候再将主题点出来，让对方同意并接受自己的主张。

对于那些不便于直问的问题，也可用探询的语气，采用曲问的方法。如在恋爱问题上，如果一方拿不准对方对自己的态度，采用直问的方式就有可能遭到对方拒绝，给自己造成尴尬的局面，如果用试探的方法就会好得多，往往能收到意想不到的效果。如某男青年爱慕某女青年已久，男青年可问：“通过这段时间的交往，我觉得和你在一起很愉快，你呢?”如果对方回答“我也一样”，这就证明女方愿意和男方交往下去，这比说“我爱你，你爱我吗?”要好得多。

使用曲问应注意提出的问题不能过于简单，尤其要从实际出发，不能故弄玄虚，把人弄糊涂。

三、顺问

顺问就是按照事物的时间顺序或空间顺序去提问题。顺问能反映事物本身的过程，有条理，易为人们所接受。苏格拉底是古希腊的哲学家，生活于公元前469年至公元前399年。一次，他与一个叫欧提德莫斯的青年进行了一场关于“什么是正直”的对话。

苏：好吧，请问虚伪是正直的呢，还是不正直的？

欧：当然是不正直的。

苏：欺骗呢？

欧：不正直。

苏：偷盗呢？

欧：不正直。

苏：奴役他人呢？

欧：不正直。

苏：像这类事情没有一样是正直的吗？

欧：是的。

值得一提的是，在提问时不能一味顺问，否则，气氛会比较沉闷，也很难激发听者去积极思维。

四、倒问

将顺序倒过来，或从中间突破，往回追溯，属于倒问。如在第二次世界大战后，日本有许多商店因人手少，想减少送货的任务。有的商店这样问顾客："是您自己拿回去呢？还是给您送回去呢？"结果大多数顾客选择了"送回去"。有一个商店采纳了一个专家的建议，当顾客在商店选好东西后，他们问顾客："是给您送回去呢？还是您自己拿回去呢？"结果大多数顾客选择了自己拿回去。同样一件事，同样的两句话，只不过把问题的次序颠倒了一下，就得到了截然相反的回答，为什么会这样？原因就在于后者将着重强调的内容放在了后边，人们也往往选择后一种方案。因此，倒问时应该明确自己的目的，并根据目的来安排顺序。如有人问神父："做祷告时能吸烟吗？"神父答道："不能。"另一个人问神父："吸烟时能做祷告吗？"神父答道："能。"同样一件事，为什么神父给了两个相反的回答？原因就在于祷告时吸烟是对上帝的不虔诚，而吸烟时祷告，表明问者随时随地都在想着上帝，神父认为他对上帝非常忠诚，所以得到了神父的肯定。

有时在连串的问题之后，为了进一步说明问题，也往往采用倒问的方式。如苏格拉底与那个叫欧提德莫斯的青年进行的关于"什么是正直"的对话，一开始是采用顺问的方法，为了进一步说明问题，后面苏格拉底采用了倒问的方法：

苏：好吧。请问，如果一个将军战胜了危害他的祖国的敌人，并且奴役他，难道也不正直？

欧：当然是正直的。

苏：如果他在作战时欺骗了敌人，又运走了财物，这种行为正直不正直？

欧：当然是正直的。

苏：你方才讲欺骗和奴役都是不正直的行为，怎么现在又说是正直的行为呢？

欧：方才讲的是对朋友，现在讲的是对敌人。

苏：好吧，现在我就专门来讨论一下对朋友的问题吧。如果一个将军所统率的部队已经丧失了作战的勇气，军心涣散，他便欺骗他们说，"援军即将来了"，从而使他们鼓起了勇气，取得了战争的胜利，这是正直的呢，还是不正直的？

欧：我想这应该是正直的。

苏：如果一个孩子生病需要吃药而不肯吃，他的父亲欺骗他，说药很好吃，哄他吃了，这种行为是正直的还是不正直的？

欧：那是正直的。

苏：如果有人发现一个朋友发了疯，怕他自杀，偷走了他的刀子，这个行为是正直的还是不正直的？

欧：那也是正直的。

苏：你方才讲过对敌人的行为，即使是欺骗、偷盗和奴役也是正直的。这种行为只可对敌人，不可对朋友。现在，这种行为用来对朋友，怎么也变成了正直的呢？

欧：哎，苏格拉底，我对我的回答已经失去了信心。

这里也要注意倒问不能过多，否则会影响听者思维的条理性。因此，何时顺问，何时倒问，要视情况而定。

五、反问

在日常交际中，我们常常使用反问。成功的反问，能够改变自己在谈话中的地位，掌握谈话的主动权，变被动为主动。如法拉第发明的发电机超越了其他人的成就，而法拉第也堪称现代科技之父；但是，在法拉第的时代，有人却不明白他的发明有多么重要。有一个瞧不起法拉第的人这样问："发电机有什么用？"法拉第答道："婴儿有什么作用？"同样，法拉第对知识的兴趣使那些满脑子只求实际的人不解。英国的政治家格廉·格拉德斯通认为法拉第的实验没有任何实用价值，问他："这项发明有什么用？"法拉第反驳道："为什么要有实用价值？否则，你不是又要征税吗？"

常用的反问是肯定型反问。如一位顾客急着买即将要开的一列火车的车票，可营业员在聊天，要让这位顾客等一会儿，顾客对营业员说："我等一会儿不要紧，火车会等我一会儿吗？"这就属于肯定型反问。再如唐贞观十五年，唐太宗李世民与大臣们的一段对话：

唐太宗向大臣们问：守天下难不难？

大臣魏征：非常难。

李世民：我任用德才兼备的人为官，又听从你们的劝谏，难道守天下还难吗？

魏征：古代的帝王，打天下的时候，能够注意用人和听从批评意见，一旦打下天下，就只图安乐，不喜欢别人提意见，导致亡国。所以圣人说"居安思危"，指的就是这个。能说守天下不难吗？

这里，魏征使用肯定型反问来说明创业难守业更难的道理，令李世民心悦诚服。

除了用肯定型反问外，还经常使用比喻型反问、延缓型反问、类比型反问等。如一位著名企业家在作报告时，有位听众问："你在事业上取得了巨大的成功，请问，对你来说，最重要的是什么？"企业家当时并没有直接回答，而是拿起粉笔在黑板上画了一个圈，但并没有画圆满，留下一个缺口。他反问道："这是什么？""零"、"圈"、"未完成的事业"、"成功"，台下的听众七嘴八舌地答道。他对这些回答未置可否："其实，这只是一个未画完整的句号。你们问我为什么会取得辉煌的业绩，道理很简单：我不会把事情做得很圆满，就像画个句号，一定要留个缺口，让我的下属去填满它。"这里，这位企业家便巧妙地运用了比喻型反问，用形象来说明事理。

运用反问法时，提问者应考虑提出的问题与自己的身份是否相符、反问的强度是否适中，还要考虑谈话的气氛等。西方记者大都热衷于采用反问，西方的某些政治家也喜欢接受这些记者的采访。记者们希望通过尖锐、刁钻、奇特甚至古怪的反问，达到使采访对象不能不提供记者所需要信息的目的；而政治家们则希望通过巧妙回答记者的刁钻刻薄的提问，在公众面前显示自己的才能。意大利女记者奥琳埃娜·法拉奇就以在访问中敢于提出尖锐的问题而著称于世。

六、单问

从单一的角度，提出单一的问题，属于单问。如 1936 年"西安事变"，张学良和杨虎城活捉了蒋介石，他们属下的不少军官主张杀掉他。中国共产党以国家和民族的利益为重，主张和平解决西安事变，"迫蒋抗日"，并派周恩来到西安去做说服工作。当时的人们恨透了蒋介石，要说服大家放他，难度相当大。"杀他还不容易，一句话就行了。"周恩来这么一说，人们都安静下来了。之后，他话锋一转："可是杀了他以后怎么办呢？局势会怎么样？南京会怎么样？日本人会怎么样？国家和民族的前途会怎么样？各位想过吗？"这一连串的问题叫人猛醒，发人深省。然后，周恩来精辟地分析了当时的形势，指出和平解决西安事变有利于抗日，有利于我们的国家和整个民族。最后，军官们终于被说服了。有人说，毕竟是共产党，胸怀宽广，目光远大。周恩来的一席话，在历史上起了不平常的作用。

在日常人际交往中，这种单问使用的频率比较高。例如，当你走在街上，突然发现马路上围了许多人，你很想知道出了什么事，这时你可问围观的人："发生了什么事？""什么时间发生的？""在哪里发生的？""都有谁介入了？""为什么会发生？""发生的过程如何？"这种提问目标明确，线索清楚，单刀直入，能培养人们思维的敏捷性。

七、杂问

与单问相反，杂问是从不同角度提出若干问题。如1979年，上海市友好代表团访日，刚好日本大阪府竞选结束，岸昌先生被选为知事。在会见代表团前半个小时，日本记者采访岸昌："你今天的心情如何？""你新任知事有何感想？""为什么你急于会见中国代表团？""你今天早餐丰盛吗？""有没有孩子陪你共进午餐？"在同一时间、同一地点，提出多个不同的问题，这就属于杂问。杂问的难点在于如何把握好提问的"度"，如果"度"把握得好，可引发活泼的思维、丰富的联想，否则就会使人抓不住重点，把握不住整体。采用单问还是杂问，需要提问者从实际出发去把握。

八、浅问

难度较小，容易找到答案的提问为浅问。浅问容易造成一种友好的谈话氛围，被提问者可以根据本人的意愿，自由地选择答案。如朋友来访问，你可以问："你是喝茶，还是喝咖啡？"这样，客人选择他自己喜欢的东西，增添了友好的气氛。

浅问还可以照顾到不同层面，并为深问作必要的铺垫。根据听者的实际水平，把难问题分解成易理解、更有趣的小问题，或者把大问题分解成一组小问题，层层深入，一环扣一环地问。这样的提问处理，听者肯定乐于接受。如果只有深问，而没有浅问，提问便缺少必要的梯度，容易使被问者处于陪坐、陪听的尴尬境地。

九、深问

难度大、需要经过思索才能回答的提问为深问。提出的问题由浅入深能发人深思，切忌提出的问题平平淡淡，老调重弹。如：解放初期，为了照顾干部子弟尤其是烈士子弟，专门设置了一些干部子弟学校。1956年，周总理到一所干部子弟学校视察时，了解到这里生活待遇较特殊，而且不收普通的工农子弟。于是，总理与学生会副会长延晓有这么一段问答：

周：你说说，你们要是和工农群众的孩子一块学习好不好？

延：有它一定的好处，也有一定的不好处。

周：你说有什么好处？

延：……

周：（对大家）刚才我问你们的副会长，他回答不上来，你们谁能回答？

（同学们小声议论没人敢答）

延：为了领导好照顾我们。

周：为什么要照顾你们？（无人答）道理很多，也很简单，你们应该说了。（提高声调向着在场的人）党中央和人民政府一向就认为干部子弟不应搞特殊化，应该和广大的劳动人民的子弟在同一个学校里一起学习。你们的父兄是从劳动人民中成长起来的，在艰苦的革命斗争中，是一直和人民群众打成一片的，现在你们自己也应该这样做。让你们住在西郊，和社会上几乎隔绝开来，又有多少好处呢？

周总理通过发问，由浅入深，层层剖析，启发学生思考：干部子弟也没有搞特殊的理由，要与人民群众打成一片。

有时候，由浅入深的提问还可以收到意想不到的效果。比如：某大学毕业生毕业找工作，他来到一家报社，对经理说："你们需要一个好编辑吗？""不需要。""那么记者呢？""不需要。""那么排字工人呢？""不，我们现在什么空缺也没有。"如果大学生提问到此为止的话，他在报社求职也就宣告失败了。但他并没有放弃，而是进一步问："那么，你们一定需要这个东西吧？"说完，这个大学生从公文包中拿出一块精致的牌子，上面写着："额满暂不雇用。"结果，这个年轻人被留了下来，主要负责宣传方面的工作。可见提问要有浅有深，一般是由浅入深。因为只有浅问而没有深问，这种交流毫无意义。

提问很讲究方法，不能不管什么内容、什么环境、什么对象，都采用一种提问方法，要根据实际情况灵活运用。一个高质量的、富有艺术性的提问往往会"一石激起千层浪"，能有效地调动起人的探索精神，有效地突出重点、突破难点。因此，我们需要掌握这些提问的方法。

XXL 模拟训练

（一）读下面一则故事，回答提出的问题。

有一位东北某汽车制造厂的推销员，当他刚刚走进一家旅馆，发现已经有一个人先到，正躺在床上看书。（问题1：如果是你，会怎么办？）推销员问道："你到了多久了？"对方回答："刚到。"（问题2：如果是你，接下来会怎么办？）推销员问："您是哪里人呀？"对方答："大同人。"（问题3：如果是你，接下来会怎么说？）推销员说："哦，我有一位亲戚在大同，我也去过大同，很漂亮，很清洁。"然后，推销员谈起了大同的物产、风土人情。两人越谈越投机，没过多久，二人就约定共进晚餐。再后来，东北推销员从大同人那里采购到廉价的煤炭，大同人从东北人那里买到了一批价格优惠的汽车。（问题4：从这个故事里面你能够感悟到什么？）

（二）有位青年记者满怀信心地采访一位颇有成就的女科学家。采访开始的第一句话是："请问你毕业于哪所大学？"女科学家："对不起，我没有上过大学。我搞科学研究全靠自学，我认为自学也能成才。"她的回答不免使那位记者有几分尴尬，为了缓和气氛，他赶快转移话题，想先谈谈生活，于是问道："你的孩子在哪儿上学？"不料女科学家十分不悦，答道："我早已决定把自己的毕生精力贡献给自己的事业，因此，我一直独身至今。请原谅，这个问题我不愿意多谈，如果你没有其他问题，就谈到这儿吧，我要开始工作了。"

这位记者采用了哪种提问方法？他的提问合适吗？如果是你的话，会怎样完成这次采访任务？

（三）一天晚上，李燕杰刚在夜校上完课回家，有位青年从他后面跟上来，说是要和他谈心。他一看这个青年，身穿大红衬衣，肩上挂着西装背带，胸前还挂个耶稣像的十字架，心里对这个青年的思想现状明白了七八分。青年诚恳地要拜李燕杰为师，表示要学好文学和外语，李老师见他真诚，就和他谈起心，于是，一连串的发问开始了。

李：你为什么要戴这个（十字架）呢？

青：你是搞中国古典文学的，还懂这玩意儿？

李：你真把我看扁了，我要连这个问题都答不上来，今儿个我不就栽了吗？

青年人笑了。

李：你不是在学外语吗？我问你，"圣经"这个词，英语怎么说？

青年人答不上来。

李：Bible，Bible。你挂十字架，会念祈祷词吗？

青：不就是"阿门"吗？

李：不对。（从头到尾把祈祷词背了一遍）你读过圣经吗？圣经都讲了些什么呢？

青：不知道，没读过。

李老师把《旧约全书》和《新约全书》的主要内容给青年讲了一遍，转而又谈到美的含义。

李：比如，有个姑娘长着一双水汪汪的大眼睛，笑起来还有两个小酒窝，表面看，还挺美。可是有人告诉你，她就是爱在电车上干这个（做一个扒手的动作），你还认为她美么？

青：内外不一致，不美。

李：有这么一幅油画，一个修女，外表穿得很肃穆，内心对耶稣很虔诚，胸前挂着一个十字架，你觉得美吗？

青：内外相和谐，对基督徒来说，还是美的。

李：那么阁下既不懂耶稣教，又不信耶稣教，胸前挂着十字架，你是美在哪儿呢？

青：李老师，我以后保证不戴了，要再戴就是孙子！

李：你以前为什么要戴它呢？

青：我看外国人戴。外国人能戴，我干嘛不能戴？

李：你的领导没有批评过你吗？

青：他们不让戴，可我偏要戴，要是他们像你这样给我讲清道理，我早就不戴它了。

上述对话中，李燕杰和男青年分别使用了哪些提问的技巧？

思考与练习

1. 提问应讲究哪些策略？
2. 从提问策略的角度看，你认为中央电视台《实话实说》的魅力何在？
3. 提问时常用的句式有哪些？它们各自的作用是什么？
4. 提问的方法有哪些？

第六章　应答技巧训练

古人说："发端曰言，答述曰语。"它说明一问一答的会话方式是人类社会交往中最基本的语言形态。其中答话是受问话刺激或制约所作的相应表述，即"应答"。当今世界上，社会交往日益频繁，竞争日趋激烈，许多现实问题催促着我们立刻作出回答，这就需要应变性回答。

应答训练是口才训练的重要内容，它要求无论在什么语境下都能巧语解困、妙语服人。应答口才突出一个"快"字，精彩的对话应该具备"短平快"的特色。口语应答一般具备下列特点：一是触机即发，即兴而成，轻快迅速；二是句式短小，干净利落，句句有用；三是语态平稳，挥洒自如，平中显巧。

第一节　应答的基本方式

应答是对提问的回应，一般来说，它有几种最基本的方式。

一、逼问快答

逼问快答是针对突发性提问作快速回答的方式。由于提问的内容广泛，跨度比较大，所以要求答得快、答得巧，既能抽象概括又能敏捷准确。请看曾担任中国科技大学党委书记的刘吉一次回答学生提问的片段。

问：您主要的缺点是什么？

答：不自量力。

问：您主要的优点是什么？

答：自信。

问：自信为什么是优点？

答：自信给人勇气和力量。

问：您喜欢什么样的领导？

答：一身正气。

问：不喜欢什么样的领导？

答：官僚主义。

问：您怎么对待这样的领导？

答：感情上疏远，组织上服从。

逼问快答的具体要求有四：

一要旗帜鲜明，诚恳从容，也可以含蓄风趣一点，有一些哲理色彩。

二要简单明了，多用短语，尽可能一两句话就把自己的意思说明白；多用直言语式直截了当地应对，不要模棱两可，不痛不痒；要力避用简单的肯定、否定（如“是”、“不是”）的方式作答。

三要少说空话、套话，内涵力求丰富、充实；要敢于亮出自己的想法，不要遮遮掩掩；要显示自己鲜明的语言个性。

四要留意复杂问语。所谓“复杂问语”是指隐含某种假定前提的问语。如“你还想着去北戴河旅游吗?”这个问语的隐含前提是“你曾经或一直想着去北戴河旅游”，但是你可能从来就没有“想”过，所以要针对“想没想”作答，而不是“去不去”。对这类复杂问语要留心隐含的前提，作出有针对性的回答。

二、线性接引

交谈中的线性接引是“接近的艺术”。在社会交际中，我们说话应切合各种不同的语境，切合对方的心理，应当与人为善，尽量与对方接近，这样才可能达到交际的目的。但是有的人在语言交际中缺乏接近意识，说起话来喜欢拗着劲儿，这就是人际交往中的“否定心理定势”。这样的心理定势的心理依据是自以为高人一等，专门给发问者挑刺儿，以此来显示自己的“个性”，但这也正是搞好人际关系的障碍。因此，应答者应摆正自己在交谈中的位置。请看某位电影演员回答网友提问的片段。

问：你想进军好莱坞吗?

答：能不用“进军”这个词吗?

问：有信心拍一部获奥斯卡奖的片子给中国出口恶气吗?

答：问题是获奥斯卡奖的片子真的那么好看吗?

问：你天生就这么自信吗?

答：你认为我自信吗? 只不过我知道我的界限在哪里。

问：你满足现状吗? 想没想过更高的目标，比如冲出中国。

答：冲出中国就算很高的目标吗?

问：新世纪就要来临，你有什么打算?

答：有没有打算跟新世纪有什么关系? 你老问这些套话!

问：你准备怎么开拓你海外的演艺事业?

答：你这个问题问得就有意思了：你把“开拓海外演艺事业”当成我的一个定局，于是就问：你准备怎样开拓? 我根本就没有这个准备，所以我没法回答。你老这么问问题，你准备怎么死？我还没想死呢！

这位演员显然存在一种“否定心理定势”，这样他就不会认真回答别人的问题，而是专门给发问者挑刺儿，造成了沟通的困难。个性当然可以张扬，但时刻将“聪明”挂在脸上，居高临下地对待别人则是一种幼稚的表现。

三、顺承转接

对话作为最简便的交际方式，其出发点和落脚点是“沟通”。所谓沟通并不仅仅是“顺承”，还包括在尊重对方的前提下说出自己的想法并争取认同的内容。为了这个目的，应答者先要顺承对方的语意，将自己的想法与当时的语境、对方的意思作一番调试，然后灵活地转入自己见解的表述，这就是“顺承转接”，它也属于交际对话中的“接近艺术”。

这里需要注意的是，在运用顺承转接时，还要注意听辩技巧，要善于从别人的表达中发现合情合理的成分，这样才能顺承自然，毫不勉强。“转接”要讲究渗透技巧，毫无痕迹地渗入，尽量做到从对方的语意中引发出自己的与其不尽相同的见解，让对方在和谐的气氛中感觉到你的这种见解的合理性，逐步形成对某些问题的共识。例如下面的对话。

甲：我觉得自己很平庸，见人矮三分，什么都不行。

乙：我以为这可以解释为你的谦虚。谦虚是一种高尚的品德，但是我觉得谦虚并不等于自卑。说起来我也自卑过，不过有一句格言给了我很大的启发：“不要总是把膝盖弯着说话，如果挺起来站着，你会发现，你是与别人一样高的。”我们想到这句话，恐怕就不觉得见人矮三分了，是吧？

这个应答没有一点教训的口吻，应答者先在语意的顺承中维系和谐的交际气氛，然后委婉地提出自己的看法，这样就很容易得到认同。

四、直抒己见

在应答中有时也不必始终被对方“牵着鼻子走”而失掉了自我。应答方式应根据实际情况作出多种多样的选择。如果对方作散点式或连珠炮式的诘问，应答者的思维必须立即兴奋起来，要及时捕捉头脑中跳出来的灵感火花，应答可以不作修饰，也不作推敲，用短句，说实话，干脆利落，直陈己见。这种坦诚的直截了当的应答，往往有些灵气，富于个性色彩，而且对答短促有力，这就大大缩短了对方思考的时间，就有了变被动为主动的可能性。要有这样的心理提示：你的任何问题都难不倒我。

这种应答方式常见于应答者本身在着手进行一项试验，或负责某一项开拓性的工作，在接受探询时，做顺应语势、直陈己见的应答。请看某体育项目的世界冠军的答记者问：

问：你赛前的战术是怎么定的？

答：紧紧跟住领先的人，在最后两公里的时候加速超过她。

问：你认为你争金牌偶然吗？

答：一点也不。1989 年我就获得世界冠军，以后又得了几次重大比赛的金牌。

问：你今天比赛感到压力吗？

答：没有什么压力。我的目标就是拿金牌。（从包里拿出照相机）你帮我拍个照好吗？你看我还精神吗？

五、一语中的

这种应答是思维和表达的化简。郑板桥说："删繁就简三秋树，标新立异二月花。"意思是说，"化简"本身就是一种"标新立异"，一种创新。词约旨丰的概括性简语应答，最能显示口才特有的力度。在应答时，人们一般凭借应变性直觉思维方式，超越常规思维的逻辑流程，迅速地用一句击中要害的话代替冗繁的解释或说明，这种"快接快对"，会收到意想不到的表达效果。

"一语中的"的最大特点就是话语的概括性和应变性。要做到一语中的，应答时就要尽量克服"从众心理"，要在切合语境的前提下，迅速选好角度，精心组织语言，话一出口就要能准确揭示客观事物繁杂表象背后富有规律性的东西，这样就很可能是富有新意的见解。训练这方面的能力，就要在别人提出一个富有思辨色彩的话题时，有意识地要求自己用一两句干净利落的话表达自己的见解，而且不出现对别人语义的简单重复，并令人信服。请看中央电视台的主持人白岩松（以下简称白）与广州大学学生（以下简称学）座谈的片段。

学：我看您有危机感，看起来冷冷的，这是为什么？

白：我喜欢把每一天当成世界末日来过。

（鼓掌）

学：你什么时候才会笑？

白：会不会笑不重要，懂幽默才是最重要的。

学：有评论说，你个性木讷。

白：所有评论是说我严肃，与木讷是两个完全不同的词。

学：有一天你的缺点多于优点，怎么办？

白：没有优点也没有缺点的主持人，连被评论的机会都没有。我有缺点我觉得幸福，因为它可能是优点的一部分。

（鼓掌）

学：你同意性格决定命运吗？

白：我采访过400多位成功的人士。我同意“性格决定命运”这句话。但性格不是与生俱来，自信是最重要的品质。

学：我是学历史的，能当新闻节目主持人吗？

白：今天的新闻就是明天的历史。

（鼓掌、笑声）

面对散点式、连发性的诘问，白岩松的回答方式是一语中的，语速快捷而富有气势，这就叫“以动制动”。面对刁钻的提问，他采取怪问智答的策略，出语简洁，一句很普通的话却带有哲理的色彩；面对预设前提的提问，他委婉闪避，旁枝逸出，引申转移；他敢于旗帜鲜明地用简练的语言亮出自己的想法，即使有些偏激，也以片面的深刻将自己的思维个性体现得淋漓尽致；他从容坦率、直接应答，不说一句空话、套话，更不作程式化应答；他也不失含蓄和幽默，不时来个轻松诙谐的怪问趣答。

六、避实就虚

在不便于直接应对或不宜于反唇相讥时，绕开话题的焦点，用曲折迁移的方式巧妙地表达自己的意思，这就是避实就虚的应答方法。“避实就虚”的关键是“避锋”，话说得虽然婉转，但语言内部却包含着合理的逻辑，让听者心领神会。比如，有人借了你的钱却忘了还，他这样对你说：“我借你10元钱还没有还给你吧？”如果你不想使对方难堪，可以这样回答：“没关系”。这是省略了前提的回答，其潜台词是说：“你没有还我，但没关系。”这说明，应答可以省略一些推理环节，采用富有弹性的话（“模糊语言”）来说，这样比较得体。例如有记者采访软禁了几十年后获准访美的张学良将军：“此次离台，是不是准备回大陆东北老家看看？”面对这个突兀而敏感的问题，张学良说：“军人处处为家。我91岁了，在我有生之年，哪儿都想去一去。”这个应答修正了问句的语意指向，采用模糊语言表示没有排除回老家去看看的可能性。

七、冲撞反诘

生活中有时会遇到突发性的有意诘难，其“攻势”可谓咄咄逼人，如果逆来顺受觉得咽不下这口气，解释、搪塞也不一定能摆脱窘境，这时可选择“顺贬反诘”作适度的冲撞。从冲撞力度上说，可以分为“硬冲撞”和“软冲撞”两类。

（1）硬冲撞。美国19世纪的油画家和版画家惠思勒未成名前靠为人画肖像为生。他画肖像时，往往把别人的缺点不加修饰地画出来。有一次他为一位客人画完一幅肖像后，那人很不满意地对惠思勒说："你说你能把这幅画称之为艺术品吗？"惠思勒冷笑一声说："你说你能把自己称之为一个人吗？"

虽然这个客人缺少自知之明，见惠思勒把他画得不美就横加质问，但惠思勒不假思索地贬低对方，与对方作硬冲撞也是极为不可取的，这种情况下一场争吵就在所难免。

（2）软冲撞。英国著名作家萧伯纳写的剧本《武器与人》首演成功，剧终时，萧伯纳上台接受观众的祝贺。可是他刚走上舞台，突然有一个人冲到台前冲他大喊："萧伯纳，你的剧本糟透了！谁看这个破戏！赶快收回去，停演吧！"观众都以为萧伯纳会怒斥这个无理的挑衅者。谁知萧伯纳却彬彬有礼地对那个人说："我的朋友，你说的对。我完全赞同你的意见，但遗憾的是，我们两个反对这么多观众有什么用呢？我们俩能禁止这个剧本的演出吗？"萧伯纳的精彩反击引发了全场暴风雨般的掌声。在掌声中，那个挑衅者灰溜溜地走了。

萧伯纳面对突发诘难，沉着应答，巧妙地运用软冲撞，让对手吃了个"软钉子"，倘若直言对抗，尽管也能取胜，但却显得有失风度，绝不会取得如此完美的效果。

运用冲撞反诘需要注意：一是应答时要沉着，处境难堪时切不要自我泄气。顺贬和反诘靠的是"急智"，"急智"从何而来？它来自突破"定型思维"的框架，一眼看穿对方怪问中的某种隐含的荒谬前提或结论，并且针对这些地方选准突破口，来个出其不意，攻其不备。二是要慎用顺贬和反诘，贬低对方、反诘对方在言语交际中的"冲撞效应"常常难以预料。一般地说软冲撞以不失和为前提，它比硬冲撞的交际效果好。三是要注意根据不同的场合和对象将应答反诘的力度作合理而有效的预测性调控，做到有理、有利、有节。

八、故意曲解

如果遇到发问者出言不逊，用刁钻古怪的诘问使应答者猝不及防，这时应答者为了摆脱被动的局面，可以突破问句的限制，坚持反常原则，快速抓住对方用语外延模糊的地方，有意将其曲解，把问句的语意"岔"到有利于自己的方面来。故意的曲解，也是一种应答的策略，往往能收到"兵来将挡，水来土掩"的表达效果。请看中央电视台节目主持人崔永元（以下简称崔）在广州参加第十届全国书市开幕式期间回答观众（以下简称观）的提问。

观：崔哥，你们"实话实说"怎么没过去好看了？

崔：（愣了一下）不错，我也觉得没过去好看了，我们有责任——不过，主要的责任在你。

（大家很诧异）

崔：（接着笑问）小伙子，你结婚了没有？

观：没有。

崔：我告诉你，结婚的感觉和恋爱的感觉是不一样的。

（哄笑，鼓掌）

崔永元面对恶作剧式的提问，坚持用轻松的玩笑方式应答，用恋爱、结婚作类比，巧妙地化解了对方的故意刁难，从而摆脱了被动的局面。

XXL 模拟训练

（一）逼问快答练习

1. 以“我讲我”为中心话题，设计一组涉及个人情况的快问快答题。训练方式为：用逼问快答的方式，以一人问一人答的形式进行。提问由浅入深、由近及远，问句可步步紧逼，由稍慢到逐步加快。答话要力求短促、中肯、简洁、清晰。提出问句的时间不计算在内，看纯问答用了多少时间？

（1）你的缺点是什么？

（2）你的优点是什么？

（3）你的爱好是什么？

（4）这个爱好是怎么形成的？

（5）这个爱好给你带来什么好处？

（6）这个爱好为什么至今没有转移？

（7）你的烦恼是什么？

（8）你最珍惜的是什么？

（9）你最讨厌什么？

（10）你最崇尚什么？

（11）你最喜欢的格言是什么？

（12）你最大的乐趣是什么？

（13）你平时经常想的是什么？

（14）你做人的信条是什么？

（15）你最大的愿望是什么？

(16) 你怎样评价自己?

(17) 听到闲言碎语你怎样对待?

(18) 你是喜欢春天还是冬天?

(19) 你是不是开始觉得金钱并不微不足道了?

(20) 你现在是否打消了出国留学的念头了?

2. 快速接对歇后语。搜集歇后语做练习材料，一人讲出歇后语的前半部分，要求对方在几秒钟内说出歇后语的后半部分。如果在规定的时间内说不出“歇后”部分，可以换下一句让其接对。看在限定的时间内能够接对多少歇后语。不宜选用艰深晦涩的歇后语，接对的答案宜从宽掌握，大致正确即可。有的答案可能不止一个，比如“马头上长角”的歇后语，答“不伦不类”或者“标新立异”均可。

(1) 道士念经——

(2) 七窍通了六窍——

(3) 戴着斗笠打伞——

(4) 轮胎上的气门芯——

(5) 猪八戒照镜子——

(6) 两脚塞进一只皮靴——

(7) 澡盆里扎猛子——

(8) 胡同里扛旗杆——

(9) 外甥打灯笼——

(10) 背着油桶救火——

(11) 哑巴吃黄连——

(12) 秃子头上的虱子——

(13) 藏民穿皮袄——

(14) 老鼠进书房——

(15) 小葱拌豆腐——

(16) 麻袋里装菱角——

(17) 缎子被面麻布里——

(18) 盖房请来箍桶匠——

(19) 盖了三年的破被——

(20) 对着镜子行礼——

(二) 线性接引练习

1. 甲：听说，我国奥运会金牌得主有的获得奖金超百万元，我看这并不是坏事。

乙：

2. 甲：有人主张搬几个兵马俑出来卖给“老外”，说这些“泥巴人”咱们中国有的是，拿几个敲他洋人大笔外汇，是合算的——我们难道穷得非挖祖坟过日子吗？

乙：

3. 甲：科学技术对不景气的企业有神奇的回天之力，不知道那些只顾眼前创收的厂长们是否想到这一点？

乙：

4. 甲：中国的劳务市场已经饱和，我不懂有些报刊为什么要津津乐道俄罗斯许多“打工妹”涌入我国这件事。

乙：

5. 甲：上海的浦东是长江的“龙头”，龙头活起来，就会出现令人振奋的新局面。

乙：

（三）顺承转接练习

1. 天色已晚，有一位朋友还在你家闲聊，你碍于情面不好意思下逐客令。这时你看看表，打了个哈欠，说：

2. 甲：听说你发表了一篇小说，很有点轰动效应，你可不能飘飘然啊！

乙：

3. 青年：我最近不是表现好点了吗？班长，这个月不会再扣我的奖金了吧？（其实仍旧表现不好）

班长：

4. 某青年在学校时担任过宣传部长，他到一家大公司递上求职报告，想应聘推销部经理。

经理：从您的简历看，您担任过学生干部，所以择业方向最好是行政工作，当推销经理合适吗？

青年：

（四）一语中的练习

1. 问：为什么人的手、耳朵、腿都是双数，嘴却只有一张？

答：

2. 问：什么样的学生是最好的学生？

答：

3. 问：毛泽东这样的伟人，怎么也会有错误？

答：

4. 问：他读了那么多书，怎么在社会上总是碰壁？

答：

5. 问：我们国家还没有摆脱落后，有什么可爱的？

答：

6. 问：一个人怎么才能乐观呢？

答：

7. 问：刚结婚就吵架，恐怕不是什么好兆头吧？

答：

8. 问：人怎样才能增强自信心？

答：

9. 问：人怎样体现自身价值？

答：

10. 问：什么样的人算成功人士？

答：

（五）避实就虚练习

1. 在拥挤的公共汽车上有一位小伙子不慎碰到一位女士，这位女士气愤地骂道："流氓！"

小伙子笑笑，说："女士，流氓不在这儿，……"

2. 孩子成绩不好，家长问教师："他现在成绩不好吧？"

教师没有直说，而是说："……"

3. 一个人近年收入颇丰，有人问他："你现在发了大财了吧，存款有上百万了吧？"

这人答道："……"

4. 问："你难道不认为'雷锋精神'已经过时了？"

答："……"

5. 火车就要开了，有位旅客赶到车站售票处购票，可售票员在里面说笑，这个人喊起来，售票员不耐烦地说："你喊什么，不能等一会儿？"

旅客说："……"

6. 如果你有个秘密不能对别人说时，有人向你打探内情，而你又不得不与对方周旋，这时如何避实就虚，迂回应对？

（六）冲撞反诘练习

1. 一位大嫂问一位大龄女青年："你长得又不丑，怎么不早点儿把自己嫁出去呀？"

女青年笑了笑，说："……"

2. 某厂竞选厂长，一位年轻的竞选人对年已50岁的对手说："你该回家抱孙子了，当厂长，你不会像我们年轻人那么得心应手。"

那位50岁的竞选者说："……"

3. 顾客："卖肉的，把你的肉割两斤给我！"

卖肉的："……"

4. 有一个人戴了一顶破旧的帽子，有人取笑他说："你脑袋上那东西是什么玩意儿？"

那人回答："……"

5. 电车上一位先生给一位女士让座，她大大咧咧就坐下了。

让座的先生故意凑过去，问："您刚才说什么了？"

女士说："我没说什么呀？"

让座的先生说："……"

6. 一位牧师接到一封信，里面写了两个大字："蠢材"。

他拿给别人看，说："……"

7. 一位戴耳环的售票员在电车上售票。

售票员：哎，那个戴鸭舌帽儿的，买票！

乘客：（票已经买过）"……"

8. 地主：天亮了，还不起来下地干活？

长工：我在捉虱子，捉好了起来干活！

地主：天这么黑你能捉到虱子？

长工："……"

9. 一位药剂师经常到附近的书店看书。他选了一本书，想买又拿不定主意，就问营业员。

药剂师：你说这本书有趣吗？

营业员：我不知道，药剂师先生！

药剂师：书店营业员应该对每本书都有所了解。

营业员："……"

（七）故意曲解练习

1. 甲：（冲着乙）一个身上有缺点的人也成了先进人物？

乙：是啊，我身上是有缺点，……

2. 甲：我从小王嘴里听不到对你的半句好话。

乙：确实，不过……

3. 有个青年在酒宴上举止粗俗，拿女主人开过火的玩笑。女主人生气了，骂到："我看你就像疯狗！"

青年发怒了："什么，我是疯狗？"

有人解围道："不是说你像疯狗，是说……"

4. 甲：你搞实验用那么多的材料，我看是极大的浪费！

乙：……

5. 中年人：媳妇刚过门，抽烟就吸"伸手牌"的了，你恐怕是得了"妻管严"了吧？

青年人：……

6. 啤酒店生意不错。老板为了多赚钱，每杯扎啤只斟一半。老板很得意，同顾客聊天。

老板：你看！生意不错吧，一天就能卖掉35桶。

顾客：我倒想出一个能让你每天卖掉70桶的好办法。

老板（惊讶）：快说说，是什么好办法？

顾客：……

第二节　巧妙的应答策略

回答是对提问的反馈，问是一门学问，答也需要讲究技巧。在交际场中，无论是友情传递、学习、生活、工作、释疑，还是专题对话、答记者问、电视采访、论文答辩，都离不开应答。应答是一种难度较大、要求较高口才的形态，是交际场上短兵相接的利器。一个有口才的人不是问什么就答什么，也不是怎么问就怎么答。除知识性的答疑外，应答都需要一定的答问技巧，才能改变自己的被动局面，做到答得好、答得妙。

一、坦诚实在，回答具有针对性

诚实反映着一个人的道德品质，语言是其外在表现，应答也是如此。司马南曾两次获得反伪科学突出贡献奖，因反伪科学经历过生死考验，有"反伪科学斗士"的美称。1997年，司马南去天津科技馆做报告，回来的路上遭遇袭击，当场腰被打坏，后被好心人送到医院急救才免遭不测。1998年，在与"神医"胡万林的交锋过程中，被其手下20多个打手拳打脚踢。在司马南的不懈努力下，"神医"胡万林终于被依法逮捕。公审胡万林那天有记者问司马南："置身如此残酷的环境下与伪科学作斗争，是什么力量使你坚持下来的？"司马南答道："早年我迷信神异功能，后来得益于很多方面，艰难地从里面走了出来。出于一种道德义愤，所以站出来高叫一声，但是我没有想到，从那时开始这么多年却要和危险相伴。我是正常人，我也不偏执，我一万次地动摇过，但是一万零一次地坚持下来了。”

这里司马南坦诚自己不光彩的一面：早年迷信神异功能，同时对自己的软弱直言不讳：一万次地动摇过。这不仅没有损害他的公众形象，反而拉近了他和公众的距离，因为与冠冕堂皇的豪言壮语相比，诚恳地实话实说更能打动公众，也更具感染力。正因为有“一万次地动摇过”，“一万零一次地又坚持下来”，才显得弥足珍贵，才格外令人敬仰。

有的问话是有言外之意的，如果答话者不注意前提，随便答话，就很容易步入答话的误区，甚至跌进对方精心设计的语言陷阱。因此，只有做有心人，了解对方的心理，有针对性地回答，才不致步入答话的误区。例如，某厂长从机械局开会回来，在厂门口正好碰见青年工人小张拿着一把菜往厂里走，便问：“今天上晚班？”在特定的条件下，厂长是探问小张是否在上班时间外出买菜。小张没意识到这一点，答道：“不！我今天上白班。”结果下午开会，厂长未点名地批评了他。其实小张并非违纪，而是在发货回来的路上带了一把菜。

二、突破问句的控制，回答具有灵活性

中国科技大学原党委书记刘吉在与青年人对话时，有人问：“现在社会上有一种反常的现象，喝好酒的、吸好烟的不花钱，而花钱的人喝不到好酒、吸不到好烟，这是为什么？”提问者显然是针对社会上的不正之风而问，不无揶揄讽刺之意。如果简单地就事论事地回答，不仅难以澄清是非，使对方信服，反而容易陷入对具体问题的纠缠，招来挑衅性的问话。为摆脱控制，他没有直接回答烟、酒与钱的关系，而是辩证地说明这种客观存在的现象：“这是变革前的阵痛。在当前我国是新生与腐朽并存，先进与落后共处，请朋友们拭目以待，新生肯定战胜腐朽，先进必将抛弃落后！”这一回答，没有就事论事，十分灵活，既可启迪思维，又能帮助问话者开阔视野，学会从大处着眼，历史地、辩证地思考问题。再如，南朝时，齐高帝与书法家王僧虔共习书法，齐高帝忽然问：“你我谁的字最好？”王僧虔答：“我的字臣中最好，您的字帝中最好。”齐高帝大笑曰：“你善于维护自己。”王僧虔能突破齐高帝问话的控制，既没有贬损自己的地位，同时也满足了帝王的自尊。如果不突破控制，说不定会招来杀身之祸。

又如在一次小型联欢会上，观众席上有一个女子问赵本山：“听说你在全国笑星中出场费是最高的，一场要一万多元，是吗？”面对这样一个尴尬的问题，赵本山毫不犹豫地突破问句的控制，作了如下回答：

赵：你的问题提得很突然，请问你是哪个单位的？

女子：我是大连一个电器经销公司的。

赵：你们经营什么产品？

女子：有录像机、电视机、录音机……

赵：一台录像机是多少钱？

女子：4000元。

赵：那，有人给你400元你卖吗？

女子：那当然不卖，一种商品的价格是由它的价值决定的。

赵：那就对了，演员的价值是由观众决定的。

赵本山及时突破问句的限制，灵活地采用了类比的方法（用商品的价值和演员的价值作类比），巧妙地摆脱了尴尬被动的局面，可称得上是精妙绝伦的应答。

三、掌握接引的技巧，回答具有艺术性

（一）仿拟沿用或改动词序的回答方法

仿拟沿用问句的句式，使答句与问句的结构相近，内容却相反相对。请看下面主仆的一段对话：

女主人："如果你不介意的话，我就叫你阿莲，行吗？这是我以前那个保姆的名字，我不想改变我的习惯。"

保姆："当然可以，我很喜欢你这个习惯。这么说，如果你不介意，我就叫你马太太，这是我对以前那个主人的称呼。"

保姆模仿女主人的问话方式，只稍加改动，针锋相对地反驳了女主人的无理要求。

借助仿拟的方式还可帮助你解决难以处理的问题。如古时候有一人叫艾子，他的孙子因贪玩不用功学习，时常受到艾子的责罚。一天下大雪，孩子又在院里玩雪球。艾子怒不可遏，便扒掉他的衣裳，罚他跪雪地。艾子的儿子见此情景，心疼至极，可又奈何不了父亲。思来想去便也脱下衣裳，跪在自己的独苗旁边，艾子吃惊地问："你儿子有错应受罚，你这是干什么？"艾子的儿子答道："你冻我的儿子，我就冻你的儿子。"艾子这才饶了孙子。

同样，语句的结构不变，只对词序作出调整，也可使回答妙不可言。比较下面两个故事。

（1）故事一。曾有一县太爷状告小偷，说小偷偷了他家在院子里晒的人参、燕窝。法庭传讯时，小偷承认是他偷的，其原因是其老母重病卧床不起达半年之久，买不起补药。后来听人说县太爷家补药多得生虫，正在后院翻晒，便下了手。法官将惊堂木一拍："谁家不好偷，偏偷县太爷家？情有可原，但

理不可恕，重判。”于是他受了100大板，又被送牢房关押。

（2）故事二。县太爷家少爷欺压百姓良民，成为被告，其原因是少爷闲逛到张宅，欲调戏其女，被狗咬。次日派人将张宅门前小摊砸烂，对簿公堂时，法官曰：“县令公子派人砸烂小摊，固然理不可恕，但已被狗咬，狗急尚且会跳墙，况且被狗咬的人，虽理不可恕，但情有可原，放人。”

前例“重判”，后例“放人”，只词序改动，结构并未变，量刑的结果就大相径庭。在日常生活中改变词序，意义不同的话语比比皆是。如：他懂什么（无知），他什么都懂（博学）；费电（浪费），电费（款项）；屡战屡败（狗熊），屡败屡战（英雄）。

（二）是非问句反答法

是非问句反答法，是指本应答“是”、“有”，却从“不是”、“没有”方面回答；本应答“不是”、“没有”，却从“有”、“是”方面回答。这种回答幽默诙谐，体现了较强的艺术性，例如周恩来总理在一次记者招待会上的精彩回答。

一位西方女记者问：“请问总理先生，中国可有妓女？”对这一不怀好意的问话，周总理思索一下答道：“有。”这时全场骚动。总理紧接着又答：“在中国的台湾省。”总理回答得滴水不漏，既趁势强调了台湾是中国的领土，又树立了大陆的形象。

再如：一个外国旅游团来到甘肃天水，其中有人问导游：“从前有什么大诗人出生在这里吗？”

导游：“没有，只有婴儿。”

另一位同行者说：“怎么没有？诗人李白不是出生在这里吗？”

导游：“我知道，李白是出生在天水，可出生时是婴儿并非诗人。”

前例是将“没有”答成“有”，后例是将“有”答成“没有”，都属于是非问句反答法。

（三）以问代答隐含法

物理大师法拉第有一次在大庭广众中演示电磁学的实验。实验刚结束，忽然有人站起来高声责问：“这有什么用呢？”法拉第看了一下提问者，反问说：“请问新生婴儿有什么用呢？”此例中，提问者暴露了他对科学的无知，而法拉第的以问代答隐含着对提问者在科学上缺乏预见的嘲弄。

（四）言此意彼，谐音双关法

言此意彼，利用双关的修辞方法回答，具有含蓄、幽默与讽刺的功能，能够收到意想不到的效果。

纪晓岚是我国古代著名的辩才，曾当过朝廷的侍郎。大臣和珅是个奸臣，曾当过尚书，他对纪晓岚的才能十分嫉妒。有一天，纪晓岚和他一起散步。这时，有一条狗从他俩身边跑过，和珅指着狗问纪晓岚："是狼（侍郎）是狗？"纪晓岚十分机敏，马上回答："垂尾是狼，上竖（尚书）是狗。"弄得和珅十分尴尬。和珅自作聪明，想利用双关语骂纪晓岚，结果"偷鸡不成，反蚀一把米"，也被纪晓岚用谐音双关语戏弄一番。

古时候西域献来狮子，蓄于御苑，每月供羊肉15斤。有个员外郎叫石中立，随同僚一起前往观看。有个同僚问："对这个野兽还给这么多羊肉，我们当官的每日才不过几斤，难道还不如牲畜吗？"石中立说："你难道连这都区分不开？它是苑中狮，我们是园外狼（员外郎），怎可相提并论？"同样是发牢骚，石中立运用谐音双关发牢骚，其回答幽默含蓄，要比他的同僚发的牢骚高明得多。

（五）巧用前提应答法

这是借用对方话语中的词句和情态，巧妙地加以演变的一种应答方法。如，国王把一条卷毛哈巴狗交给阿凡提，摸摸翘胡子，洋洋得意地对阿凡提说："我把这条我最喜欢的狗交给你，你必须好好照顾它，像照顾你亲生的孩子一样。""是的，我的陛下。"阿凡提把狗搂在怀里，轻轻地抚摸着卷曲的狗毛，毕恭毕敬地对国王说，"我还要像恭敬地服侍陛下您一样照管它，让它和您一样精神愉快。"

（六）怪问怪答法

提问者如果有意为难对方，往往提出些怪问题，让人防不胜防，面对这样的问题，我们应打破正常的思维模式，恰到好处地按提问者的反常思路去构思答案。例如有一次，刘吉与青年人座谈，有人问他："实行厂长负责制后，是厂长大还是书记大？"刘吉机敏地笑答："这个问题你最好回家问问，在你们家里是你的爸爸大，还是你的妈妈大。"党政分开后，厂长和书记各有自己不同的职责和权利，谈不上谁大谁小，直言回答会使自己陷入被动境地。

（七）风趣幽默，寓庄于谐应答法

幽默在人们生活中占有重要的位置，风趣幽默地回答既活跃气氛，又意味深长。被誉为"青年政治思想教育艺术家"的刘吉同志与青年的对话便是很好的例子。

问："你做后进青年工作的原则是什么？"

答："要爱不要恨，要教不要训，要管不要整，要拉不要推，冷处理，热定型。"

（笑声、鼓掌）

问："你敢用犯过错误的人吗？"

答："马有失蹄，人有失误。罚其错而不折其气，用其长嘛！为什么不敢？"

问："你对有人喜欢抬轿子怎么看？"

答："轿夫多的地方，老爷必定多。有人喜欢抬轿子，主要还是老爷要坐。老爷不坐轿，轿夫就会失业。抬轿是为了今后坐轿。"

（鼓掌）

如果在别人对某些问题感到不满而生气或不高兴时，能恰当地运用幽默，不仅可以营造出一种和谐的气氛，还可以消除尴尬处境。例如一位顾客在一家著名的饭店点了一只油炸龙虾，他发现盘中的龙虾少了一条虾腿，便责问侍者。聪明的老板一看，赶紧抱歉地说："真对不起，龙虾是一种残忍的动物。你的龙虾可能是与它的同类打架被咬掉一条腿。"顾客一乐，巧妙地回答："那么，请调换一下，把那只打胜的给我。""哦，真不好意思，那只打胜的我们暂时还没抓到。"谈到这儿，顾客和老板都哈哈大笑。俏皮的调侃把所有的不快冲得烟消云散。幽默既保护了餐馆的声誉，也维护了顾客的面子。

（八）缄默不言，委婉曲答法

鲁迅先生说："缄默是最有力的回答。"对有些问题，由于某种原因不便回答，就可采取拒绝回答的方式——装聋作哑。例如，1953年6月，年已79岁的英国首相丘吉尔到百慕大参加英美法三国会谈，他以自己年事已高为借口，时常装聋，在需要回避的问题上就装作没有听见，不予回答；在感兴趣的问题上就与美国总统艾森豪威尔及法国外交部长皮杜尔讨价还价，使与会者颇感头痛。艾森豪威尔幽默地说："装聋成了这位首相的一种防卫武器。"

保持缄默，以不答为答，一般有两种情况：一种是"装聋作哑"，不作反应。美国前总统尼克松就曾说："有时不得不装聋作哑，是为了在某些关键问题上占上风。"另一种是"不屑一顾"，即对对方提出的荒唐且幼稚的问题不作响应，仅作出不值得回答的表情和动作即可。这种无声的回答，比有声的反驳更有力量，因此，在亲朋好友间对话时，用这种回答方式就显得不够礼貌；当然，如果对方提出的问题不仅荒谬，而且危及国家或个人的尊严时，则一定要据理力争，加以驳斥。否则，你用无言作答就会被人误认为你无力回答或者默认对方的谬论。因此，缄默不言，以不答作答的回答方式，其适用范围是很有限的，不能乱用。

如果当你既不愿直言自己的意思而得罪对方，又要使对方理解自己的本意时，可采用委婉曲答的技巧。英国作家王尔德在未成名时很贫穷，有一个贵族想聘请他当家庭教师，在谈到食宿条件时，贵族问他是否愿意和他的家人共同进餐，王尔德回答说："那全看进餐时懂不懂礼貌了。"虽然未正面作答，但实质上已委婉地表明了王尔德的潜在顾虑：贵族家人是否尊重自己。

四、应答应注意的几个问题

（1）不能人云亦云，因袭别人答话的内容，要有自己的是非观念、善恶观念和美丑观念，要运用自己的逻辑思维进行实事求是的分析，作出正确的回答。

（2）应根据不同对象的不同态度，给予不同的应答，或亲切热烈，或针锋相对，或委婉含蓄，或嬉笑怒骂。总之，要有理有利，有情有方，应特别注意不失礼节。

（3）要注意对问话内容加以补充和引申。当别人问话不清楚、不全面或不完整时，特别需要这样做。比如有人问你："他是你的校友吗？"如果你们不只这一层关系的话，就应补充回答清楚："是的，还是我的老乡哩！"

总之，回答他人的问题不仅要掌握一定的答问技巧，还应注意一定的答问策略。答得"对"，不等于答得"好"；答得"圆满"，不等于答得"巧妙"。最关键的是要内涵丰富，道理中肯，使人信服。

XXL 模拟训练

要求：分组模拟当时情景进行应答练习，可由组内不同的人员依次扮演应答者角色，其他人从方法与策略两方面进行评判，看谁的应答最得当。

1. 小李因为工作关系结识了小刘姑娘。一天俩人在路上相遇，边走边谈，恰巧被小李单位的小张看到。小张脱口便问："这是你女朋友吧？"小刘姑娘一听脸刷地红了，尴尬局面顿生。这时小李应怎样回答才能摆脱窘境？

2. 两名青年工人以厂区的路灯为靶子进行投石比赛，投中者赢，反之则输。蹲过监狱的小张上前制止说："路灯是厂里的公共财产，我们要爱护！"青工小李说："你蹲过大狱有什么资格批评我？还是撒泡尿照照自己吧！"如果你是小张该如何反驳？

3. 某银行人事处长到某财经学院招聘毕业生，说："现在银行员工男女比例失调，抬个保险柜都要请临时工，因此我们只招收男生。"如果你是女生，怎么应答？

4. 某人在某大学演讲，有学生提出："你说自己只读过初中，那么你有什么资格在此面对几百名大学生夸夸其谈？你不感到这是一种自欺欺人吗？"如果你是那位演讲者该如何作答?

5. 一位作家在某大学作“文学要真实地反映社会生活”的学术报告时,一位中文系的女生问他:“既然文学要真实地反映社会生活,你为什么总唱赞歌,不唱悲歌?难道就没有阴暗面吗?”如果你是那位作家,该如何回答?

6. 一对新恋人上街购物。女方同时指着一件高档的和一件廉价的女上装问男方哪一件较合适。由于了解不深,男方有顾虑。说高档合适吧,怕女方认为是曲意讨好;说廉价的合适吧,又难免有抠门、小气之嫌。在此两难情形下,该如何回答?

第三节　求职面试中的应答方法与技巧

学生在完成学业后都不可避免地要经历求职面试这一关。在某些职业、职位的招聘工作中,面试显得尤为重要。它不仅是笔试的补充,而且是更直观、真实地测评应聘者素质的方法。因此,在求职面试时,为了能在较短的时间内成功地推销自我,应试者的应答策略与口才是一个关键的因素。而求职面试中的应答与说话或演讲提问中的应答不同,有其特殊的规律,需要我们仔细体会,认真掌握。

一、把紧自己的嘴巴,三思而后答

面试场上,考官们经常采用的一个基本策略就是尽量让应试者多讲话,目的在于多了解一些应试者在书面材料中没有反映的情况。

俗话说,“言多必失”。在面试时一定要注意把紧自己的嘴巴,如果认为已经回答完了,就不要再讲。最好不要为了自我推销而试图采用多讲话的策略来谋求在较短的时间内让招聘方多了解自己,事实上这种方式对大多数人来讲并不可取。该讲的讲,不该讲的决不要多讲,更不要采取主动出击的办法,以免画蛇添足、无事生非。例如有一位求职者在面试时,当考官问“你有什么缺点”时,他按事先准备好的答案做了回答。但他一看考官听了之后没有吱声,就以为是自己答得不好,又怕冷场,于是又讲了一个缺点。可是考官一直静静地听着还是不说话,就这样,求职者一个又一个地讲了自己许多缺点,而且都是没有经过预先考虑过的。实际上这种应答是非常不明智的,其结果吃亏的往往是应试者自己。

二、留足进退的余地,随机应变

面试当中,对那些需要从几个方面来加以阐述,或者“圈套”式的问题,应试者要注意运用灵活的语言表达技巧，不要一开始就把话讲死。否则，很容易将自己置于尴尬境地或陷入“圈套”之中。比如当考官提出“……你认为应抓住几个要点”之类的问题时，你的应答最好这样开头：“我认为这个问题应抓住以下几个要点。”在此用“几个”而不用具体的数字“三个”、“四个”或“五个”来回答，就给自己预留了灵活发挥的空间，可以边回答边思考边丰富。反之，如果话一讲死，一旦出现卡壳，就会慌乱、紧张，本来完全可以应答的问题也就答不好了。而当考官提出“据说你对某某问题很有研究，不妨谈些你的看法”这样一些诱导式的问题时，你的应答须特别谨慎。因为考官提出问题的时候，就把你界定在一个特定的背景下，实际上是为了对你作深入了解所设定的“圈套”。即使你对某某问题真的很有研究，也切不可自以为是，否则你将面临难度更大的追踪性问题。你不妨这样回答：“对于这个问题，谈不上很有研究，只是略知一二，可以共同探讨一下。”这表面上是对考官的谦恭，而实质在于给自己留下回旋的余地，以便随机应变。

三、稳定自己的情绪，沉着理智

在面试时，考官会冷不防地提出一个应试者意想不到的问题，目的是想试试应试者的应变能力和处事能力。这时，你需要的是稳定情绪，千万不可乱了方寸。例如有一家外贸进出口公司在一次人才交流会上招聘秘书，某小姐过关斩将，各方面的条件都符合招聘单位的要求，正当招聘单位欲拍板录用她时，一名考官灵机一动，又提了一个问题：“小姐，如果在将来的工作中，你接待的客人要你陪他跳舞、你不想跳，但不跳又不行，你会怎么办？”没想到考官的语音刚落，那小姐当即涨红了脸，对着招聘人员愤怒地说：“你们是什么鬼单位，在这里摆摊招舞女！”说完，连求职材料也未取回就气呼呼地扬长而去。其实那家公司是一家很正派、很有声望的企业，那位考官提出的问题可以说是工作中常会碰到的问题，并没有什么不健康，也不难回答。其实她完全可以这样回答：“我们这个公司是一个正规企业，我想不会碰上不三不四的人，正常情况下跳跳舞也不是什么坏事。”

四、不置可否地应答，模棱两可

应试场上，考官时常会设置一些无论你作肯定的回答还是作否定的回答都不讨好的问题。比如考官问：“依你现在的水平，恐怕能找到比我们公司更好的单位吧？”如果你的回答是肯定的，则说明你这个人心高气傲，或者“身在曹营心在汉”；如果你的回答是否定的，不是说明你的能力有问题，就是自信心不足；如果你回答“我不知道”或“我不清楚”，则又有拒绝回答之嫌。真是左右为难！当你遇到这种任何一种答案都不会很理想的问题时，就要善于用模糊语言来应答。可以先用“不可一概而论”作为开头，接着从正反两方面来解释你的观点。不妨这样回答这个问题：“或许我能找到比贵公司更好一点的企业，但别的企业在对人才培养方面或许不如贵公司重视，机会或许也不如贵公司多。我想，珍惜已有的是最为现实的。”这样回答，不仅能使自己置于一个有利的位置，而且会让考官领略到你的高明和“厉害”。

五、圆好自己的说词，滴水不漏

在面试中，有时考官所提的一些问题并不一定要求有什么标准答案，只是要求面试者能回答得滴水不漏、自圆其说而已。这就要求应试者答题之前要尽可能考虑得周到一些，以免使自己陷于被动。例如有一位商场的采购经理参加一次面试，当考官提出“请你举一个实例说明你的工作规范和流程”时，他回答：“这有可能涉及我们的商业秘密。”考官说：“那么好吧，请你把那些不属于商业秘密的内容告诉我。”这样一来，问题的难度更大了，他先得分清楚哪些是商业秘密，那些不是，一旦说漏了嘴，则更显出其专业水平不够。不能自圆其说，很可能会被逼入“死角”。

有两个典型的考题，在面试场上出现的频率最高。一是“你最大的优点是什么”，二是“你最大的缺点是什么”。这两个考题貌似简单，其实很难答好。因为不管回答什么样的优点或缺点，接下来考官一定会追问：“你的这些优点对我们的工作有什么帮助?”“你的这些缺点会对我们的工作带来什么影响?”之后，还可以层层深入，“乘胜追击”，应试者很容易陷入不能“自圆其说”的尴尬境地。面试在某种程度上就是一种斗智，你必须圆好自己的说词，方能滴水不漏。

六、不拘一格地思维，“歪打”“正着”

面试中，如果考官提出近似于游戏或笑话式的过于简单化的问题，你就应该多转一转脑子，想一想考官是否另有所指，是否在考察你的 IQ 或者 EQ。如果是，那就得跳出常规思维的束缚，采用一种非常规思维或发散式思维的方式去应答问题，切不可机械地作就事论事的回答，以求收到“歪打正着”的奇效。例如有一位学历并不高的女青年到一家大公司应聘管理人员，一位考官突然提问：“请问，一加一是多少?”女青年先是一愣，略一思索后，便出其不意地反问考官：“请问，你是说的哪种场合下的一加一？如果是团队精神，那么一加一大于二；如果是单枪匹马，那么一加一小于二。所以，‘一加一是多少’这就要看你想要多少了。”由于女青年采取了非常规性应对方式，在众多应试者中，她便脱颖而出了。

七、摆平自己的心气，委婉机敏

应试场上，考官往往会针对求职者的薄弱点提出一些带有挑战性的问题。比如，对年轻的求职者会问："从你的年龄看，我们认为你担任经理这个职务太年轻了，你怎么看?"对年龄稍大的求职者又会问："我们觉得你的年龄稍大了点，恐怕在精力方面不如年轻人，你怎么看?"面对这样的考题，如果回答"不对"、"不会"、"不见得吧"、"我看未必"、"完全不是这么回事"等等，虽然也能表达出自己的想法，但由于语气过于生硬，否定过于直接，往往会引起考官的不悦。比较好的回答应该是"这样的说法未必全对"，"这样的看法值得探讨"，"对这样的观点可以商榷"，"这样的说法是有一定的道理，但我恐怕不能完全接受"，等等。

总之，面对这样一些带有挑战性的考题，一定要心平气和，较为委婉地加以反驳和申诉，绝不可情绪激动，更不能气急败坏，以免引起考官的反感而导致应试失败。

八、放飞想像的翅膀，言之有物

面试中，偶尔也会出现一些近乎怪异的假想题，这类题目一般都具有不确定性和随意性，这也使应试者在回答时有了发挥想像的空间和进行创造性思维的领域，只要充分利用自己积累的知识，大胆地以"假设"对"假设"，就能够争得主动，稳操胜券了。例如一位华裔小姐到一家美国公司应试，在众多稀奇古怪的问题中，她遇到了这样一道怪题："在没有天平的情况下，你该如何称出一架飞机的重量?"这是一个假设性的问题，刁钻怪异得近乎天方夜谭。面对这样的假设，这位华裔小姐来了个"以牙还牙"，也用假设法作了应答："这要看你用中国式方法还是美国式方法了。假如是中国人，他会从古老的'曹冲称象'中得到启迪；假若是美国人，他或者现实一些，拆下零件来分别过磅就是，也可以浪漫一些，发明一种特大型吊秤也并非不可能。"这种颇有想像力且极富创意的应答，令考官不得不为之惊叹，于是她顺理成章地通过了面试关。

九、守好自己的人格，含蓄大度

一些女性应试者在应聘诸如公关小姐、秘书、演员等特殊岗位时，经常会遇到考官提出的比较敏感的问题。一般来说，应试者可以采取较为模糊、含混而又大度的方式予以回答。因为在这种情形下，考官的用意主要在于测试你的应变能力或智商，所以，模糊、含混一些非但无伤大雅，有时反而还能起到证实应试者智力和应变力的作用。例如一位少女到某影视传播公司应试，考官提出这样一个匪夷所思的问题："如果你被录用了，遇到这样一个剧本，其中有裸体的镜头，你该如何对待，是接，还是不接?"面对这令人难以启齿的问题，少女脸一红，旋即答道："这要看哪种情形了。如果跟剧情关系不大，仅仅是为了招徕观众，取悦观众，我是不会主动接它的。当然，如果确实是因剧情需要，我想，我也会要求导演用其他方式来处理，比如，画面的朦胧感、镜头的调整，等等。"这种既不肯定又不否定的应答，看似模棱两可，却在护卫自己人格的同时，又巧妙地避开了问题的实质。难怪考官们被她的聪明所打动，使之顺利走向了银屏。

十、面对"刁难"巧"较量"，针锋相对

应试场上，若遇考官"刁难"，善于"较量"也是一个"杀手锏"。例如一位华裔女生前往牛津大学面试，为了一个实验课题，她与主持人发生了争执。主持人有些愠怒道："你以为这就能说服我吗？不，不!"应试的华裔女生平静地说："当然不一定，因为我还没出生时，你就是心理大夫了。不过，如果没有人来做这个实验，那就永远不会有人知道我和你谁对谁错。"主持人仍然不依不饶："就凭你那个实验方案？它有十处以上的错误!"华裔女生道："那只能表明它还不成熟；正因为这样，我才向您拜师来了啊。"主持人愣了一下，又说："你以为我会指导一个反对我的人吗?"华裔女生笑了："我选择这个课题，是因为你在自己的专著里提出了这样一个问题：'行为治疗的目的，是为了给饱受痛苦折磨的人一个正常人生活的权利'，老实说，您书中的其他话我不一定赞同，可这句话却成为我前来求学的动力。"在一番"针锋相对"的"较量"之后，主持人不得不对这位东方女性刮目相看，他欣然录取了这位颇有胆识与个性的华裔女生。显然，这里的"杀手锏"无疑是应试者在"较量"中巧妙地引用了主持人的专著。

XXL 模拟训练

设想自己到一家公司面试，试着回答以下问题，由其他同学评判回答是否得体。

1. 请你自我介绍一下。

2. 谈谈你的家庭情况。

3. 你有什么爱好？

4. 你最崇拜谁？

5. 你的座右铭是什么？

6. 谈谈你的缺点。

7. 谈一谈你的一次失败经历。

8. 你为什么选择我们公司？

9. 对这项工作，你有哪些可预见的困难？

10. 如果我录用你，你将怎样开展工作？

11. 与上级意见不一致，你将怎么办？

12. 这次考试竞争比较激烈，你的笔试成绩并不十分理想。那么，你与别人相比，有哪些优势？

13. 你能为我们做什么？

14. 你是应届毕业生，缺乏经验，如何能胜任这项工作？

15. 你的面试已经结束，请你对今天的面试作一个评价。

思考与练习

1. 应答的基本方法有哪几种？

2. 你在日常人际交往中较常采用哪些应答方式？如果遇到有人故意刁难，你将采用的应答方式是否需要改进？

3. 话语应该力图答得好、答得妙，这样方可达到理想的交际效果，改变被动的局面。那么回答对方的问话应掌握哪些技巧？请举例说明。

4. 应答应注意哪几方面的问题？

5. 面试时是否应采用多讲话的策略，以便让招聘单位在最短的时间内了解自己？

6. 在哪些情况下应采用模糊语言来应答？

7. 面试时应注意哪些问题？

下编　演讲的艺术

第七章 演讲概述

能够在社会上进行有效的信息交流和传达是现代社会人们的一项基本技能，同时也是人们在自己所工作的组织中能够脱颖而出的重要手段之一。尤其在全球化的时代，人们之间的关系越来越密切，这种技能更显得必不可少。当然，并不是所有的讲话都是演讲，实际上，我们大多数的讲话并不是真正意义上的演讲，只有在一些正式场合才需要我们进行演讲。如果你招待一位远道而来的朋友，或者三五同学、同事周末聚会，你们或许会讨论一些严肃的话题，但是你的讲话方式与演讲有很大的不同，虽然这种私人性的聚会里也含有演讲的因素。

第一节 什么是演讲

一、演讲的概念

演讲又叫公共演讲，是指在特定时空环境条件下，一个人面对众多听者，运用有声语言和无声语言，就某个问题说明道理，发表意见、抒发感情，并且有宣传鼓动作用的一种社会实践活动。演讲是一种用最好的方式向不特定人群传达信息的艺术，表现了一个人对不特定人的影响力及与陌生人的沟通能力。这个定义强调以下三点：首先，演讲是一门艺术，是一个创造性的过程。没有天生的演说家，也没有演讲神童，即使一个成功的演说家也必须不断地提高他的演讲技艺，包括语言的运用、信息的传播技巧以及对材料的正确组织。其次，演讲者必须能向听众传达某些信息，即演讲者必须自己“有话要说”。我们可以从电视里看到、从收音机里听到或者从电影上欣赏到这样一些人：他们特别善于运用语言和声音，尤其是在一些综艺性节目里，我们会看到一些熟悉的身影。但是，他们对声音和语言的娴熟运用、它们在舞台上的镇定自若并不意味着他们就是一个演说家，因为我们没有得到和他们自身不可分的特定的信息，虽然我们可能羡慕他们的说话和表演能力，他们本质上是一位播音员、一位演员、一位主持人，但不是一位演讲家。最后，“用最好的方式传达”强调必须与听众进行有效的交流，并在这种交流中施加自己的影响力。演讲者仅仅表现出聪明、所说的话正确或者具有真理性是不够的，演讲者的讲演还必须有说服力和影响力。任何讲话都有影响他人的目的，或者希望听众采取某种自己希望的行为，至少希望听众认为自己所说的是正确的。生活中衡量演讲者的影响力的方式很多：观众是否接受自己所说的话？是否得到自己所预想的回应？不仅演讲，生活中我们所说的许多话都希望听者作出某种特定的回应：和老板交谈希望给自己加薪，和领导交谈希望给自己升迁，和朋友交谈希望得到对方的信任，和客户交谈希望对方购买自己的商品等，在这些交谈中，我们都是把自己的目的巧妙地隐藏在自己或者华丽、或者质朴的言语中，这些技巧和正式的演讲在本质上是相通的。

二、演讲的构成要素

并非所有的交往都需要讲话，并非所有的讲话都是演讲。虽然运用文字符号（比如语言）在人与人之间传播信息是人际交往的主要手段，但并不是惟一的手段，因为除此之外，我们还可以用非文字的方式（如面部表情、声音、身体动作或者图画）达到上述目的。用文字符号进行交往是人类特有的功能，不是所有的交谈（甚至大部分）都可以算作演讲，比如我们自己思考时也是一种语言的运用，但这仅仅是一种“自我交流”，我们日常生活中和朋友、家人之间的交谈也不能算作演讲，演讲有其独特的性质。

演讲和其他非正式的普通交谈以及其他的信息交流方式相比有7个特征，这也是演讲的7个组成要素，演讲的过程也是这7个要素的互动过程，聪明的演讲者会根据不同的情况采取相应的对策，使演讲效果达到完美。

（一）演讲主体

演讲人是信息的源泉，演讲是一个创造性的过程，优秀的演讲其实就是一种艺术，所以，演讲者的首要责任就是要确定传达什么样的信息，以及用什么样的方式向特定的听众传达。演讲是有目的的行为，任何演讲者都有一个预定的目标要传达给听众，或者让他们知道某件事，或者让他们相信某件事，或者让他们做某件事。演讲者必须创造某种信息，确定信息的适当性，决定如何安排将要传播的信息，考虑如何用恰当的语言表现信息，并且决定要传达的信息有多少。演讲者必须掌握听众的心理和兴奋点，他必须让听众确信他们有充分的理由来听自己的演讲，尽管有时存在听众必须听讲的情形（如大学生听教授的演讲），但是用富有感染力的方式传播信息始终是演讲者的责任。

（二）信息

信息本身是影响演讲成功与否的重要因素，任何演讲都要传达某种信息，没有无主题的演讲。任何演讲者都是自己所处的传统和文化的产物，这决定了他对信息本身以及如何有效传播信息的理解。信息具有明确性甚至具有预言性，但并不能保证人们就一定会认可。一篇精心构思的演讲稿可以是一篇优美的文学作品，具有令人羡慕的优美文字，在古代无数文学创作（包括口头创作）中，就有许多这样的作品，如古希腊的《荷马史诗》、中国的《史记》等。

（三）听（观）众

听众是信息的承受者。千百年来，听众仅仅包括聚集在演讲场所并且能够听到演讲者声音的一群人。但是随着科学技术的发展，听众的范围在逐步扩大，形成了一个以演讲者为圆心的、以不同观众组成的同心圆。比如美国总统在白宫前发表演讲，站在白宫前草坪上能听到总统说话声音的人们，构成了第一个听众圈，收看当地电视节目的华盛顿居民构成了另一个听众圈，所有通过电视和广播收听（看）这场演讲的美国人形成了另一个更大的听众圈，依次推而广之，其他国家收听收看这场演讲的人们又形成了一个最大的听众圈。当然，由于影音存储技术的发展，在另一个时间的人们也可以成为这场演讲的听众。一般而言，演讲学中的听众仅仅包括在演讲进行的同时实时实地收听收看演讲的人们。

（四）传播渠道和方式

大多数演讲都是通过声波从演讲者的嘴里传送到听众的耳朵里，这种传送方式有其独有的特征：当演讲者站在台上进行演讲的时候，听众只有一次机会听到和理解演讲的内容。与这种演讲者的思想立刻被听众所知的传播方式相比，如果传播媒介是可以在上面进行文字书写的纸，那么就可以永久保存书写记录，并且可以在任何你希望的时候去阅读。如果感到疲劳，或者对所讨论的内容感到理解困难，你可以休息一个晚上第二天重新开始，而且你也有能力在任何你希望的时间阅读。但是，在听一个人作演讲时，你却没有这样的机会，更没有这么多的时间去思考，除非你能保存下听讲的录音录像资料。

（五）反馈

演讲的过程是一个演讲者和听众之间的信息交流过程，听众总会对演讲者的演讲作出评价，这个评价会通过面部表情以及四肢动作表现出来。反馈为演讲者提供了听（观）众对演讲内容的评价信息，演讲者通过这些信息可以迅速对自己的演讲内容进行调整。反馈是一个即刻发生、自我调整的过程，是口语交流的重要特征，演讲者如果能够正确使用，对演讲效果会大有裨益。我们可以设想一下不需要信息反馈的交流方式：比如你此时此地正在阅读一个作者的著作，但是，你是否理解他的著作、是否同意他的观点以及如何评价他的著作，作者对此一无所知。实际上，由于你对于作者本人一无所知，他也永远不能知道你对他的著作如何评价。但是如果他正在给你作演讲，而且你是听众中的一员，他就能够看到你并且得到很有用的信息。比如，演讲者可以看到你是否全神贯注于他的演讲，是否已经感到烦躁。如果你坐在房间的后面而且他演讲的声音不够大，他会从你的外在表现中发现一些信息，并纠正他说话的语调；如果你已经感到疲倦而且很难再清醒过来，他也应该能意识到。然而，对演讲者来说反馈的最重要的作用是，演讲者能够确定听众究竟同意自己的观点、反对自己的观点还是没有理解自己所讲的一切。这样，就给了演讲者一个迅速调整的机会，比如他可以重复某个观点或者提高讲话的声音。反馈并不意味着演讲者必须始终双眼紧盯着观众，而是持续为演讲者提供观众对演讲者所提供的信息的反应，并使之成为分析的材料。一个能充分利用这些分析材料的聪明的演讲者可以使自己的演讲更具影响力。

（六）干扰

干扰包括意想不到的噪声、突然发生的秩序混乱、演讲场地灯光的意外变化等所有演讲者不能控制的变故。干扰有两种：外在干扰和内在干扰。前者，如不期而至的卡车、呼啸而过的警车等，会导致听众很难听清演讲内容，这时演讲者必须对这些不测事件有充分的心理准备。当这些噪声出现时，演讲者一般会提高声调或者暂停，听众都能理解演讲者的这些调整。一个有经验的演讲者，一般都能驾驭外在的干扰。内在的干扰则呈现为另外一种状态。当观众正在做白日梦，思想游离于演讲主题，或者考虑一些与演讲者传送的信息无关的事情，例如考虑晚饭吃什么、下午该做什么事等，在这种情况下，听众的注意力就会完全脱离演讲者传播的信息。对此，没有权威的办法，但是听众的一些外在表现可能泄漏他们内在的心理活动。学校教师能通过学生们的一些外在动作，很好地查明这些听众正在考虑一些与讲课无关的事情，例如，一些学生正在笔记本上漫不经心地画画，或者阅读一些无关的资料，或者总是抬手腕看手表，或者看挂在教室里的钟表等。一场优秀的演讲，其各个组成部分是紧密联系、相互作用的。演讲者注视着观众，通过分析他接收到的反馈信息，能够确定干扰信息是否正在影响演讲信息的传达，并作出相应的调整以纠正发生的问题。

（七）环境

环境是制约演讲的时间、地点、场合等因素的综合体。由于演讲都是有意而为的，特定的场合适合进行特定的演讲。葬礼是庄重的，要求作严肃的演讲；婚礼是欢乐的，应该做一些轻松的演讲。有些场合需要做一些简短的演讲，例如在介绍别人时；老师或者教授经常作一些较长的演讲，我们称之为讲学；有些演讲可以允许听众提问，例如协商会、讨论会。

三、演讲的道德原则

从演讲技巧的角度看，演讲似乎与道德无关，一种演讲技巧不管好人或者坏人使用，具有同等价值，特别是从前几年风行一时的“国际大专辩论会”开始，演讲辩论的技术化倾向越来越明显，把演讲辩论混同诡辩术：辩论的目的不是寻求真理，而是为了让对方无话可说，让对方“口服”。如果把演讲简单定义为：“有话要说”和“把话说好”，那么演讲的第一任务是“有话要说”——向听众传达某种信息，这是评价一篇演讲是否具有价值或者价值大小的主要指标。苏格拉底曾说过，聪明人讲话是有话想讲，傻子讲话是想要讲话。演讲中的逻辑推理就是要证明自己观点的正确性，但是，这个推理过程是有道德底线的，道德原则意味着人类行为正确或者错误的程度。任何演讲者在演讲过程中总要遵守一定的道德原则。希特勒和马丁·路德·金虽然都是利用富有影响力的演讲打动成千上万的听众，但是他们有着根本的不同，这一点人们很容易理解。如果我们的训练课程的目的是使读者的演讲像希特勒的演讲，读者肯定反对，人们都不愿意学习一个坏人。

（一）讲真话

讲真话是演讲首要的也是最重要的原则。当然，讲真话也并不意味着演讲者的每一句话都是经过实践检验的真理，而是指那些有充分理由支持的观点，并且自己从良心上认为自己所讲的是真理。如果演讲者在演讲过程中撒谎，那么被听众所唾弃的不仅是演讲的内容也包括了演讲者本人。那么，这是否就意味着演讲者必须一贯正确呢？当然不是，在这里重要的是演讲者的主观意图，向观众故意撒谎是不可饶恕的。

（二）尊重听众

所谓尊重，并不仅仅表现为形式上的彬彬有礼，而是在内心深处尊重听众中的每一个人。绝对不能轻视听众，或者把他们当成孩子，这不仅是演讲的一个道德原则，也是演讲成功的条件之一。任何一种演讲都有一定程度的劝说性，如果没有对观众的基本尊重，劝说的目的将无法达到。尊重听众还是一个人内在修养的体现，只有较高知识和道德修养的演讲者才会得到听众的相应的尊重，从而提高演讲效果。

（三）在言词上力戒文化优越感

演讲中的各种论断，应该尽量避免流露出文化优越感。尤其在全球化的今天，各种文化之间的碰撞经常发生，这更要求我们对每种文化形态保持尊重，始终坚持文化平等的观点。这既是一个道德问题，也是一个技术问题。因为，任何人都是某种文化的产物，他的观点当然也是这种文化的产物，从而难免会有局限性。而坚持文化平等的观念，也就容易使自己的观点更客观、更稳妥、更有代表性，也就更能说服人。任何人都对生于斯长于斯的文化有偏爱，这种信念是正常的，但不能走向极端。不管是落后国家或者发达国家，都有很多人抱有这种文化中心主义观点。许多西方国家的领导人都有或轻或重的欧洲中心主义观念，而且也影响到了我们，例如，当我们说“哥伦布发现了新大陆”、“把上海建成远东金融中心”时，实际上就已经把欧洲当成了世界的中心。中国也发生过类似事件，18 世纪末，英国乔治三世派使节到中国讨论外交和通商事宜，当时中国的皇帝是这样回答的，我们天朝大国，物阜民丰，四境之内不缺少任何东西，所以不需要从蛮夷之地进口产品。

演讲中的道德原则并不是可有可无的因素，它可以使演讲者在人格上更高大，观点显得更客观和有说服力，也强化了演讲效果。

XXL 模拟训练

下面是希特勒于 1938 年在纳粹高级军官新年酒会上的秘密演讲节选。请指出其中违背演讲的道德原则之处。

女士们，先生们：

难忘的 1937 年已经离开我们了，我们现在沐浴在 1938 年的温暖阳光下，上帝，你的孩子爱新年，大家新年快乐!!

在 1937 年的辉煌岁月里，我们伟大的德意志帝国取得了非凡的成就。现在我们的国民生产总值已超过了大不列颠，除了由那个杂种组成的美利坚和天天谎报假数字的苏联外，没有任何一个国家的经济总量能赶上我们了，我们成了真正的世界经济强国!

让该死的《凡尔赛条约》见鬼去吧！我们强大的德国军队总兵力已经超过了 80 万人，我们的武器现在世界一流，这是欧洲和世界第一流的军队，德意志已经真正复兴了，万岁！从耻辱的第一次世界大战到现在，仅仅 20 年啊，德意志重新站起来了！让世界看看吧，德意志是永远打不倒的汉子!!

这是什么问题，这是在向全世界宣告：德意志是真正的优秀民族！我们日耳曼人是最优秀的人种，只有我们日耳曼人才能做到这一点！那些劣等种族像蚂蚁一样的繁衍，占据并浪费着地球上最宝贵的资源，这是世界秩序的不公！伟大的德意志有义务改变这一切。德意志要战斗，德意志要复仇！

新的 1938 年将是划时代的一年，德意志雄狮终于要出击了！我们的目标是捷克！我们的目标是巴尔干！我们的目标是波兰！我们的目标是巴黎！我们的目标是西伯利亚！！

伟大的德意志准备战斗！

先生们，令我们兴奋的是，在东方，在亚洲，我们的盟友日本已经出击了！在1937年，日本已经向中国发起了有力的攻击！就在不久前，日本已经占领了中国的首都南京！软弱的中国人是多么的不堪一击啊！这是我们轴心阵营的一个伟大胜利，让我们共同庆祝这个伟大的胜利！！

第二节　拟稿演讲

由于演讲者所代表的主体不同，演讲的目的不同，演讲的内容方式各有特点，便有了各种不同的演讲分类。最早对演讲进行分类的是亚里士多德，他在《修辞学》一书里把演讲从语言修辞的角度分为三大类：审议体修辞——用于公共场合和政治集会中的演说；法庭体修辞——用于法庭上的演说与辩论；藻饰体修辞——用于庆典礼仪以及祭祀仪式的演讲。后来，随着社会生活的复杂化，人们之间的交往越来越密切，演讲也越来越深刻地进入人们的生活，演讲的形式也越来越多样化，从而对演讲的分类也越来越复杂。从不同的角度可以对演讲进行各种分类，例如：

以内容为标准，演讲可以分为政治演讲、经济演讲、军事演讲、法律演讲、礼仪演讲、宗教演讲等。

以场所为标准，演讲可分为课堂演讲、街头演讲、法庭演讲、战地演讲等。

以传播媒介为标准，演讲可以分为集会演讲、广播演讲、电视演讲、网络演讲等。

以风格为标准，演讲可以分为激昂型演讲、深沉型演讲、严谨型演讲、幽默型演讲等。

演讲的分类虽然很多，但是我们在日常生活中常用的演讲从外在形式上一般分为拟稿演讲、即兴演讲和辩论演讲三种。

一、拟稿演讲的特点

拟稿演讲又称备稿演讲、命题演讲、专题演讲，是演讲者事先作了充分准备，演讲主题已经明确而且为听众所周知的演讲类型。拟稿演讲是演讲的典型代表，它包括了演讲的所有要件，可以说拟稿演讲是演讲的完整形式，其他类型的演讲仅仅是拟稿演讲的简化形式，它们只突出表现了拟稿演讲的某一方面的特征。

拟稿演讲同即兴演讲、论辩演讲相比，具有以下特征：

首先，拟定讲稿，充分准备。有充分的时间为演讲作准备，这是拟稿演讲和即兴演讲的主要区别。演讲者可以根据事先拟定的题目搜集、选择资料，通过周密思考和认真推敲之后，写好演讲稿，并可以对演讲稿反复记忆和练习，达到“烂熟于心”。由于拟稿演讲有充分准备，所以，拟稿演讲有较强的逻辑性，在演讲过程中给人的感觉是理性大于激情。当然，这一特征也具有相对性。其实任何演讲都有一个“拟稿”的过程，不过有的复杂，有的简单；有的冥思苦想，有的立马可待；有的构思于胸，有的形诸文字。拟稿的本质是一个人的思索过程，任何成功的演讲都不会是“不假思索”的信口开河。

其次，内容稳定，结构严谨。根据迪士累利的“三个演讲文本”理论，拟稿演讲中，“实际”做的演讲和“计划”的演讲是最接近的。即兴演讲讲究“随机应变”，辩论演讲讲究“有的放矢”，而拟稿演讲中，演讲者对自己的演讲从主题、结构到语言，甚至语音、语调、手势、表情都进行了充分的准备，从而可以按照自己的计划一步步进行。由于拟稿演讲有充分的准备时间，所以演讲的逻辑结构严谨，起承转合，环环相扣，可以作为一篇完整的文章来看待。

二、拟稿演讲中应该注意的问题

（一）既源于讲稿，又不拘泥于讲稿

拟稿演讲的好处是有充分的时间准备讲稿，这一点可以使演讲者比较有信心。但是，对于没有经验的演讲者来说，这又常常成为负担，成为束缚演讲者自由发挥的桎梏。这首先是因为演讲稿是一篇完整的文章，各部分之间是一个有机联系的整体，只有全部讲完才能表达一个完整的思想，这样对演讲时间便有了内在的要求。然而，演讲活动瞬息万变，可能你前边的演讲者“拖堂”，或者因发生意外情况既定的演讲时间缩短，这样你所有的准备就需要重新调整，“拟稿演讲”变成了“即兴发言”，再加上演讲稿写作时的思维惯性，这场演讲的失败就在所难免了。其次，就是演讲容易变成“背书”。演讲是“演”和“讲”的统一，没有经验的演讲者常常以为把自己预先准备好的讲稿一字不落的背出来就万事大吉了，这是一种误解。给听众做演讲和听众自己读文章的最大区别，就是演讲通过演讲者的表演加深了听众的理解，扩大了“文章”的影响力。再次，在演讲过程中，存在着假想与现实的矛盾。当演讲者在书房里面向墙壁虚构演讲稿的时候，其实他正在“演讲”——面对假想的听众。但是，假想的听众和现实的听众毕竟有区别，假想的听众是最“理

想”的听众，他们会跟随演讲者的感情变化而起伏。真正演讲的过程中，听众可能睡觉，可能窃窃私语，可能打电话，可能在场内走动，当你言辞慷慨地表述自己认为最精彩的段落的时候，他们可能正在做白日梦等，这些都可能影响你的情绪，从而影响你的发挥，可能使你想不起讲稿的内容，不能实现演讲的目的。最后，对演讲稿的回忆会导致演讲者和听众之间缺乏交流。演讲者在回忆讲稿内容的时候，为了避免外界干扰常常眼睛看着天花板，或者往别处看，这种举动常常被听众理解为目空一切，或者缺乏自信。这就拉大了听众和演讲者之间的距离，影响演讲的效果。

所以，为了避免讲稿的副作用，我们要“入乎法中，出乎法外”，把写作演讲稿当成一个整理思路和收集资料的过程，在真正进行演讲的时候要放弃讲稿的条条框框，记住主要观点和支撑这些观点的材料，对于他们之间的组合方式，尽量结合当时的场景进行发挥，这样才显得生动，也更具亲和力。

（二）演讲稿从主题选择到材料收集要遵循四个“适合”

拟稿演讲有充分的时间确定主题和收集材料，这也容易导致演讲者搜集了太多的资料以至于听众不知道什么是最重要的，所以，演讲者在确定主题和搜集材料时必然做到以下四点：一是要适合演讲者。适合演讲者是指演讲者选定的主题要切合自己的身份、地位、知识范围、教育水平等。只有这样，演讲者写起来才会得心应手，讲起来才可以感染人，才可以让听众觉得可信。一名中学生以《当代大学生的责任》为题做演讲，绝对不会写好，更不会讲好。二是要适合听众。演讲稿在写作时就隐含了特定的听众，从主题选择到材料收集乃至语言风格，都是为“这些”听众准备的，如果向一些听众做“这一次”演讲，其效果就会大打折扣。比如《贾宝玉是个什么样的人?》这个题目适合普通读者，而《论贾宝玉的典型性》就适合给大学生讲。三是要适合特定的场合。俗话说，到什么山上唱什么歌。演讲所面临的场合是多种多样的，有宣传鼓动方面的，有就职离任方面的，有学术讨论方面的，也有喜庆祝贺方面的，等等。如果不分场合盲目地根据自己的主题、材料，坐而论道，恐怕就变成了自娱自乐。四是要适合规定的时间。一般演讲都有时间限制，除非你是一个绝对权威可以有充分的时间滔滔不绝，但是，听众的耐心是最终的限制，任何一场演讲开始之前，听众都有一个时间预期，在这个心理预期内，听众能够集中注意力，你的演讲才能收到良好的效果。因此，演讲稿的写作必须在一个有限的时间段内，根据演讲的时间限制而谋篇布局，根据听众的心理变化而确定哪些地方应该论理、哪些地方应该调动听众情绪、哪些地方可以安排演讲的重点等。时间长而讲稿短，为了凑够时间难免东拉西扯，狗尾续貂；时间短而讲稿长，难以充分阐述，只能虎头蛇尾，草草收场。

总之，拟稿演讲中的最主要的问题是要处理好“拟稿”和“演讲”之间的关系，既要防止脱离讲稿的口若悬河，信马由缰；又要防止无视听众的照本宣科，夫子自道。

三、拟稿演讲训练

（一）撰写讲稿

撰写讲稿是拟稿演讲的一个重要步骤，是决定演讲成败的重要因素。做拟稿演讲必须先写出讲稿，否则就无所谓拟稿演讲了，但是撰写讲稿并不意味着像写文章一样，把讲稿变成静止的演讲。为了演讲而准备的讲稿最好准备两份，一份是完整的讲稿，一份是可以适应不同情况而随时变化的“活页”，这样，当实际的演讲情况和我们预想的一样时，就按前者进行，当情况发生变化时，就用后者重新排列组合。

（二）熟读记忆

讲稿是拟稿演讲的脚本，虽然实际的演讲不能照本宣科，但是演讲稿也应该烂熟于心，这样才能把讲稿的“语言”变成自己的“思想”。戴高乐将军的演讲征服了不少听众，他总是把讲稿牢记在心里，然后把稿子扔掉。丘吉尔演讲成功的原因之一就在于他对每一篇讲稿都背得滚瓜烂熟。只有对演讲稿烂熟于心，真正演讲时才能胸有成竹，侃侃而谈，才能在此基础上展开联想和发挥。

熟记演讲稿是拟稿演讲中的重要环节，无论哪个演讲者，在演讲之前都要经过这一关。1954 年，美国副总统尼克松已经会见过国际上许多领袖人物，并且有丰富的演讲经验。但是，他在准备欢迎英国首相丘吉尔来访的演讲时，仍然花费了一个多小时认真准备了一篇一分半钟的欢迎词，当丘吉尔的专机出现在机场上空时，他还赶紧温习了一遍。

熟记演讲稿，并不意味着机械地死记硬背，应该掌握一定的方法，使记忆演讲稿不会成为背书，以有利于演讲的正常发挥。下面这些方法可供演讲者参考：①朗读记忆，进入角色。这是一种常见的记忆方法，其优点首先是容易记忆，林肯就十分重视这种方法，他曾说：“当我高声朗读时，有两种器官的功能在工作，第一，我看见了我读的是什么，第二，我的耳朵也听见了我所读的。因此我容易记住。”这种记忆方法的另一个功能是，能体会到演讲的临场效果，帮助演讲者提前进入角色。当演讲者自己写作演讲稿时，并不一定知道自己所写的稿子是否适合演讲，或许仅仅是一篇优秀的文章，正如同优秀的小说不一定是适合拍电影的脚本一样，而通过大声朗读可以发现讲稿的句子结构、文体风格、语音语调、感情色彩、过渡照应等是否适合演讲的氛围和听众的特征。②提纲记忆，随机应变。这种记忆方法主要是用于比较长的演讲稿，因为长篇演讲稿记忆起来比较困难，而且跨越时间长的演讲其中变故也比较多，不可能把自己准备好的讲稿全部讲出来。在列提纲时，首先要抓住“主题”，列出论点和分论点，并将支持这些论点的论据按顺序写出来。提纲可详可略，因人而异，但是所列提纲一定要有连贯性、条理性和逻辑性。通过列提纲来记忆，有助于摆脱依赖讲稿的惰性和演讲者创造性的发挥。

（三）讲稿标记

背熟了讲稿，还应该根据表情达意的需要作出标记，作出说明。演讲时，何处用什么手势、动作、表情、眼神等无声语言，可在演讲稿中相应的位置直接用文字加以说明。至于语音、语调、语速等有声语言的具体运用，则可采取约定俗成的符号在演讲稿中相应的位置标示出来。常用符号如下：

重音	? 或△	表示重读。
轻音	○	表示轻读。
挫号	▲	用于没有标点的地方，停顿时间很短。
停顿	/或∧	符号越多表示停顿时间越长。
连接	∪	用于有标点的地方，表示缩短停顿时间，连起来读。
平调	→	表示语调平直舒缓，始终保持同样的高低。
升调	↗	表示语调由平升高。
降调	↘	表示语调由高到低。
语速渐慢	>	表示语速越来越慢。
语速渐快	<	表示语速越来越快。

（四）反复演练

这是演讲之前的最后一道工序，可以单独演练也可以公开演练。①单独演练。演讲者可以对着镜子练习，从听众的角度观察自己的表情和动作，也可以对着虚拟听众（如桌椅、树桩等）练习，还可以用摄像机或录音机将自己的“演讲”录下来，然后以听众的身份听录音、看录像，认真分析，发现不足之处，及时纠正。②公开演练。公开演练能强化记忆，锻炼胆量，有助于消除紧张情绪，克服怯场心理；便于改正缺点，完善演讲。

XXL 模拟训练

根据下面所给的材料，自己选定角度，撰写一篇防火教育的演讲稿，并做好在全班演讲的准备。

四川省南充市2002年3月1日发生一起特大火灾。该日凌晨3时许，位于该市市区的府街小食品批发市场燃起大火。在“3·1”大火中，有19人死亡，21人受伤。据有关人士介绍，该市场曾被列为省政府要求整改的重点安全隐患单位：安全通道过窄、通道口摆摊搭棚和消防设施陈旧、简陋。火灾事故发生时，消防车无法顺利通过，个别消火栓打不开，加之需到附近街道远距离接水，浪费了时间，以至于造成了此次特大火灾事故。经国务院调查组专家对火灾现场的认真清理和反复勘查以及对有关人员的调查询问，最后认定火灾的直接原因是一家商铺吊顶上部电线短路故障引燃周围可燃物。

2000年4月6日凌晨，山东省德州市美丽华大酒店酿悲剧，一把火烧死了13人。据了解，大火是在6日凌晨1时左右第十层着起的，在酒店工作人员和消防队员的共同努力下，近2个小时后大火被扑灭。据初步了解，有13人被烧死，2人受轻伤。据美丽华大酒店总经理李乃柱的介绍，在这场火灾中，死亡的13人中，有8名客人，5名酒店工作人员。李乃柱介绍说，起火原因初步查明，火起自1001房间。此房间由3人登记入住，实住4人，其中一人把床垫搬到地板上，躺在床垫上抽烟，引起火灾。起火后，4人提着行李迅速离开酒店，顺便告诉楼层服务员房间失火。

2005年15日16时30分左右，吉林省辽源市中心医院配电室起火，在短短20分钟内，大火蔓延到由门诊部、住院部、办公楼连在一起、呈“口”字形的四层大楼，整个大楼浓烟弥漫。经过辽源市消防官兵和从长春、四平等地赶到的消防官兵5个多小时的扑救，大火于15日22时左右被扑灭。在这场火灾中，过火面积达5 000平方米。大楼北侧第四层（顶层）被烧毁，三楼部分过火；南侧1~4层基本被烧毁。截至记者截稿前，火灾已造成39名患者死亡，182名患者受伤住院治疗，医护人员11人受伤。据警方现场调查取证，15日16时30分，辽源市中心医院电工班班长张某值班时突然发现医院全楼断电，他来到二楼的配电室，在未查明停电原因的情况下强行送电，之后离开配电室。二三分钟后，配电室发出“噼啪”响声，张某返回时发现配电室已冒烟，他未采取扑救措施，而是跑到院外去拉变电器刀闸开关，再返回二楼时火势已经蔓延开来，从而酿成大祸。

乌鲁木齐市某大学学生公寓楼工程由新疆建工集团某建筑公司承建。2006年4月2日建筑公司晚上加班，在调配聚氨酯底层防水涂料时，使用汽油代替二甲苯作稀释剂，调配过程中发生爆炸，引燃室内堆放着的防水（易燃）材料，造成火灾并产生有毒烟雾，致使5人中毒窒息死亡，1人受伤。本次事故主要是由于施工单位违章操作，在有明火的作业场所使用汽油引起的火灾事故。在安全管理与安全教育上有失误，施工区与宿舍区没有进行隔离且存放大量易燃材料且无人制止，存在重大隐患导致了这次重大事故。

第三节　即兴演讲

即兴演讲是一种广义的演讲，是演讲者在没有准备的情况下临场构思“讲几句话”，因此被人们称为“脱口而出的艺术”。杨炳乾曾说：“即时演说者，演说家事先无为演说之意，而忽遇演说之时机，不能不仓促构思，以即时陈述也。”各种即兴演讲的发生不外乎两种情况：一种是演讲者身临其境，有所见，有所感，有所想，产生强烈的兴致而做的演讲，这是主动的即兴演讲。另一种是演讲者受到邀请，遭“袭击”而被迫发表的演讲，这是被动的即兴演讲。

一、即兴演讲的特点

（一）短小精悍，生动活泼

不管哪类演讲，均以简短为佳，并以亲切生动的表述给听众留下深刻的印象，即兴演讲的这一特征更为明显。在坚持短小精悍的同时，要言之有物，信息密度大，应当实现思想性、知识性和趣味性的统一。例如，1936 年 10 月，在鲁迅先生的安葬仪式上，沈钧儒发表了极为简短有力的即兴演讲：

“像鲁迅先生那样的人，应该有一个‘国葬’，无论在哪个国家都应该这样，比如在苏联，高尔基死的时候，是由斯大林亲自抬棺。而今天这许多人里面，就没有一个代表政府的人，中国的政府哪里去了？”

沈钧儒的这篇即兴演讲不足百字，却掷地有声，尤其最后一句“中国的政府哪里去了？”表现了演讲者的愤懑情感，并对听众产生了强烈的感染力。

（二）此情此景，不可再现

“兴致所至，有感而发”的即兴演讲，有很强的暂时性，是特定时空的产物，受特定时境的限制。特定的时空和情境总是暂时的、转瞬即逝的，因而即兴演讲也具有暂时性、不可复制性。即使通过录音、录像而使之长久保存下来，没有了当时的特定情境其效果也大打折扣。

（三）形式灵活，表现随意

即兴演讲不可能像拟稿演讲那样对演讲进行精心设计和构思，从而形成稳定的内容和表达形式，因此，它的的内容和表现形式灵活多样。即兴演讲者往往是就地取材，就地发挥，所以，要求演讲者思维敏捷，要“眼观六路，耳听八方”、“精骛八极，心游万仞”，善于把握时机，做到反映灵活，随机应变。闻一多先生在发表《最后一次演讲》时，看到阳光照射到礼堂的门窗上，他抓住这一时机，继续讲道：

“我们的光明就要出现了。看，光明就在我们眼前。正像李先生临终时说的，‘天快亮了！’现在正是黎明前那个最黑暗的时候，我们有力量打破这个黑暗，争到光明！我们的光明，就是反动派的末日！”

闻一多先生就是将现场情景与演讲内容灵活地联系在一起，给听众以生动而深刻的印象，收到了很好的演讲效果。

二、即兴演讲对演讲者的要求

即兴演讲其实就是浓缩的拟稿演讲，演讲开始之前演讲者依然要构思讲稿（腹稿）、分析听众、研究情境、确定语音语调等，但不能像拟稿演讲那样从容准备，演讲者必须在最短的时间里对自己的讲话进行谋篇布局。演讲实践也已经证明：流传到今天的脍炙人口的中外演讲名篇都是篇幅短小的演讲，而且越是简短的演讲越难以讲好。丘吉尔说过一句名言，大意是：如果讲 10 分钟，我要准备 3 天；如果讲半个小时，我要准备 3 个小时；如果讲 3 个小时，那么现在就开始。这是因为要把需要讲 3 个小时的思想或者信息，用 10 分钟的时间讲明白，对演讲者的知识储备、思维能力、临场发挥能力、组织语言的能力等要求更为严格。这就要求演讲者必须在最短的时间里解决好“讲什么”和“怎样讲”的问题。

（一）迅速表明演讲目的

即兴演讲时间限制比较严格，演讲者必须马上进入正题，否则会给听众留下华而不实、油嘴滑舌的印象。即兴演讲对听众来说是一种“计划外”的任务，听众绝对不会希望这种“计划外”任务太大，所以听众能够集中精神的时间是很短的，这要求演讲者必须迅速地表明自己的演讲主题，并围绕主题，有一说一，有二说二，切忌东拉西扯。

（二）一定的知识广度

只有学识丰富，才能在短暂的准备时间内从脑海中找到生动的例证和恰当的词汇，使即兴演讲增添魅力。这就要求演讲者具备一定的自己所从事行业的专业知识，并能了解日常生活知识，如风土人情、地理环境等。

（三）一定的思想深度

这是指即兴演讲者对事物纵向的分析认识能力。演讲者对内容应能宏观地把握，通过表层迅速深入到事物本质上去认识，形成一条有深度的主线，围绕着它的丰富资料，连贯成文，以免事例繁杂、游离主题。

（四）较强的综合材料的能力

即兴演讲要求演讲者在很短的时间里把符合主题的材料组合、凝练在一起，这就使演讲者应具备较强的综合能力，有效地发挥出其知识的广度和思想的深度。

（五）较高的现场表达技巧

即兴演讲没有事先精心写就的演讲词，临场发挥是特别重要的。演讲者在构思初具轮廓后，应注意观察场所和听众，摄取那些与演讲主题有关的人物或景物，因地设喻、即景生情。

（六）较强的应变能力

即兴演讲由于演讲前没有充分准备，在临场时就容易出现意外，如怯场、忘词等现象。遇到这种情况，只有沉着冷静，巧妙应变，才能扭转被动局面，反败为胜。

三、即兴演讲的技巧

（一）保持警觉，选准话题

无论参加什么会议，都要始终保持全神贯注，要对会议的主题、讨论的具体题目、争论的焦点等有很强的警觉和思想准备。只有这样，才能找到一个好的话题，话题选择得好，整篇演讲才会生动活泼，情趣盎然，寓意深刻。

（二）抓住话题，组合材料

确立了话题，就要抓住不放，进而紧扣话题精心组织材料进行论证。即兴演讲无法在事先作充分准备，完全依靠即兴抓取材料。材料的来源，一是平时的知识积累，二是眼前的人和事，其中又以后者为主。如过多地引用间接材料，往往失掉即兴演讲的现实感和针对性，起不到应有的作用。只有多联系现场中的人和事，才能紧紧抓住听众的注意力。

（二）情感充沛，以情夺人

要使听众激动，演讲者自己首先要有激情。演讲者动了真情，才能喜怒哀乐分明，语言绘声绘色，从而感染听众，达到交流情感的目的。

（四）语言生动活泼

根据听众的知识结构和文化修养，选用不同风格的语言。对一般群众的演讲可选用朴素的语言，而对文化素养较高的听众则可选用高雅的语言。这就要求演讲者平时要善于学习人民群众中生动活泼的语言，吸收外国语言中的精华，学习古人语言中有生命的东西。

（五）短小精悍，逻辑严密

短小，指篇幅而言；精悍，指内容而言。即兴演讲多是在一种激动的场合下进行的，没有人乐意听长篇讲话，因此必须短小精悍。另外，即兴演讲不能像命题演讲那样讲究布局谋篇，但也要结构合理，详略得当，要有快节奏风格和一气呵成的气势，切忌颠三倒四，离题万里，拖泥带水。

XXL 模拟训练

即兴演讲的训练如同模拟考试，只有心理上有临场准备，真正演讲时才能阵脚不乱，口若悬河。戴尔·卡耐基在其著作中，介绍过两种训练方法，我们不妨尝试一下：

1. 卓别林曾经与另外两个朋友玩过一种训练即席演说的游戏。三人各取一张纸，每张纸条上各写一个演说的题目，譬如“灯罩”、“梅花”、“大雨”，等等，把纸条混合折叠在一起，三人轮流抽取，抽到什么题目，立即就这个题目发表一分钟的演说。

2. 连锁技巧游戏。第一个人以幻想的形式说出一段话。譬如，第一个人说：“前几天，当我驾驶直升机时，发现了一群飞碟向我靠近。我正想降落时，一架最靠近我的飞碟对我开炮射击，当时我就……”这时铃声响了，时间已到，下一个接着这个话题往下说，如此循环下去。

第四节　辩论演讲

其实，辩论演讲和拟稿演讲、即兴演讲不是同一层面的分类，后者侧重形式，而前者重在内容，强调演讲者观点的指向。

辩论演讲和拟稿演讲以及即兴演讲有很大的不同，后者都是一个人围绕自己设定的主题从头至尾不间断地讲话，其首要任务是论证自己观点的正当性，所以，可以叫主题演讲。而辩论演讲则是针对对方的观点进行论证，通过驳倒对方的观点来论证自己观点的正确性。主题演讲是以“立”为主，而辩论演讲则是“破”中有“立”。辩论演讲之所以能够展开，是因为双方存在相同的辩论对象。通过辩论演讲，可以提高我们的逻辑推理能力和口头表达能力。

辩论演讲是“辩”和“论”的结合。“辩”就是要向听众说明自己是正确的而对方是错误的，“论”则要说明为什么自己正确而对方错误。谈到辩论演讲，人们都会想到大学里进行的辩论会，如 1993 年新加坡的首届国际大专辩论会以及后来的大专辩论会等。但是，我们从大专辩论会的规则设置看，整个辩论会其实是几种辩论模式的综合运用，双方一辩的首次发言和四辩的总结陈词是典型的拟稿演讲，而嘉宾提问和自由发言又有些即兴演讲的意味，驳论和对辩则更强调发言的辩论性。

一、辩论演讲的特征

与拟稿演讲和即兴演讲相比，辩论演讲具有极为明显的5个方面的特征。

（一）对抗性

辩论的对抗性特点首先体现在双方观点的对立性上。当人们对某一问题产生意见分歧时，就有了辩明是非对错的需要。辩论双方所持的观点往往是针锋相对的，这种认识上的矛盾性就成为双方对抗论争的焦点，一方要针对另一方的观点进行有力的批驳。同时辩论的对抗性特点还表现在语言上的直接交锋，辩论双方短兵相接，唇枪舌剑，各抒已见，呈现出一种攻与守的对抗状态。

（二）综合性

辩论集道德修养、文化积累、知识结构、逻辑思辨、心理素质、竞争意识、语言艺术、仪表仪态、整体配合为一体，既有逻辑的纷争，又有理论的对抗，更有价值的高低取舍，是综合素质的较量，是口语表达的最高形态。例如1993年的复旦大学队，赛前进行过5个月的艰苦训练，进行过50场专家讲座、举行了100场模拟比赛、给了队员们数不胜数的“知识快餐”。经过了这样的过程，队员的综合素质得到了提高。赛后，参赛队员都认为，参加这样的一次辩论赛，胜似读了几年研究生。

（三）逻辑性

逻辑的力量在辩论中表现得最为显著，观点的论证就是一个逻辑推理的过程。辩论时需要根据人们的逻辑思维习惯摆事实、讲道理，用已知的概念和判断推出预计的结论。因此辩论最常用的方法就是逻辑推理，严密的推理具有强大的说服力，在批驳对方时，指出对方论证逻辑上的漏洞则比任何否定都要彻底，因此，逻辑是辩论的生命。

（四）策略性

辩论又被称为论战，战则有术，术即谋划策略。辩论中要想捍卫自己的观点，令他人信服，就需要讲究方式方法，讲究策略：怎样进攻，从哪几个方面进攻，怎样防守，设想对方可能从哪些方面进攻，己方如何防备，并设计一些方案、问题，出其不意地反击对方，使己方观点得到承认，使真理得到传播。

（五）应变性

辩论的进程是受到辩论双方制约的，任何一方都不能绝对左右谈话的内容和进展。虽然辩论之前可进行充分的准备，但对方的情况不可能估计得完全准确，因此只能在辩论现场听取了对方的发言之后再灵活处理、随机应变、临场发挥。此外，辩论者临场的竞技状态与现场气氛，对辩论过程和结果也会产生影响，比如辩论者的身体状况、心理状况，听众的情绪波动、心理倾向、意外变故等，都会使辩论形势发生变化。因此，要求双方思维敏捷，反应快速，根据辩论过程中出现的情况，作出快速的应变对答，以压倒对方，赢得听众。

二、辩论前的准备

俗话说，知己知彼，百战不殆。辩论前的准备工作十分重要。

（一）提出合理的论点

正确合理的论点是辩论获胜的基础，论点的正确能使对方难以找到辩驳的缺口，使己方增添获胜的信心。确立论点要注意科学全面，要符合辩证法的原则，任何事物都有正反两方面，而且时刻处于运动变化之中，美与丑、真与假、善与恶是相对的、有条件的。我们对事物的认识不能绝对化，断然下结论，否则就会犯主观片面的错误，应在一定条件下谈论其正确性与合理性。

（二）收集有利的材料

辩论中需要收集大量的材料来作为己方观点的支撑和驳斥对方观点的武器，因此，辩论材料要具有典型性、现实性、权威性、丰富性。

（三）充分估计对方形势

辩论双方是就同一个问题展开对抗，双方都需要找出对己有利的论点、论据、论证，基于这一点，一方可以揣测出另一方的战略战术，以便设计对策，有备而战，争取获胜。

首先，站在对方的立场作深入的探究，估计对方可能提出的论点，论点中概念的内涵外延、判断和推理的逻辑性、科学性如何；估计对方可能占有的论据，论证的真实性、概括性和适用范围如何；估计对方可能使用的论证方法，论证的严密性如何，等等。对这些问题进行细致的分析有助于找出对方的破绽，研究相应的对策。

其次，揣摩对方的个性、心理。在有条件的情况下对对方的辩论员进行一些了解也有助于知己知彼，例如通过观看对方其他场合的演讲和言论来了解他们的个性、心理素质、知识水平、语言风格、惯用策略、弱点等情况，以便避长击短，找到合适的突破口。

（四）选择辩论方法

辩论方法的选择要根据论题的特点、攻守防的战术需要、双方交锋的形势等因素来确定。常用的论证方法有归纳法、演绎法、类比法、反证法等立论方法，驳论点、驳论据、驳论证等反驳方法。

（五）掌握辩论技巧

虽然从根本上说辩论演讲检验的是演讲者平时积累和训练的效果，但是如何在有限的时间内根据辩论的需要把自己的知识进行排列组合，则必须掌握一定的技巧。满腹经纶的教授在辩论中可能敌不过没出校门的大学生，就是因为知识丰富但缺少辩论的技巧，也不能在辩论中取胜。

常用的辩论技巧包括：控场技巧、证明技巧、进攻技巧、防卫技巧等，我们在后面的章节中将进行详细的介绍。

三、辩论演讲中应注意的问题

（一）忌“精于论而疏于听”

论与听是辩论中很重要的两个环节。辩论演讲最讲究有的放矢，不听或听不懂，则不能掌握对方的观点，使论证无的放矢。因此，要论到“点”上，就必须注意倾听对方的论点、论据及二者之间的联系，倾听对方的用词造句有无漏洞，倾听对方是否有诡辩现象。只有“精于听”、“善于听”，驳击才能针锋相对，才能做到克敌制胜。

（二）忌人身攻击

在辩论中，最忌讳进行人身攻击。这不仅是没有修养的粗俗之举，而且是没有道德的丑恶行为。这时，即使你言之成理，却也得不到别人哪怕一点点的心悦诚服，相反，还可能引起在场的每一个人的反感。在辩论中，“理”是“争”的目的和取胜的保证。然而人又是感情动物，如果你既能做到以理制理，又能以情明理，辩论就会成为愉快平和的思想交流。

（三）忌无益争辩

当你意识到自己的想法、意见与人相左之时，当你的言行遭人非议之时，你的本能就是奋起反驳。如果你意识到这场争辩没有积极意义，那么大可不必动用你的“唇枪舌剑”，一笑置之或者保持沉默也无妨。同样，你向别人提出挑战的时候，一定要选择有价值的、通过争论能使自己和他人受到启发和教育的问题，不必在那些无关宏旨的细节上大做文章。

（四）忌主次不分

一个完整的论证是一个层层推进的金字塔结构，包括论证对象、主要论点、分论点、论据、论证过程、材料分析等。辩论的主要目的是要驳倒对方的主要论点，所以，在批驳对方的支持论点或者论据材料时，一定要围绕中心论点进行，以保持论证的统一性。这种坚持围绕中心论点论证的原则，还可以防止落入对方的陷阱。

第五节 信息类演讲和说服类演讲

如前所述，演讲是一种有目的的行为，或传播某种信息，或表达某种观点，或兼而有之。从这个意义上，演讲可以划分为：信息类演讲和劝说类演讲。当然，这种划分也是相对的，是为了研究的需要。其中，信息类演讲中的“信息”是经过演讲者选择的，必然包含了演讲者的主观判断，而且演讲者至少想达到让听众相信自己的信息是真实的这一目的。同样，说服类演讲中演讲者为了证明自己的主张也必然使用信息类演讲的材料来支持自己。

一、信息类演讲

（一）信息类演讲的概念和特征

信息类演讲是我们生活中最常见的一种演讲，也是演讲的一个基本类型。它是以传达信息、阐明事实为主要功能的演讲，目的在于使人知道、明白，而不是鼓励、激发。

信息类演讲与日常生活的关系最为密切。比如大学生听老师演讲，希望学习老师所教授的内容；父母教育子女，希望他们举止文雅、尊敬长辈；当你开始工作的时候，老板会告诉你工作的目的，等等，这些都包含了信息类演讲的因素。回顾人类的历史，语言发明的主要目的就是向别人传达信息，能够用语言向别人发出指示，这是人类成为万物灵长的惟一理由。

信息类演讲有很多种类型：可以讨论一个具体物体，如演讲者可以介绍厨师做饭使用的工具；可以介绍一个人，如作一个关于孙中山早期职业革命家生涯的演讲；可以介绍某种思想，如作一个关于宇宙本质的演讲；可以探究事物的运行过程、运行规律，如作一个关于蒸汽机的工作原理的演讲；可以介绍某个特定事件，如在某地方新年的庆祝活动上作演讲。信息类演讲可能是解释性的、描述性的或者示范性的。演讲者用来启发听众用自己的能力去思考得出结论的所有事实、原理等叫做支持材料。信息类演讲中有很多这种支持材料，听众需要利用自己的逻辑思维能力对这些材料进行加工处理，从而得出结论。所以，信息类演讲是建立在支持材料的基础之上的。

（二）传达信息的材料

善于利用各种类型支持材料的演讲者，不仅可以使听众理解自己的演讲，而且能利用这些材料使演讲变得生动有趣。支持材料除了可以使听众理解演讲之外，还有一个有趣的作用，即演讲者可以通过控制这些材料，或者使之重新排列组合，从而符合听众对演讲的时间预期或者适合特定场合。初次演讲的人上了台感到无话可说，这时可以增加一些材料把演讲拉长；演讲者如果感到演讲时间可能比预计时间要长，则可以删去一些不太重要的材料。下面是信息类演讲中常用的一些支持材料及其使用的情况：

（1）引证客观事实。客观事实是经得起核对的事件或客观存在。演讲人所提供的信息中，能够独立证明客观性或者正确性的，是客观事实；如果演讲人提供的信息不能被事实或者公理所证明，那么这仅仅是演讲者的观点。有些参考书中把“客观事实”划分为“被证据证明的事实”和“真实的事实”，这种划分是多余的，任何事实都是被证明正确的、客观的事实。演讲者当然可以从书籍、杂志或者报纸引证有关这些事实的信息，当然必须保证这些来源的可靠性和确定性。

（2）下定义。在演讲过程中涉及一些思想或者抽象概念时，演讲者常用的方法是给听众下一个确切的定义。许多人总是愚蠢地相信字典才能给出一个单词的确切含义，实际上，意义在人们的思想中，字典所提供的仅仅是人们的使用方式。任何一个词的准确含义必须从上下文中获得，一个有经验的演讲人都懂得这个道理，因此，在演讲的开始，演讲者总是很明智地对某个词汇在他的演讲中进行定义，或者对这个词汇在他的演讲中的特定含义作出说明。例如，演讲者要对“文化”进行讨论，那么他可以说：“我认为文化就是约束人们行为的一套非强制性的规则。”这样，不管听众是否同意演讲者的观点，但至少知道了演讲者是如何使用这一概念的。当我们在演讲中涉及更为抽象的概念如真理、美、爱、自由等时，演讲者应该首先提出这些概念的定义。

（3）举例子。举例子是指演讲者用具体的事例来论证自己所讨论的问题。如演讲者谈到大城市，那么北京、上海、东京、墨西哥、伦敦、纽约等就是说明“大城市”这一概念的例子。演讲中所举的例子可以是真实的也可以是虚构的，这和引证客观事实不同，上面提到的城市就属于真实的例子，因为这些城市很明显都是客观存在的；演讲者也可用一些虚构的例子对所提观点进行生动地论证。例如，伊索曾经创作一个著名的“龟兔赛跑”的故事，在这个故事中，速度慢但是有恒心的乌龟战胜了速度快但却骄傲的兔子。虚构的事例，优点是可以使演讲生动活泼、富有趣味性，缺点是需要演讲者花费时间进行进一步的阐述。

（4）引申事例。事例除了真实的事例和虚构的事例这两类外，还有另外两类事例：确定的事例和引申的事例。在相对较短的时间内，演讲者可以使用简单明确的事例表达自己的观点。如果一个人想举例说明“多数国家的首都都在大城市”，演讲者很容易就想到用北京、巴黎、伦敦、罗马、东京、柏林等大城市来证明自己的观点。还有另外一种事例，也叫逸事或故事，这需要演讲者花费时间对此作进一步的引申。如果演讲者想讲一个身体残疾而又不为大众所知晓的故事，那么美国总统富兰克林·罗斯福的逸事就是最好的例子。罗斯福由于患小儿麻痹症不得不依靠轮椅的帮助，然而，罗斯福当总统的时候还没有发明电视机，人们看不见他。在他的总统任期内，只有两张他坐在轮椅上的照片，而且还没有发表在报纸或者杂志上面。当然，那些报道总统的媒体记者知道他是一个瘸子，但是他们认为这是总统个人的私事，所以在描写他时从来没有提到他的残疾。由于在罗斯福任总统期间第二次世界大战已经爆发，传媒希望向人民塑造一个坚强的领导人形象，所以也没有向人们泄漏罗斯福的实际状况。当他 1945 年去世的时候，许多人才第一次知道他们的总统那时正罹患无法治愈的疾病。

（5）统计资料。统计资料就是用数字形式体现的客观事实。很多人喜欢用统计资料来证明观点，这是一种相对来说比较容易的方法。例如当你听说乔治·布什 2004 年竞选总统仅仅获得了 51％的选票，那么这一数字告诉你，将近一半的人反对他连任总统。但是我们对数字的证明能力也不能过分地夸大，数字极易被人所操纵，这就使得数字这种方法不一定能表达明确的思想，马克·吐温就把统计数字当作最恶毒的谎言。例如一个村子里有 A、B、C、D、E 五家人，他们的年平均收入分别是：2 000 元、2 000 元、3 000 元、4 000 元、9 000元。如果一位演讲者说这个村人们的收入不是 2 000 元就是 3 000 元或者 4 000元等，那么这位演讲者说的是事实；如果一位演讲者用我们通常计算平均数的方法认为这个村人们的年平均收入是 4 000 元，那么也正确；如果一位演讲者使用中值平均数计算方法，3 000 元就是正确的；如果一位演讲者使用众数平均数计算方法，那么 2 000 元更接近真相，因为 A 和 B 都是 2 000 元。这样，同样的原始数据可以得到不同的统计数据。如果演讲者想说明这个村子人们收入很高，他可以使用通常的平均数计算方法；如果演讲者想说明这个村子人们收入很低，他可以使用众数平均数计算方法。同样的统计资料，可以为截然相反的目的服务。

统计资料有时对听众的影响力非常大，特别是在演讲主题涉及金钱或者商业内容时。但是，缺乏经验的演讲者常常为了表达的准确性，经常使用未经加工的原生态的数据，结果听众听了马上就忘了。引用数据时应尽量使用整数，用相比较的数代替具体数字，用普通人生活中的事件代替数字，使之形象化。这样听众才更容易记住。此外，演讲者还应该告诉听众统计数据的来源，这不仅使统计数据更加可信，而且对听众来说显得更加值得信赖。

（三）传达信息的方法

（1）类推。把两件事或两个概念进行比较，从而发现双方的特点，这就是推理。在向听众传达某种信息的时候用途很大。类推分为两种：真实类推和比喻类推。如演讲者在讲演中说博彩业在拉斯韦加斯发展的非常成功，因为这个城市因此吸引了许多旅游者，那么博彩业在澳门也将发展得非常成功，因为澳门也因此吸引了许多游客，这就是真实类推。如果演讲者说：夫妻关系就像剪刀（这当然是一个比喻），虽然方向是相反的，但可以共同对付介入其中的物体，这就是比喻类推。演讲中的类推可以使演讲更生动有趣。

（2）引用别人的观点。这种由别人的观点构成的文字证明材料，一般分为三类：专家或者权威的观点、普通人或者外行的观点和个人的观点。这三类资料在说明不同的问题时有不同的作用，并没有高下之分。专家的观点在涉及某个听众不熟悉的技术问题或者有争议的问题时，是非常重要的支持材料。在引证专家观点时，要注意引用完整、准确，必须说明材料的来源，才能增加可信度。专家的观点并不意味着“正确”，专业的局限性可能使他们离真理更远，这就是为什么在司法实践中引入陪审团或者人民陪审员制度的原因。普通人的观点在论证一些问题时，其证明力显得很强。如讨论人们喜欢什么样的电视节目、学生对老师的评价等，这些问题只有普通人的观点才更有代表性。个人的观点，也就是我们自己的生活实践，既不属于专家也不属于外行。个性化的观点的性质依赖于演讲所涉及的主题，杨振宁教授作物理学演讲时他的话自然属于专家观点，如果他用自己戒烟的经历谈意志的重要性，就属于普通人观点。演讲者个人观点的证明力，取决于演讲者个人的身份、社会地位以及社会声望。

（3）对比。对比包括正对和反对，前者是指在类似的两个事物中找出差别，后者是指把两个截然相反的事物放在一起使他们的特征更为明显。这种方法在信息类演讲中显得很重要，因为信息类演讲的宗旨是向人们介绍某件事、某个事物，只有理解了介绍对象的特征，听众才能真正理解演讲的内容。

（4）描写刻画。如果你把演讲家看作用文字当画笔进行创作的艺术家，那么描写刻画是最好的手段，它可以在你的谈话对象的大脑中创作出一幅生动的图画。高明的描写刻画可以调动听众的感官，他们不仅在看你演讲，同时在听、在闻、在触摸、在品尝。能够用鲜明生动的语言，调动人们丰富的感觉，这是人类特有的功能。当我们的演讲对象在听众的经验和知识之外时，这种方法显得尤为重要。例如普通中国人都吃过面条，但是意大利面条是怎么回事，许多人就感到茫然了。我们可以用这种手法介绍意大利和中国饮食的区别、马可·波罗把面条引入意大利时是什么样子、做法有什么变化、色香味如何等，这样的描述就可以在听众的大脑中形成意大利面条的感性形象。

（5）解释说明。这是信息类演讲中常用的一种方法。解释说明就是演讲者向听众提供的关于某事是什么、怎样了、为什么的陈述或一系列陈述。简洁、有特色的解释说明能给听众留下深刻的印象。例如要介绍麻将的玩法，我们可以介绍麻将的起源、规则、人数、技巧等。

（6）直观教具。直观教具有很多种类，在信息类演讲中的作用非常突出。有研究表明，在特定情况下，使用直观教具比不使用直观教具的演讲效率提高55%。很明显，一张图片胜过很多文字的讲解。如我们介绍金字塔，就要告诉听众金字塔何时建造、谁建的、为什么建造金字塔、金字塔多高多宽等，但是如果要使听众更好地理解和记住金字塔，那么最好的办法就是出示关于金字塔的图片。

二、说服类演讲

说服就是演讲者让听众相信自己或者鼓励听众去做某一特定事情，演讲者的目的就是强化或者改变听众的观点、看法或者行为。不管是在古希腊还是在中国，劝说都被看做演讲的核心，其主要区别是，西方把劝说（或者雄辩术）看作一门学问，中国则将其视为哲学体系的一个组成部分（如纵横家）。

在不同的语言环境和文化背景下，信息类演讲的特征和形式比较接近，然而，说服类演讲的形式有很大的区别。例如，在美国演讲者在开始时就坦率地提出自己的观点和演讲目的，而这种方式在中国、日本或者韩国就可能得不到预想的效果。

（一）劝说的心理机制

在所有演讲的类型中，劝说别人是最困难的，也是最复杂的。演讲者首先面临的困难是，社会提供给听众的观点是多种多样的，而且听众对演讲者的反应也会相差悬殊，一般有以下三种反应：完全赞同、强烈反对或者模棱两可。对于模棱两可的听众又可以分为几种：或者认为你讲的正确但不愿意采取行动，或者认为你讲得有道理但是相反的观点也不错，或者根本不理解你所讲的内容等。演讲者必须通过对听众的信仰、善恶观念、生活方式等情况的分析，对听众有一个基本判断，从而制订出相应的应对方式。

说服是一个思想上的认知过程，要求演讲者对所有的可能性都予以考虑。如果听众完全赞同演讲者的观点，那么他们所面临的问题是如何行动，同时，演讲者的任务首先是怎样鼓励听众采取行动来实现这一价值，而不是喋喋不休的论证自己观点的正确性。如果听众有点赞同演讲者的观点但立场并不肯定，那么演讲者应该采取不同的说服策略。由于听众对演讲者的观点处于半信半疑的状态之中，他们不可能马上投入行动，这时，演讲者的首要任务就是强化听众既有的观念和信心，从而使听众可能采取包含了演讲者意图的一系列行动。

当演讲者面对的听众既不反对他的观点也不赞赏他的观点时，就必须设法弄明白听众有这样想法的原因。发生这样的情况，或者是由于听众没有获得任何有关演讲主题的信息；或者他们知晓演讲者所传播的信息，但是由于他们相信演讲所涉及的问题对他们没有任何直接或间接的影响，所以对此感到无所谓；第三个原因是听众对演讲主题根本没有兴趣。在这种情况下，演讲者的首要任务就是如何激起听众的兴趣。

（二）说服的前提：诉诸激情

要想说服别人，首先就要使对方产生特定的感情冲动，如果听众对演讲内容无动于衷，那么演讲者的观点不会在听众心中留下任何印象。激情就是人们在特定时刻所产生的并且能被演讲者所调动的强烈的心理冲动，这种情感既包括愉快的感情或者物质上的收获，也包括一些令人不舒服的情感，如恐惧和愤怒。演讲者要想感染听众，演讲者可以通过声调和外表行为等手段使自己充满激情。下边列出的各种情感在不同的文化背景下，效果是不一样的，而且，演讲者在准备调动听众的某种情感时，必须明白听众是否接受、是直接还是间接、是强烈的还是平静的等，演讲者必须把握好这个度。

（1）成就感。成就感是一种积极的情感，人们总想在各方面获得成功：教育、求职、婚姻等。学生希望自己考试成绩优秀；公司希望自己能赚钱；明星希望自己永远漂亮。所以，演讲者首先要把自己的演讲主题与听众最关心的事情联系起来，让他们感到演讲对自己的成功有意义。

（2）利他主义。任何人都有关心别人的想法，除非这种行为的成本太高，这种情感也使人得到一种精神上的满足。呼唤听众的利他主义情感，要让听众感到自己生活在幸福中，还有更多人的生活是如此不幸，需要我们伸出援助之手。

（3）愤怒。愤怒是一种消极但有力量的情感，当我们受到不公正待遇时，会体会到这种情感的力量。一个愤怒的听众比一个平静的听众更容易采取某种行动，安东尼在安葬恺撒时的演说就充分利用了群众的愤怒。不论一个国家或者一个人，愤怒都可以产生很大的力量。

（4）同情心。同情心是当我们面对经受痛苦的人时，内心生出的一种不安之情。如果说利他主义表现的是对于我们不知道的多数人的怜悯，那么同情心则体现在对我们所认识的特定人的痛苦的怜悯。呼唤人的同情心是让人们采取行动的重要方式。

（5）求同性或者时尚。渴望自己看起来像自己所崇拜的某个社会等级，或者自己与自己所处的社会集团具有相似特征，是一种很有意思的情感。时尚在表面看来是标新立异，其实本质也是在渴望自己与某种想像的形象相似。

（6）勇气。勇气表现为敢于做在别人看来困难的、不可能甚至鲁莽的事情，以此证明自己不凡的气概。勇气说明人的内心深处有一种心理冲动，一种想做别人不敢做或者不能做的事情的欲望。鼓起听众的勇气从事某种特定的行为，这在说服性演讲中很见效。

（7）兴奋。兴奋是我们遇到新奇的或者与众不同的东西时所表现出的一种令人愉悦的心情。

（8）恐惧。恐惧是最有说服力的一种情感因素。仅仅恐惧感就可以促使人甚至一个国家做很多事。在许多情况下，人们常常因为担心某事要发生而主动采取某种行动。鼓励学生读书，老师会说如果不读书可能会不及格；鼓励人们戒烟，我们会说吸烟可能导致肺癌；鼓励干部廉洁奉公，我们会说贪污腐化可能使自己丧失权力甚至生命，等等。演讲者在利用听众的恐惧感鼓励其采取某种行动时，应注意正确使用。有研究表明：在特定情况下如果恐惧感刺激得太强烈，会遭到听众的排斥。

（9）获得财富的欲望。人们都想过富有的生活，这一点在各国都一样。唤起人们获取财富的欲望，从而鼓励人们采取行动，这在说服性演讲中非常见效。传销课程的演讲为什么吸引人？惟一的原因就是演讲者充分激起了听众的发财欲望。

（10）内疚。内疚是人们都想尽力避免的一种消极情感。内疚直接导致责备，内疚的人处于过失之中。人们有的因为罪行而内疚，有的因为粗心而内疚，有的因为没有把事情做完美而内疚，甚至仅仅因为心理原因而内疚等。没有人因为内疚而感到舒服，所以演讲者可以告诉听众某种特定的想法，以此消除他们的内疚感，从而鼓励听众采取某种行动。在说服性演讲中利用内疚的过程是：呼唤人们的内疚感→建议消除内疚的方法→付诸实践。

（11）希望。希望是人的强烈感情之一，希望意味着相信将来会更好。希望深深植根于人的灵魂深处，没有希望的人是不存在的，只是希望不同而已。演讲者可以呼唤人对未来的希望，从而鼓励人们采取行动。

（12）爱。爱是人人都具备的一种心理倾向，每个人都希望被爱，每个人都爱着别人。呼唤人们埋在心灵深处的爱心，是说服性演讲常用的手法。

（13）自豪感和爱国心。我们都为成功感到喜悦，不管这种成功属于自己、家庭还是自己喜欢的球队，这种愉快的心态都可以称之为自豪感。爱国则表现为一种精神上的归属感，一种集体自豪感。在国际性的比赛中，人们的这种自豪感和爱国心表现得更为淋漓尽致。

（14）复仇心。复仇是人类最原始的正义观念，而且这种观念还积淀在人们的内心深处，提倡死刑正当性的理论依据之一就是复仇观念。在战场上，鼓励战士奋勇杀敌的手段常常就是呼唤人们的复仇观念，“为……报仇”的口号常常在战场上响起。利用复仇心理常常成为说服性演讲中鼓励人们采取行动的手段。

（15）伤心。伤心是人们都希望尽量避免的消极情绪，然而，生活并不总是充满快乐和阳光，伤心事是难以避免的。例如，在葬礼上的演讲，演讲者总是要激起人们的伤感情绪。

（16）安全感。我们都希望自己是安全的，我们做很多事仅仅为了自己的安全。保险政策的推行，是利用人们安全感的典型案例；我们出门带伞，是为了防止淋雨；我们存钱，是为了防止老来急需；国家养军队，是为了防止敌人侵犯。这些都是为了寻找一种安全感。所以，在演讲中如果让听众感到演讲主题有利于提高他们的安全感，那么就容易让听众听从我们的观点。

（17）自尊和被承认。人们往往会寻找别人的承认以确证自身的价值，比如孩子希望老师和父母喜欢自己；工人希望老板尊重自己。我们每个人都知道这个世界上有很多人比自己聪明、比自己强壮、比自己能力强，所以感到自己正在为这个社会工作并且别人也认识到自己的成绩（尽管这个成绩微不足道），这一点很重要。美国一个学者做过的一个很有趣的实验表明：当工人们被老板所关注并且同事之间能够自由交流的时候，生产率能够提高。在演讲中使用这种方法，能使我们的演讲显得更真诚、更可信。这种方法在使用时，必须要适度，太过了给人以阿谀奉承的嫌疑。

（三）构成信任的资源

说服听众最有效的方式是让听众感到演讲者值得信赖。如果人们从根本上觉得演讲者不值得信赖，那么不管演讲者使用什么样的方法都将无法奏效。那么，一个人怎样才能让别人感到可信？

演讲者值得信赖包括两方面的因素：

（1）能力，即听众认为演讲者对演讲所涉及的问题是知道的，它包括头衔、服装、年龄、经验、演讲者的声誉以及相关知识和能力。

（2）品格，即听众相信演讲者对他们的状况真正关心，它包括演讲者的个人态度是否诚实、热情，是否具有魅力。

这两种因素可以归结为一个问题：听众认为演讲者有能力也有资格讨论这个问题。但是这种能力和资格似乎不是一个演讲学问题，因为听众的信赖是一个理性的推理过程，而决非一时的感情冲动。这就要求演讲者在选择演讲主题、演讲材料时必须慎重，在听众看来，所涉猎的主题和所使用的材料必须是演讲者有能力驾驭的，隔行卖弄必然出丑露乖。

但是，演讲者并非无所作为，一个对听众来说全然陌生的演讲者，在演讲过程中可以通过以下办法提高自己的“可信度”：

（1）对演讲主题进行严密的逻辑论证。有充分证据支持的观点总比随口说出的观点更让人信任。要尽量引用那些听众所熟悉的信息，来证明自己所提出的主题，这样演讲的结论在听众看来就像从“自己的”知识储备中得出的自然而然的结论，而不是从外面强加给自己的。

（2）适当泄露自己的“底细”。对于有利于增加自己可信度的个人信息，可以适当“泄露”给听众。例如你正在讨论的主题是“中小学改革”，而你的公开身份虽然是一位教育专家，但你恰恰做过十年中学老师，那么这种个人信息不妨“泄露”给听众。一位当过中学教师的教育专家的观点，比普通的专家更能打动千千万万名教师的心。向听众传达个人信息必须注意技巧，否则就变成了浅薄的个人卖弄。

（3）让听众感到演讲者是“自己人”。尽量寻找自己与听众的相似之处，这是拉近演讲者与听众距离的最好办法。每个人对“自己人”的观点容易信任，当听众感到演讲者是“自己人”时，演讲者的观点就变成了听众“自己的”观点。

XXL 模拟训练

（一）收集有关长城的资料，做好长城的信息类演讲的准备。

（二）阅读下面的演讲词，用所学过的说服性演讲知识进行分析，并在全班作演讲。

要为自由而战斗

卓别林

遗憾得很，我并不想当皇帝，那不是我干的行当，我既不想统治任何人，也不想征服任何人。如果可能的话，我倒想帮助任何人，不论是犹太人还是基督徒，是黑种人还是白种人。

我们都要互相帮助，做人就是应当如此。我们要把幸福建筑在别人的幸福上，而不是建筑在别人的痛苦上。我们不要互相仇恨，互相鄙视。这个世界上有足够的地方让人生活。大地是富饶的，是可以使每一个人都丰衣足食的。

生活的道路可以是自由的、美丽的，只可惜我们迷失了方向。贪婪毒化了人的灵魂，在全世界筑起仇恨的壁垒，强迫我们踏着正步走向苦难，进行屠杀。我们发展了速度，但是我们隔离了自己；机器应当是创造财富的，但它们反而给我们带来了穷困；我们有了知识，反而看破了一切；我们学得聪明乖巧了，反而变得冷酷无情了。我们头脑用得太多了，感情用得太少了。我们更需要的不是机器，而是人性，我们更需要的不是聪明乖巧，而是仁慈、温情。缺少了这些东西，人生就会变得凶暴，一切也都完了。

飞机和无线电缩短了我们之间的距离。这些东西的性质，本身就是为了发挥人类的优良品质，要求全世界的人彼此相爱，要求我们大家互相团结。现在世界上就有千百万人听到我的声音——千百万失望的男人、女人、小孩——他们都是一个制度下的受害者，这个制度使人受尽折磨，把无辜者投进监狱。我要向那些听得见我谈话的人说："不要绝望啊！"我们现在受到苦难，这只是因为那些害怕人类进步的人在即将消逝之前发泄他们的怨毒，满足他们的贪婪。这些人的仇恨会消失的，独裁者会死亡的，他们从人民那里夺去的权力会重新回到人民手中的。只要我们不怕死，自由是永远不会消失的。

战士们，你们别去为那些野兽们卖命啊——他们鄙视你们——奴役你们——统治你们——吩咐你们应当做什么，应当想什么，应当具有什么样的感情！他们强迫你们去操练——限定你们的伙食——把你们当牲口，用你们当炮灰。你们别去受这些丧失了理性的人摆布了——他们都是一伙机器人，长的是机器人的脑袋，有的是机器人的心肝！可是你们不是机器！你们是人！你们心里有着人的爱！不要仇恨哪！只有那些得不到爱的人才仇恨别人——只有那些丧失了理性的人才仇恨别人！

战士们！不要为奴役而战斗！要为自由而战斗！《路迦福音》第十七章里写着：神的国就在人的心里（在你们的心里）——不是在一个人或一群人的心里，而是在所有人的心里！在你们的心里！你们人民有力量——有创造机器的力量，有创造幸福的力量！你们人民有力量建立起自由美好的生活——使生活更有意义。那么，为了民主，就让我们使出力量来吧，就让我们团结在一起吧！就让我们进行战斗，建设一个新的世界——一个美好的世界。它将使每一个人都有工作的机会，它将使青年人都有光明的前途，老年人都有安定的生活。

那些野兽也就是用这些诺言窃取了权力。但是他们是说谎！他们从来不去履行他们的诺言。他们永远不会履行他们的诺言！独裁者自己享有幸福，但是他们使人民沦为奴隶。现在就让我们进行斗争，为了解放全世界，为了消除国家的弊政，为了消除贪婪、仇恨、顽固，让我们进行斗争，为了建立一个理智的世界——在那个世界上，科学与进步将使我们所有的人获得幸福。战士们，为了民主，让我们团结在一起！

哈娜，你听见我在说什么吗？不管你在哪里，你抬起头来看哪！抬起头来

看哪，哈娜，乌云正在消散，阳光照射进来！我们正在离开黑暗，进入光明！我们正在进入一个新的世界——一个更可爱的世界。那里的人将克服他们的贪婪、他们的仇恨、他们的残忍。抬起头来看哪，哈娜，人的灵魂已长了翅膀，他们终于要振翅飞翔了。他们飞到了霓虹里——飞到了希望的光影里。抬起头来看呀，哈娜！抬起头来看呀！

思考与练习

1. 什么是演讲？演讲的特征有哪些？
2. 你认为演讲学仅仅是研究演讲技巧的学科吗？
3. 亚里士多德是如何对演讲分类的？
4. 为什么说拟稿演讲是演讲的典型形式？
5. 拟稿演讲有哪些特征？
6. 为什么演讲稿有时会成为演讲者的负担？
7. 即兴演讲有哪些特征？
8. 即兴演讲对演讲者有哪些要求？
9. 即兴演讲的训练包括哪几个方面？
10. 信息类演讲中的“信息”包括哪些内容？
11. 传达信息的方法有哪些？
12. 谈谈说服的心理机制？
13. 要想让听众接受自己的观点，演讲者应该让听众处于什么样的心理状态？
14. 作为演讲者，如何增加自己的可信度？

第八章　演讲的构思

演讲者必须明白一个道理：当他意图向听众传达某种信息的时候，听众是无法知晓的，这就要求他必须引导听众去理解自己，或者把演讲的各个部分精心排列组合，使之成为一种易于理解的形式，这就是演讲构思。研究结果和演讲实践已经证明，精心构思的演讲比随意进行的演讲，其思想更易于被听众理解。如果一场演讲是被精心构思的，在观众看来演讲者会显得更自信，也更可信，演讲者在进行演讲的时候就会感到游刃有余。无论对演讲者来说还是对听众来说，精心构思总比随意说出益处多多。

第一节　构思的一般原则

演讲构思，就是把为演讲准备的一些凌乱的材料，根据特定的规则，排列组合成一个有机整体。构思的一般原则是指一切演讲进行构思时都应遵循的通用原则。

一、尊重文化差异

一般而言，演讲的结构如何取决于你的听众所在的国家、地区以及他们有什么样的文化传统。文化传统决定了欣赏习惯，这没有什么道理可言。以演讲稿的结构为例，古希腊的听众可能喜欢四分法，古罗马可能倾向于六分法，而现代美国人可能认为演讲分为三部分比较便利。对于演讲者来说，材料安排得最有利于思想表达，就是最好的结构方式。然而，特定的文化传统构成了人们的特定的构思模式和思维方式，而这些模式又适合特定的机会和听众。美国有位学者在对各民族的讲话习惯进行研究时，发现了一个很有趣的现象：亚洲人倾向于间接的表达方法，从而善于在演讲中含蓄地传达自己的观点；俄罗斯人和罗马语系的人们喜欢开门见山提出主要观点，但是支持这些观点的材料却与这些观点仅有间接的联系；美国人是最直接的，而且喜欢在最短的时间内得出结论；闪族语系（阿拉伯和以色列）人在论证接近结论时，会突然停止或者转向另一个次要问题。了解这些结论可以帮助演讲者扬长避短，有的放矢。

文化上的差异对于演讲者表明立场和观点的方式有很大影响。不同文化背景的人对同一问题的看法会有很大的不同。如果你的目的是说服听众，那么，你应该首先确定听众对你的观点是否认可，因为观众是否同意你的观点，对于你提出观点的方式有很大的影响。听众对演讲主题的观点，也决定着演讲的论证次序。如果你考虑到听众会认可你的立场，则可以以一种强烈的、压倒一切的气势提出观点；如果听众会反对你的观点，你的雄辩的气势最好放到本论中去。当然，我们可能没有足够的时间研究听众的态度，这也正是演讲过程中为什么需要反馈环节的原因。

文化上的差异在演讲者处理自己的演讲意图过程中扮演着重要的角色，对于不同国家和地区的听众，演讲者应采取不同的方式，不能偏离文化规范。例如，语言是信息传播的工具和物质表现形式，它包括语境、语句和语调，三者结合在一起才可以表达一个完整的"意思"。语言交流如何通过语言载体传达说话者的意图，这在不同的国家和地区区别很大。在一些讲究含蓄的亚洲国家的文化语境中，直白地提出自己的观点或者直接要求听众听从自己，被认为是粗鲁无理的；同样，对于一些讲究直白的国家（如美国），过分婉转地提出自己的要求，被认为是在浪费别人的时间。这两种不同处理讲话意图的方式，被称为"强语境文化"和"弱语境文化"。前者包括墨西哥人、日本人、阿拉伯人、泰国人、拉丁美洲人和朝鲜人等，在地理上有明显的多样性，这些地方的人首先通过讲话的语境或人物的象征性的角色来传达信息；后者如斯堪的纳维亚人、德国人和美国人，则通过言词本身直接表达自己的观点。所以，对于同样的语言表达，必须联系文化背景，评估其准确的含义。例如中国有部电影叫《东邪西毒》，中国人都理解这两个著名的文学形象，但是外国人不理解，于是在翻译成英语时变成了《时间的灰烬》。一个演讲者应时刻保持对文化差异的敏感性，这是在对语言风格进行选择的时候首先要考虑的重要因素。

二、列提纲

如果你没有足够的演讲经验，那么把你准备说的话列成详细的提纲，不失为一个好主意。一份提纲囊括了一份演讲的主要观点，而且使演讲者知道是否需要作进一步的加工。例如，要做一个关于教育问题的演讲，假定你这次演讲的意图是建议人们对教育体制进行根本改革，可以进行如下组合：

主要论点一：政府对教育的支持力度不够。

分论点：（1）教师的工资太低；

（2）应该对教师进行定期考核；

（3）需要建设新的学校；

（4）学校缺少足够的微机；

主要论点二：学校的课程设置需要改革；

分论点：（1）课程不能为学生找到新工作打下基础；
（2）应该开设一些科学课程；
（3）每个学生都应该学习一门外语；
（4）应该增加学生的课外练习；
（5）学校应该加强规章制度建设。

这里，我们用这九个互不相联系的条目组织成两个主要的观点，每个主要观点都有次级观点作为必要的实例来支撑，从而成为一个完整的思想，这样，呈现在听众面前的是一个既有主要观点又有具体实例来支持的有机整体。

三、平行构造

演讲者应该考虑的演讲构思的另一个原则是平行构造，即如果没有特殊的要求，当我们用句子表述主要观点和次级观点时，尽量用同样的句子结构。把这一原则应用于前面的演讲提纲，则会呈现为另外一种形态：

演讲主题：我们必须改变教育体制。

主要论点一：政府必须加大对学校的资金投入。

分论点：（1）增加教师工资需要更多资金；
（2）建设新学校需要更多资金；
（3）购买新的计算机需要更多资金。

主要论点二：我们应该改变学校的课程设置，以便学生容易找到新工作。

分论点：（1）学生至少应该学习一门外语；
（2）学生应该学习一些科学课程；
（3）学生应该多做一些课外练习；
（4）学生应该遵守学校的规章制度。

上述结构始终保持主论点及其分论点句式的同一性，我们称这种用词方式叫“平行结构”。这是一个审美趣味问题，而不是演讲风格，当然，如果这种列提纲的类型可以使演讲构思工作更容易进行，我们何乐而不为呢？这种平行结构并不是在演讲中必须使用的，其目的是使听众的注意力集中在演讲主题上。这个提纲中，前一个提纲中的一个分论点“应该对教师进行定期测试”被省略了。为什么呢？在平行结构的提纲中，第一个主要论点的重点是政府有责任对学校加大资金投入。或许教师的再测试不需要政府的进一步的资金投入；或许已经有足够的测试满足这一目标；或许有其他可替代性的办法可以确保教师再测试的正常进行，而政府又不用增加成本；或许教师为了重新执业获得职业资格或者确保现有的职业资格继续有效，应该自己为这种测试买单。由于教师的再测试并不意味着必然增加额外的成本，或者这种成本并不必然由政府承担，所以，演讲者为了把听众的注意力集中在最重要的主题上，把这个项目舍弃了。

四、“开门见山”还是“结尾点题”

“开门见山”还是“结尾点题”，这两种方式的关注点是怎样才能让听众记住自己的观点。前面我们提到的关于提出观点的方式，其关注点是怎样让观众相信自己，这是两种不同的价值，你的观点或许被听众激烈反对，但是，其前提是他们首先记住你的观点，比反对你更可怕的是，他们根本不知道你讲了什么。主张开篇点题的人相信，你最先说的话对听众的影响最大，并且听众也最容易记住；而结尾点题者认为，演讲最后说的话最有利于听众记住，对听众的影响也最大。那么怎样才能使明显矛盾的这两个观点相互统一呢？一般而言，如果演讲者觉得听众可能同意演讲主题，那么在开篇就提出自己的最强有力的论证比较可取，因为在这种氛围下，这种先声夺人的方式能产生较大的说服力。有证据表明，当听众倾向于同意演讲者的观点时，这种方式较占优势。然而，当听众反对演讲主题时，用结尾点题的方式则比较恰当，把最有说服力的论证放在最后，这样能够避免听众因为不同意自己的观点而拒绝听演讲者下面的演讲内容。开头还是结尾点题，演讲者不可僵化的理解，由于反馈在演讲过程中时刻发生，演讲者可以根据现场的气氛随时提出自己的观点，但是有一点是共同的，把最不具影响力的论证和不重要的观点放在演讲中间，那里最不容易被人记住。

五、平衡

平衡的含义是指演讲者把他的演讲的每个部分在每个时间段中如何进行分配。任何一场演讲都包括开头（引论）、主体（本论）、结尾（结论）三部分，每一部分占用多少时间应符合人们的欣赏习惯。如果一个演讲者要进行一场 30 分钟的演讲，引论部分花费了 20 分钟，用 5 分钟时间论证主要观点，5 分钟做结论，那么这场演讲就失去平衡了。一般而言，论证主要观点（即本论部分）使用的时间要超过引论和结论。古人写文章常用的标准叫：虎头、猪肚、豹尾，即开头要醒目，中间材料要丰富，结尾要有力量。但是，中间部分花费时间最长并不意味着中间部分最重要，恰恰相反，引论和结论才是最重要的部分。

XXL 模拟训练

一、一个由企业家组成的赴美考察团结束了在美国的考察工作，在即将回国的前夕，东道主举办了一场欢送宴会，就在宴会的两天前美国发生了恐怖分子袭击世贸大厦的事件（“9·11”事件），在东道主道格拉斯先生演讲之后，作为中国考察团团长的张先生要做答谢演讲。假定你就是张先生，你认为该如何构思这篇演讲？

二、某学校正在召开全体毕业生大会，号召学生们到西部就业，而且国家也有一些优惠政策，但是学生们还是不乐意去，校长准备作一次演讲鼓励学生报名。假如你就是这位校长，准备用什么办法组织这次演讲，并列出简要的提纲。

三、有一个日本中学生代表团到南京访问，由于访问期间正赶上南京市举行“南京大屠杀”的纪念活动，日本代表团受到冷遇。临行前一天南京某中学为两国的中学生举办了联谊活动，就在联谊活动上许多中国学生不愿意和日本学生坐在一起，日本的中学生非常不满。事后，某大学教授受邀做一场题为《历史·现在·未来》的演讲，如果你是这位教授，该怎样开始和结束这次演讲？

第二节　常见的几种构思模式

演讲的构思模式与人们的思维习惯、审美趣味有关，常见的构思模式一般有以下七种。

一、以时间为顺序

时间顺序的方式是依照事件发生的先后顺序来安排或组织材料。这种方式在信息性演讲中经常用到，尤其是内容包括一些历史事件的演讲。关于人的经历的演讲也常常以时间为顺序来安排组织材料，通常的方式是：以过去的一些事件开头，然后系统地讲到当前，这种安排顺序的方式，演讲者能够推测将来可能会发生什么事。假如要做一场演讲，内容是关于美国所参与的主要战争，用时间顺序的方式来安排，主要观点可能是下面的样子：

（1）独立战争；
（2）1812 年战争；
（3）墨西哥战争；
（4）美国内战；
（5）美西战争；
（6）第一次世界大战；
（7）第二次世界大战；
（8）朝鲜战争；
（9）越南战争；
（10）海湾战争；
（11）伊拉克战争。

如果你是一位军事史专家，你或许会注意到那些与海盗的战争以及其他一些军事干预没有被包括进去，但是，演讲者的意图是讨论“主要战争”。

当然，“过去——现在——将来”只是一个常见的模式，时间顺序还可以从现在开始然后谈到过去，这是一种“倒叙”的方法。假如一位演讲者做一场关于 20 世纪重大发明的演讲，可以用下面的顺序组织材料：

（1）数码摄像机；
（2）无绳电话；
（3）计算机；
（4）电视机；
（5）收音机；
（6）飞机。

我们注意到，在这个顺序中每一项发明都在其后面的发明之后出现。演讲者使用这一模式的目的是想让听众关注同时代的发明，他不想让听众预料他下一步将要讨论什么。

使用时间顺序的关键是要保持一贯性，要么从过去依次谈到现在，要么相反，依次由现在谈到过去，绝对不能跳过其中的某一段。例如，伤亡人员最多的美国战争是美国内战，然而，不能仅仅因为这是一场美国历史上最血腥的战争，就有资格放在时间表的最先或者最后。

时间顺序还有另外一个用处，就是可以用来介绍动作的先后过程。例如，一位厨师介绍怎样做馄饨汤，他会从他的第一道工序开始介绍：怎样做馄饨皮，然后怎么做馄饨馅，第三步是包馄饨的正确方法，最后，厨师可能介绍做汤汁的正确方法。我们购买的任何需要在家里组装的产品，都会从厂家那里获得一个怎样完成组装的使用说明，这些说明书会告诉我们第一步做什么，第二步做什么，直到产品的最终完成。这也是一种时间顺序。

二、以空间为顺序

用空间顺序组织材料，是指组成演讲的材料以空间关系和方向组织起来。在生活中我们形成了各种各样的空间关系概念，从东到西、从南到北、从上到下、从左到右、从内到外等，这都属于空间概念。这种构思模式常用来介绍一座建筑物、一个国家、一个大洲、一件物体甚至一个动物等。空间顺序常用在信息类演讲中。例如，欧洲人在度假时经常顺着多瑙河游览到黑海，许多国家的首都在这条河的两岸，如奥地利的首都维也纳等。假如你要描述一个人顺着多瑙河能看到的国家，那么用空间顺序的模式可以这样组织材料：

游览多瑙河：

（1）从维也纳到黑海；

（2）奥地利；

（3）斯洛伐克；

（4）匈牙利；

（5）克罗地亚；

（6）塞尔维亚；

（7）罗马尼亚；

（8）保加利亚。

这些国家的排列顺序，就是从旅游者的角度出发，按照他乘船从上游到下游的顺序来组织的。如果演讲者要介绍某个复杂的设备以便听众能掌握，就可以采用这种模式。比如，当飞行员使用这种模式向人们介绍飞机的结构的时候，就是以他坐在驾驶室的位置为坐标，从它的右边最远处介绍到左边最远处。

三、以讨论对象的内在规律为顺序

这种顺序是信息类演讲最常见的材料组织方式，当然在说服类演讲中也会用到。任何事物都有其内在的组织顺序和组成成分，例如：在英语中文学样式被分成散文和诗歌两大类；我国的中等教育分为初中教育和高中教育；生物体的内部组织包括心脏、肺、肝、大脑等；篮球运动员根据其位置和职能分为中锋、后卫和前锋；生物学中生物的分类有界、门、纲、目、科、属、种等。所有这些，都体现了事物的内在规律性。

这种组织方式在我们的生活中随处可见，任何事物都有其内在的基本规律，而人们在长期的生活中也形成了一定的认识事物的习惯顺序，例如，我们在介绍人的穿戴时，总是从上到下、从颜色到质地等。这种自然的顺序是演讲者和听众都能了解的，所以使用这种方式听众最容易了解演讲者的演讲内容。

四、以“问题—方法”为顺序

当演讲者试图说服听众时，从问题到方法的构思模式显得特别重要。在使用这种方法时，演讲者先描述当前存在的问题，以及这个问题对听众造成的影响或者即将造成的影响，然后，谈演讲者的主要观点，即演讲者的解决方法。例如，演讲者要谈油价问题，居高不下的油价正在危害所有的发达国家和一部分发展中国家的经济，如果不解决将会影响整个世界。演讲者使用这种“问题—方法”模式列出下面的提纲。

演讲意图：告诉听众为了抑制当前居高不下的石油价格，国家应该做什么。

问 题：国际市场原油价格上涨至每桶 70 美元。

解决方法：所有国家应该寻找和充分利用新的油矿。

解决方法：应该开采更多的海洋石油资源。

解决方法：应该更多地使用核能发电。

解决方法：应该发明更经济省油的汽车以代替当前的汽车。

解决方法：寻找可替代性能源。

解决方法：应该把电能应用到汽车领域。

解决方法：加征燃油税以抑制消费。

演讲者在这里提出了各种对策，有的是国家的，有的则需要国际合作。并非他的所有主张都能得到执行，但是，至少听众认为现状和现在执行的政策并不尽如人意，并且应该改变。在说服类演讲中，这种方式很见效。

当然，对于有些问题，解决的方法可能只有一个，或者可选项很少。在这种情况下，演讲者对问题的描述与对解决方法的解释会一样多甚至更多，以此引起人们对问题严重性的重视。例如，现在美国很多人（包括儿童）面临的一个严峻问题是肥胖症。身体超重会引起各种各样严重的健康问题，包括糖尿病、心脏病甚至预期寿命缩短。然而，只有两种办法可以减肥：一是减少热量的摄入，或者节食；二是消耗掉人体过多的热量，或者体育锻炼。这些方法人们一般都知道，但是人们不愿意正视现实。这种组织材料的方法对演讲者的另外一个好处是，可以动摇人们的观念，把听众从麻木中惊醒过来。

有些人认为这种方法可以颠倒过来应用，演讲者从解释方法开始，然后接着描述现存的问题。这种颠倒的方式只适用下面这种情况：解决方法已经引起了公众的注意，或者包括一些刚刚被政府执行的政策措施，但是听众对产生这些新政策的原因不明白。在这种情况下，演讲的信息性大于其说服性。

以上谈到的是几种常见的方式，许多教材都有介绍。演讲者在考虑某种演讲使用哪一种构思方式时，必须明白：每种方式之间并不是互相排斥的。有经验的演讲者会在一篇演讲中综合使用几种构思模式，例如，时间顺序中可以包含空间顺序。

除了以上常见的几种构思模式外，还有另外几种方式，我们也可以尝试。

五、以“原因—结果”或者“结果—原因”为顺序

以“原因—结果”的顺序进行构思的模式包括两种：先叙述原因或者先叙述结果。例如，现在许多国家面临艾滋病的威胁，这种疾病在30年前还不存在，现在已经从非洲的撒哈拉地区传播到全世界，以前科学家们并不知道这种疾病是怎么传播的，现在知道了。这种疾病首先破坏人体的免疫系统，使受害者容易感染各种病毒，并最终导致死亡。如果你想做一场关于这种疾病的演讲，并选择这种构思方式，那么关于AIDS是如何在人和人之间进行传染的就构成了演讲的“原因”部分，然后讨论这种疾病本身就构成了演讲的“结果”部分。

六、排除式

排除式应该属于“问题—方法”模式中的一种。其方法是，演讲者先向听众提供各种各样的解决特定问题的方法，然后因为种种原因把这些方法全部排除，或者只剩下一种。这种构思模式的逻辑过程就像数学论证中的归谬法，演讲者先提出一种或几种解决问题的方法，然后，分析其对很多人的不适合性，并最后排除它。演讲者用这种方法的目的，或者是为了强调问题的严重性(没有解决方法)，或者是为了突出其中的某一种方法。例如，前面提到的关于油价问题时，提出过一种解决方法，即提高燃油税以控制消费。我们可以这样分析：提高了燃油税，有车的人必然承担较高的价格，富人能够承担这样的高价，不会因为油价高而减少消费，那么穷人呢？这对那些每天不得不开车上下班的人们公平吗？提高燃油税城市公交价格必然上涨，这样没有车的人们也要为油价上涨买单，所以这项政策不符合大多数人的利益。从而，这个解决方法被排除了。

七、蒙纳“五步构思法”

这种方法是由美国传播学教授艾伦·蒙纳丁1930年提出来的，常用在以鼓励人们采取行动为目的的说服性演讲中。其步骤依次是：

第一步，引起注意。演讲者要做的第一件事就是吸引听众的注意。

第二步，需要。假定演讲者已经完成第一步，那么下一步就是要让听众确信和演讲主题有关的某项政策必须改变。俗话说：不破不立。在这一步，演讲者不是要努力推行某种新东西，而是要描述现在通行的某种事物是根本错误的。演讲者通过描述现存事物的不合理性，激起听众的不满情绪，从而产生一种求变的内在欲望，所以，"需要"意味着一种求变的需要。

第三步，满足。这一步要求演讲者向听众提供特定的计划，以满足听众的求变需要，这是自然而然的一步。批评现状总比解决问题容易，我们可以抱怨油价过高，成本过高，但是仅仅抱怨并不能消除它。因此，演讲者在这一步的任务，不仅要向听众表明他有解决问题的答案，而且这种方法还是切实可行的。

许多演讲者都认为能完成这一步演讲就已经很成功了，但是，蒙纳又增加了两步以刺激人的行为动机。

第四步，形象化。仅仅告诉听众你的计划将要付诸实践是远远不够的，还要让他们"看到"他们能从中得到哪些益处。演讲者要把他的方案个性化，以便使每一个听众都能感觉到因为该方案的被采纳而获益。描述远景从而使听众感到利益唾手可得，就直接引出了下一步。

第五步，行动。这一步就是演讲者告诉听众，为了使这个计划付诸实践，他们每一个人应该做什么。

在蒙纳看来，呼唤每个人的个体责任非常重要，一句美国谚语非常简明地反映了他的思想：如果你不能提出办法，那么你本身就是问题。

XXL 模拟训练

（一）运用所学过的常见构思模式，为下述演讲设计构思。

（1）介绍你与同学们的一次郊游。

（2）向新入学的同学介绍你所就读的学校。

（二）阅读下面的材料，回答文后的问题。

布国香是郑州大学附中的一名女教师，谈到当前社会上随处可见的乱用繁体字、异体字、错字、别字等不规范用字现象，十分担忧与困惑。

她说，作为老师，我总是要求自己和学生在说话和用字问题上要格外认真、严谨、规范、典雅。然而，一些意想不到的事却总时不时地出现在我的教学实践中。学生作业中，时不时出现“有痔无恐”、“随寓而安”这样的谐音“成语”，当我批评他们时，他们反而理直气壮地脱口而出：“某某电视台的广告上就是这么说的。”

确实，翻开报纸杂志，各种用字、遣词、造句出错，标点符号乱点等硬伤不说，用典出笑话，表达不明，未经规范的外来词“哇噻”、“酷毙”、“帅呆”满天飞的情况，真是俯拾即是。借谐音乱用成语、常用语几乎成为商家广告词的主要修辞手段，例如把涂料说成是“好色之涂”，把冰箱说成是“制冷鲜锋”，宣传治咳嗽的药就说“咳不容缓”，宣传杀蚊的药将“默默无闻”写成“默默无蚊”。其他还有诸如“天尝地酒”、“盒情盒理”、“饮以为荣”等一大批成语仿制品相继出笼，商家的“精典11”，“经典”成了“精典”的词语乱用现象，都堂而皇之地随着各种宣传媒体向社会倾泻，给我们的社会语言教育，尤其是对在校学生的语言教育造成了相当程度的负面影响。

还有某些企业热衷于将店铺招牌、商品名称冠以洋名。有不少地方的旅馆取名“某某花园”，而旁边的英文却是“某某 hotel”，那么这里的“hotel”到底是旅馆还是花园呢？这样随意翻译和命名是不规范、不严肃的，而且在对外交往中也容易造成语言的混乱。

如照此一味发展下去，我们将如何弘扬我国民族语言的精华？如何普及与发展我国的共同语？我们真的到了要归还民族语言文字的原貌，还其规范的时候了。布国香老师大声疾呼：让我们赶快行动起来，从身边不规范用字查起，尽快“铲除”不规范用字，让不规范用字在我们的城市“无处藏身”！

1. 上面短文反映了什么主要问题？

2. 针对短文中反映出的主要问题，提出相应的对策。

3. 用“问题—方法”顺序法构思一篇演讲。

思考与练习

1. 文化的差异性对演讲构思有哪些影响？
2. 演讲构思中有哪些通用的原则？
3. 演讲构思方法最常用的有那几种？
4. 谈谈蒙纳的“五步构思法”，并用这种构思方法分析一篇演讲稿。

第九章　演讲的准备

古人说：凡事预则立，不预则废。精心准备的演讲，其效果肯定胜于随意而为的演讲。任何类型的演讲都有一个准备阶段，即兴演讲表面看是脱口而出，其实也有一个准备阶段，只是准备的时间比较短暂而已；拟稿演讲中，演讲者常常会写一份详细的演讲稿，但是撰写演讲稿仅仅是其准备工作的一部分。演讲准备工作要解决三个问题：讲什么？给谁讲？怎样讲？而且这三者之间是相互联系、相互制约的，写作讲稿仅仅解决了“讲什么”的问题，而其他问题还在讲稿之外，当然，“讲什么”也是决定演讲成败的关键问题。

由于演讲比其他的口头交往更为正式一些，因此只有充分的准备才可以消除令人不舒服的“演讲综合症”，例如舞台恐惧等。但是，演讲并不是准备工作的照本宣科，本杰明·迪士累利曾经说过：我们每次进行的演讲，其实包括了三个演讲文本，首先，我们计划如何进行这次演讲；其次，我们实际站在讲台上进行演讲；最后，当我们回到自己的座位上反思自己的演讲应该是什么情形。这三个演讲文本中，第三个是最完美的，然而为时已晚；第一个准备得最充分，然而用不上；第二个是观众看到的，然而有很多遗憾。

第一节　确定主题并进一步研究

主题是演讲的灵魂，任何一个演讲者在开口之前要思考的第一个问题就是自己准备说什么，这个思考的过程就是确定演讲的主题。

一、主题的来源

演讲主题的来源很多，但是，演讲主题应首先从我们的知识和经验中寻找。一个不能引起自己兴趣的主题也肯定不能引起听众的热情，这一点是毫无疑问的。当然，演讲的主题不一定总使我们感到快乐，但是对于一个我们既没有热情又一无所知的主题，要做好这场演讲是极端困难的。

演讲主题一般产生于以下几种情况：

（一）由别人来确定

在一些偶然的情况下，演讲主题由别人确定，如你的老师或者你的上级等，在这种情况下，演讲者个人没有任何选择权。比如你是一名消防队员，一天，你的上级领导派你为一些新来的消防战士讲解火灾现场救人的注意事项。这时，你首先会想到这是一场什么性质的演讲，你的工作就是：利用自己的知识迅速把你手头的材料形成一个有意义的顺序。同样，如果你被邀请为一个企业讲解防火知识，那么你的经验就是你的演讲资源。

对于这种指定性的演讲题目，我们可以使用自由联想的方法，从一个关键词开始展开联想，如我们可以把“人”作为一个关键词开始联想，这样可以使我们想到很多“人”：在学校里认识的“人”、历史上著名的“人”、和我们有亲戚关系的“人”、曾经是你的邻居的“人”等；我们也可以把“地方”作为关键词进行联想，我们可能想到：上海、自己小时候住过的村庄、见过的最长的街道、巴黎的埃菲尔铁塔、中国的长城等；此外，你可以任意找一个关键词如“故事”、“伤心”、“失望”等进行发散式联想。这种自由结合式的联想称为“头脑风暴”，运用这种方法，可以在多数情况下为自己提供无数可能的演讲主题。其实，这种联想的本质就是以一个关键词为线索，把自己的知识进行重新排列组合。这时，我们想到的还只是一个词或者一个概念，我们下一步的工作就是根据需要，排除一些没用的资料，把有用的关键词留下，再以此为中心重新寻找和组织材料。

（二）由自己来确定

在大多数情况下，演讲者对主题的确定有很大的选择权，这时演讲者有以下几个问题需要考虑：听众对这个主题感兴趣吗？这个主题与当时的气氛是否适合？如果你正在上一堂公开课，主持人要求你准备一个 10 分钟的演讲，为听众进行解释，那么，你的演讲不可能覆盖所有内容。没有经验的演讲者常犯的一个错误是，对自己的演讲主题太偏爱，总想在有限的时间内讲完自己准备的所有材料，所以，演讲者必须时刻问自己的一个问题是：听众感兴趣吗？

除了考虑上述两个问题外，演讲者还需要考虑选择的主题必须与自己所分配的时间是否相适应？所确定的主题是否适合听众？是否有足够的知识阐述这个主题？是否能充满热情地进行这次演讲？即使世界上最伟大的演讲家，也不可能对任何他想到的主题作精彩的演讲。所以，如果演讲者感到某个主题讲起来有困难，就应果断的放弃。聪明表现在明白自己不知道什么，而不是迷恋于感觉自己知道什么。只有讲解一个你充分了解而不仅仅是猜测的主题时，才能做到游刃有余。

二、提炼主题的一般原则和特殊原则

主题一旦确定，下一步的工作就是使之更加完善，考虑哪些适合演讲、哪些不适合演讲。例如你准备给一群来自新西兰的高中学生做一场演讲，并且你觉得讲解中国历史比较合适，但是，你发现在30分钟限定的时间里不可能讲完全部的中国历史，所以，你必须对自己的主题进行限制，以适应30分钟的演讲时间。这一对主题的“减肥”过程，在演讲开始之前必须完成，在这一“减肥”过程中应遵守以下这些一般原则和特殊原则。

（一）提炼主题的一般原则

一般原则是任何一个演讲都应该考虑的问题，一般包括三个方面的内容：

（1）信息。确定演讲者想通过这场演讲向听众传达什么信息，尤其在学校里做演讲，这是首先要考虑的问题。

（2）劝说。演讲是有目的的行为，任何演讲者都希望通过演讲对听众的思想有所影响，或者改变听众的思想观点，或者期望听众去做某事。应该注意的是，传播信息和说服听众这两个目的并不是泾渭分明的两块，一场演讲可以既有传播信息内容又有说服听众的目的。

（3）娱乐。演讲具有娱乐的目的，但这并不意味着有些演讲既不传播信息，也没有说服的目的。歌德说：哪里没有兴趣哪里就没有记忆。演讲中如果没有娱乐的成分，什么目的也不能达到。

信息、劝说、娱乐，这是所有演讲都具备的功能，也是我们提炼主题应坚持的原则。演讲是有意而为的工作，而不是突然发生的意外事件，因此，演讲者必须时刻提醒自己“我想干什么？”

（二）提炼主题的特殊原则

确定演讲主题的一般原则还不足以把主题“减肥”到适合演讲的程度，所以，下一步的工作是结合这场演讲的特殊情境，确定为主题“减肥”的特殊原则。我们还以前面谈到的给新西兰高中学生做演讲的例子说明，我们把一般原则确定为：以信息传播为主，即向学生讲一些有关中国历史的知识。然而，此时这个主题太宽泛，必须“减肥”，这是一个范围逐渐变窄的过程，如“中国历史——中国近现代史——上海的近现代史——上海的建筑史”等。如果这些学生正在上海旅游而演讲者想把演讲的范围确定为上海的历史，那么以下内容可以考虑：

我想让学生了解上海近几年建筑的发展情况。

我想告诉学生上海的证券交易所。

我想介绍上海的港区和码头。

上海如何成为世界上最大的城市之一的。

我们可以发现，上述任何一个问题都可以成为一个30分钟演讲的主题，并且任何一个主题都可以引起新西兰学生的兴趣，因为这些内容他们在旅游时曾经见过一些。作为演讲者必须选择其一，而不能面面俱到。如果你正好在港口工作，那么你可以选择做一场关于上海港区和码头的演讲。

提炼主题的特殊原则的意义是给了演讲者正确组织材料的线索，这样，一般原则和特殊原则的运用不仅缩小了演讲者的主题范围，而且为演讲者的演讲提供了指导方向。

三、进一步研究主题的方法

确定好了主题，仅仅是演讲准备的第一步工作，我们还必须为此准备更多的资料。如果说主题表明了我们的立场，那么我们需要这些材料来支持我们的立场，听众有时并不关心我们说什么，而是我们怎样说。我们可以从以下渠道获得这些资料：

一是向专家请教。最容易的演讲是，当我们明确了演讲主题之后，还有充分的时间就这个题目找专业人员求教，这样，我们的演讲就会更有说服力，更可信。由于我们的演讲仅仅是与某专业有关，而不是某种专业问题的演讲，所以，在就专业问题向专业人员请教之前，必须回答以下几个问题：（1）这些专业知识在演讲中占多大比重；（2）对专业知识应涉及什么程度；（3）听众对这些专业知识了解多少。

二是充分利用图书馆。图书馆是研究演讲主题的最好资源。我们既可以直接去图书馆，也可以登录图书馆的网页，因为现在大多数图书馆都已提供网上服务。

三是查阅相关报刊。报纸是研究流行问题的最好资源，在中国，报纸至少代表了主流观点，而且对人们的影响很大。把报纸作为研究资源的好处是容易拉近和听众的距离。而期刊不仅提供了一些专业知识，而且可以知道当前人们对自己所讲的主题有哪些观点，而且期刊的观点也是普通人士的观点，所以期刊同时也是了解听众思想的渠道。阅读期刊可以防止人云亦云，可以预先了解观众可能对我们进行反驳时的依据。

四是利用好辞书，比如百科全书或专业词典。它们的一个共同作用，就是防止在演讲中出现常识性错误。百科全书是最一般的参考工具，其内容非常广泛。对于我们所不了解的专业知识，最好先参考百科全书，因为百科全书提供了关于某一门学科的最一般的知识。对于日常生活中的演讲来说，百科全书是最好的参考工具了。当前最常见到的是《中国大百科全书》。词典也是我们日常生活中最常用的工具书，遗憾的是，人们往往把字典仅仅当成查“字”的工具书。演讲者在准备资料时，可以翻阅一些专业词典，如法律词典、医学词典、文学词典等，这类专业词典可以使我们掌握一些专业术语和相关词汇。另外，词典也记录了社会发展的过程，一个新词汇往往表明了生活中发生的一些变化，比如“下海”、“下岗”、“小资”、“打的”、“股民”、“非典”等，每一个词都包含着丰富的社会变革。

五是浏览相关的名人传记。如果你需要关于人的参考资料，那么传记是首选。有很多关于名人的分类传记：科学家、艺术家、电影明星、文学家等。名人传记对你的演讲有三个帮助：一是可以掌握某个人的生平、思想、成就等；二是名人的故事本身就是有很强说服力的资料；三是可以准确引用名人名言。名人名言在演讲中有很强的说服力，而且可以用简短的语言表明自己的观点，同时听众也容易理解和记忆。遗憾的是，这类关于中外历史名人的名言警句成了中学生的专利，以“中学生作文论据”的形式出版，成年人好像对此不屑一顾，视之为小儿科。作为演讲者，应该记住：名人名言绝对是“一句顶一万句”。

六是查阅相关的统计数据。用数字说话，在许多人眼里是极具说服力的证据，我们可以通过年鉴或者年度报告获得这些资料，当然，政府发布的统计资料是最有说服力的，我们可以到统计局的网站上查找。当前，政府对统计信息的发布工作并不尽如人意，时间滞后而且数量、项目少，一些民间研究机构的统计资料也有很好的参考价值。在使用统计资料时，应注明出处，以增强可信度。

七是查阅有关地图。如果你要介绍一个国家、一座城市或者一个乡村，那么地图是必不可少的。地图并不仅仅指我们日常生活中用的交通旅游图，还包括历史地图和专业地图。例如我们要介绍中国历史，如果把中国从唐宋明清直到民国以及现在的地图放到一起，其实就是一部非常形象的中国历史。使用地图说明问题的好处之一，就是能给听众留下深刻的印象。

八是网络搜索。有人说，世界上最大的图书馆没有管理员、没有目录，也没有阅览室，这就是互联网。自从互联网进入我们生活的25年来，使用网络的人数和网络上的资源成倍增加，每天甚至每一分钟都有新的网页出现在网上。在互联网上，我们输入任意一个单词都会有无穷无尽的相关信息摆在我们面前，我们的困难不是没有信息，而是信息太多了。在网络时代，一个人的能力不仅表现在能够获取信息，更重要的是能够辨别信息。

演讲者在为演讲准备资料时，下面几类网站应该经常光顾：①常用的搜索引擎，如GOOGLE、百度、YAHOO等。使用搜索引擎常见的问题是，当我们输入一个关键词时，打开的无数网页中，大部分是没用的，或者是早已经过期的。②重要的门户网站，如新浪、网易、SOHU等。我们可以从这里了解当下人们关心的热门话题，通过这里了解听众的兴趣点，拉近和听众的距离。③政府网站。政府上网已经是一个潮流，也是行政公开化、透明化的标志，通过政府网站获得的信息有一定的权威性和说服力。

XXL 模拟训练

（一）某著名大学经济学院举办了第一期企业经理人培训班，为了表达对这项工作的重视，该大学校长受邀在结业典礼上作演讲。校长要求办公室秘书小李准备一篇演讲的底稿，而且没有作任何交代，小李又害怕校长说他无能，所以不敢去问校长。假如你是秘书小李该怎样准备这篇底稿。

（二）请你对这个练习思考 3～4 分钟，挑选出所给因素中的三个，然后说明原因（也许有些因素是互相交叉。但这没有什么关系，因为它可能更加着重于某个方面）。

有些人在考虑不同群体互相仇恨与斗争的问题。你认为下列领域中哪三个作为焦点最有用？为什么？

（1）他们现在互相之间都不喜欢对方；

（2）他们居住的地区；

（3）历史背景；

（4）团体间的贫富差距；

（5）不同的信仰和文化；

（6）真实存在的不公平；

（7）相关的领导人；

（8）互相之间的神秘感。

第二节　听众分析

听众分析是演讲准备工作的重要一环。俗话说：看菜下饭，量体裁衣。在演讲中，“菜”和“体”就是听众。如果不了解听众，演讲则缺乏针对性，材料的准备也就没有了方向，所以，了解听众、明白给什么人做演讲是演讲者最基础的准备工作。

在演讲开始之前，听众都有一个心理预期，即听众对这次演讲的期望值，也就是听众希望通过这次演讲得到什么。这个心理预期来源于听众听这次演讲之前大脑中已有的知识储备，这些知识储备是听众特有的经历、教育等个性因素综合作用的结果。例如，对于同一场关于“三农”问题的演讲，乡镇干部和经济系的大学生就有不同的心理预期。听众分析的任务就是了解听众的经历、教育等个性因素，以及由这些个性因素形成的知识储备的可能形态，进而明了听众对这场即将举行的演讲有什么期待。通过了解听众的心理预期，拉近和听众的心理距离，从而可以引导听众认可自己的观点。

一、听众的特征

所谓听众，是指在一个封闭的环境（如影院、礼堂、教室等）中欣赏演讲的人或者特定场合的特定人群（如采访的记者群、游行队伍、机场上的欢迎人群等）。当然，对于听众来说，它不仅仅是在“听”演讲，也能看到演讲者的举止、表情等外观形象。

没有经验的演讲者常犯的一个错误是，他们总是假定自己给特定人做的演讲同样适合给所有的人听，这只是想当然的一厢情愿。演讲需要有特定的听众，任何一场有影响的演讲都是特地为特定的听众精心制作的。演讲者有演讲者的动机，听众也有自己的动机，这个动机就是自己的需要。听众来听这场演讲的根本原因只有一个：他们觉得这场演讲契合他们的想法和实际需要。比如同学们阅读这本书，是因为想成为一位有影响的演说家，或者是想在考试时得高分，因为你发现在生活中成功的那些人都是善于和别人进行沟通，并有影响别人的能力的人，表现在行为上就是认真学习这本书。因此，好恶倾向、思想观念、价值体系这三点构成了支持人的外部行为的精神元素。

（一）好恶倾向

每个人都有自己的好恶倾向，产生这种好恶倾向的原因，有时候连当事者本人也解释不清楚。这种倾向可能指向人、事物或者某种政策。人类的好多看似重大的行为、举动其实有可能产生于这种说不清的好恶倾向。如果你喜欢中国的太空计划，那么你就可能支持扩大这一计划的政策、措施；如果你喜欢吃鱼，那么你就可能支持一项帮助渔民的法律；如果你反对死刑，那么你就可能发表演讲公开指责这项政策或者依然执行死刑的政府。当然，有很多人们喜欢或者不喜欢的观点，但是有一点作为演讲者必须记住：绝对不要试图改变听众的好恶倾向，好恶只有不同没有对错。如果你的听众喜欢草莓冰淇淋，那么最好不要说服他们品尝一下巧克力冰淇淋。

（二）思想观念

思想观念也是是非观念，它是关于自己周围的社会“对”或“错”的一种思想状态，从更深层的意义上说，思想观念构成了好恶倾向的逻辑基础。如果你认为不管什么情况下剥夺别人的生命都是错误的，那么这一思想观念必然导致你反对死刑。如果你认为科学研究对于提高国家的声望和地位非常重要，而且太空旅行在将来必然成为现实，或者在科学研究上的投资也有利于中国的经济发展，那么这些认识就成为你支持进一步发展太空漫步计划的思想基础。好恶倾向虽然植根于我们的情感深处，但思想观念是以概念的形式表现出来的。

（三）价值体系

价值体系是在一定的社会生产方式的制约下由价值观念所构建的体系。它作为对一定社会生产方式内在反映的精神力量，笼罩着整个社会生活，主导和制约着人们追求和实现生命价值的社会意识和社会行为。就个人而言，价值观是从约束我们行为的社会方式中获得的，它表现为精神上的价值追求和现实的生活模式；价值体系是人们所受的教育、生活其中的文化特性以及和别人的交互行为等因素多年积聚的结果。

价值观是人的好恶判断和是非观念的基础，一个演讲者要想取得成功，了解听众的好恶观、是非观、价值观非常重要，尤其是演讲者试图改变听众的思想时，这一点显得尤其重要。如果你能让听众相信，他们自己提出的观点和主张与他们自己的价值观是不一致的，而且接受了你的主张就能达到一致，那么你的说服任务就很容易完成了。

那么，演讲者怎样才能了解听众深层的思想动机呢？当然，如果你作为老师给学生上课，了解学生并不困难，因为你能经常听到学生的声音。只要人们经常在你面前讲话，你就能了解这些人的好恶观、是非观、价值观。这一点不管是上课或者给熟悉的听众作演讲都是一样的，因为人对不同事物的不同观点之间具有内在的一致性。但是，如果听众是由我们不熟悉甚至一无所知的人组成时，我们怎样了解他们呢？如果我们在另外一个城市、另外一个省份或者另外一个国家作演讲时，我们该怎样了解听众呢？我们必须做另外的工作，以确定我们的演讲是否在沿着正确的方向进行。

二、听众的人口统计学分析

人口统计学分析首先要获得关于听众的最基本的统计资料。所有的听众都是不一样的，但是，作为演讲者不可能了解到每一个听众，所以我们的目标只能是了解大部分、有一定的代表性的听众数量。在分析听众的过程中，演讲者必须记住一句话：所有的归纳总结都会有例外。所以我们在使用全称性的概括时必须小心，尽量不使用“所有的……”、“都……”之类的字眼，以免给人以武断的印象。在我们演讲中经常见到这样的话：“中国人都……”、“中国文化……”，这都是不负责任的臆断，我们应该尽量避免。越是武断的结论，越表现了人知识的浅薄。所以，我们有必要了解听众人口统计学方面的特征，以避免我们的演讲引起不必要的听众反感。

（一）年龄

不同年龄的人群有不同的兴趣、价值观以及不同的生活经验，这就要求演讲者确定不同的演讲主题，以适应听众的欣赏趣味和口味。丘吉尔曾经说："如果你年轻而不激进，那么说明你没有热情；如果你年老而没有保守，说明你没有思想。"如果我们提前知道听众大部分是老年人还是年轻人，那么我们先给自己提出下面几个问题：这个主题能引起他们的兴趣吗？举什么样的例子他们比较熟悉？什么类型的呼吁和讨论能引起回应？对他们这样的年龄有哪些事情可以忽略？你可以和年轻人讨论超级女声，可以和老年人讨论社会保障问题，这样就能引起共鸣，相反就困难了。不同年龄阶段的人们关心不同的社会问题，只有讨论他们关心的或者和他们的生活有关系的问题才能吸引他们。对于演讲者来说，最担心的不是听众反对你的观点，而是没有人理会你，那才是最大的悲哀。

（二）性别

男人和女人有不同的兴趣点和关心的问题，这是不容置疑的。比如对于政治问题，男人可能比较感兴趣，因为大多数男人有政治野心；而对于子女教育问题，女人可能感兴趣，因为多数女人比较关心家庭。性别差异也是文化差异的结果，好的演讲者必须注意这一重要事实。比如在美国，女人比男人更关注健康和教育领域，而男人则倾向认为，军事国防才是最大的政治问题。在亚洲和阿拉伯国家，男人一般在家庭中处于主导地位，家庭的重大决策一般都由男人作出。当然，这种区别并不意味着适合所有国家的所有男人和女人。作为演讲者，至少应该对听众的性别特征有一个基本判断。

（三）教育

教育和智力是演讲者应该重点考虑的两个听众特征，不要误以为这两个特征是可以互换的，有很多人虽然没有受过良好的正规教育，但是非常聪明；同样也有很多人受的教育很多，但是依然很愚蠢，并没有记住他们所学的知识。听众所受的教育决定了演讲者演讲时的语言风格和讨论问题的深度，你不可能高于所有听众的智力水平，但是也不应该低于他们。一个大学教授面对另一群大学教授讲演时，他尽可以使用最文雅、最复杂的语言来说明问题，因为他们使用共同的语言和共同的讨论问题的方式。"看菜下饭，量体裁衣"，这句俗话是很有道理的。了解听众的受教育程度和智力水平，还可以避免演讲者在开口讲话之前听众就已经知道的尴尬。另外，演讲者如果了解听众的教育和知识水平，它可以确定什么样的主题是听众最感兴趣的。哲学或者一些抽象的主题适合那些受过良好教育，并且有逻辑思维训练的听众。比如下面这个推理的例子：因为所有的鱼都会游泳，一些人也会游泳，所以，这些人是鱼。谁也知道这是一个谬论，只有那些有逻辑知识的人才能解释为什么这个结论是错的，普通人只能通过经验去感知。听众受的教育越多，演讲者需要做的准备工作也就越多。受教育少的听众在准备接受你的观点时，提出的批评一般少于受教育多的听众。你所接受的提问多数来源于那些受教育多的听众，而不是那些被信息埋没的受教育少的听众。

（四）收入和职业

如果听众从事同一个行业里的同样的工作，或者处于同样的经济水平，那么这同样影响演讲者的事前准备工作。农民倾向于关心同样的事情，如天气、谷物价格、养殖成本以及饲料价格等，并且易于形成共同的信念，所以，讨论这些对农民有直接影响的话题，比讨论关于北京市交通拥挤状况或者现代工业的需求更能打动农民。这并不意味着农民就不关心北京打工者的困难生活，毕竟，他们的儿子或者女儿就可能生活在北京。但是，这并不意味着听众所具备的共同特性必定归因于他们共同的工作性质或同样的生活水平，穷人也不一定除了自己的生活必需品外，对其他漠不关心。穷人和穷人、富人和富人也有很大的区别，穷人和富人之间也可以找到共同的话题，这一点演讲者必须注意。人们的兴趣以及关心的话题和他们的职业以及收入水平有关，但他们的职业以及收入水平并不是惟一的决定因素，聪明的演讲者应该考虑到这一点。

（五）宗教

并非所有的人都有“宗教”信仰，但是每个人肯定有自己的信仰。如果演讲者能够了解到听众属于何种特定的宗教信仰，那么这些因素对演讲者有很大的导向作用。宗教信仰首先意味着，在人的精神世界里存在着某种崇高的、不可冒犯的存在物或者道德原则。演讲者必须尊重听众的这种信仰，至少不能冒犯和亵渎，这里没有任何讨价还价的余地，因为信仰问题是知识和逻辑所不能解释的。了解听众的宗教信仰。这是与听众沟通的前提，而良好的沟通是演讲取得成功的第一步。

演讲者还应该注意，宗教在人们的价值体系中起着重要的作用。例如，不管是罗马天主教还是正统的犹太教都反对堕胎，因为他们认为剥夺一个人的生命是错误的。当然，这只是笼统地概括，并不意味着能适用于每一个个体。并不是所有的天主教徒都反对生育控制，虽然这是教皇、红衣主教、主教等的正式观点。并不是所有的犹太教徒都遵守《圣经》关于饮食的禁止性规定，一些犹太教徒也愿意吃甲壳类动物、猪肉和火腿肉。虽然如此，演讲者应该对听众的价值观有起码的尊重和理解，演讲者的责任是说服他的听众，而不是冒犯或者伤害他们的尊严。

（六）观点

即听众对演讲者以及演讲内容的看法。在演讲开始之前，演讲者应该问自己这样几个问题：观众了解自己吗？他们欣赏自己还是讨厌自己？他们倾向于同意还是反对自己的讲演？凡是想收听收看某人的演讲的听众，都会从各种渠道了解到演讲以及演讲人的一些情况，从而对演讲人和他的演讲形成一种“成见”，这种成见对演讲者信息的传播有很大的积极或消极影响。如果你给一群退休人员作演讲，而且你想告诉他们由于政府财政困难他们的退休金可能减少，你不要期望听众会欣赏你的观点。演讲者对听众的情况了解越多，他的观点被听众接受起来就越容易，虽然分析听众不是演讲成功的保证，但是它确实能为演讲带来很大的方便。

（七）社会关系

亚里士多德说过：人是一个社会动物。我们都不是过一种隐居的生活，总要和周围的人建立各种关系。我们从与我们相似的人的交往中，寻找舒适，这些人和我们拥有共同的价值，共同的利益，说着同样的语言，并且生活在同一个环境中。如果演讲者能够事先确定他的听众属于什么样的社会群体，那么它能够很容易地确定什么样的主题和这些人的关系最密切。如果你知道很多听众属于环保主义者，或者他们的朋友是动物保护主义者，那么讨论一些关于大熊猫保护的演讲可能吸引听众。

知道了这些因素对演讲有很大的帮助，你或许感到疑惑：那么怎样才能获得这些信息呢？有很多方法可以获得这些材料，一般情况下，主办者在邀请你演讲的时候会透露一些信息，但是为了考虑周到，一个聪明的演讲者在面对邀请的时候会主动问一些问题：如听众的教育水平、年龄、性别、职业以及社会背景。

MNL 模拟训练

某大学85级学生在母校举办毕业20周年聚会，经过20年同学们变化很大，甚至还有两个人已离开了人世，聚会的组织者也是这个班以前的班长邀请校长（曾经是他们的班主任）参加并作一次演讲，假如你就是校长，你认为应该做哪些准备工作？这次演讲应该坚持什么样的原则？

第三节　情境分析

除了对听众进行人口学分析外，演讲者还应该评价演讲的时机、环境等因素，以便更好地作准备。情境分析包括几个重要的方面，每一个方面的作用都很明显，以至于演讲者经常强调一个方面（甚至是远不能决定演讲成功的方面），而忽略了其他方面，即使有经验的演讲者也常常这样。最好的办法是，每次演讲之前都列一个相关因素的清单，再根据演讲的需要进行调整。

一、听众人数

我们不仅了解坐在我们面前的听众是哪类人，更要了解听众的数量有多少。一般的原则是，听众的人数越多，演讲就越正式；人数越少，演讲就越不正式。听众的数量首先决定演讲者是否需要麦克风，有时是否使用麦克风是演讲者的个人兴趣，但是，麦克风在给声音较低的演讲者带来益处的同时，也束缚了演讲者的舞台动作，这对于擅长使用手势等身体动作来表情达意的演讲者来说是一个遗憾。听众数量少时，比如 20 人或者更少，就可以围坐在一张桌子周围。人数少、不正式的演讲，其难度并不小于人数多、正式的演讲。听众在人数少时比人数多时更易于提问，人数少会给听众一个谈话（而不是演讲）的感觉，他不用提高声音就可以提出问题。人数多时，由于听众担心自己的问题可能被别人认为太愚蠢，而不敢提问。总之，听众人数的多少会直接影响演讲者的演讲准备工作。

二、演讲地点

演讲在什么地方举行很重要，如果在室外举行演讲，听众可能被迫站着听演讲，在这种情况下，最好不要准备过长的演讲，以避免令人厌倦。当然，在多数情况下都是在室内举行演讲。一个聪明的演讲者都要提前检查场地的情况，尤其在使用直观教具的情况下更应如此。了解演讲地点还有一个重要的意义，事先知道了场地，可以找到自己的位置，这样在演练演讲稿时，可以更形象一些。

三、时间问题

时间问题对演讲也非常重要。时间表现在演讲上包括几个方面：首先，演讲过程持续多长时间，这是最表面的问题。世界上的所有听众，即使那些最不愿意抛弃演讲者的着了迷的听众，对演讲的时间都有一个容忍限度。学校里每节课都有固定的时间，或者一个小时或者50分钟，休息10分钟之后再开始另一节课。在任何情况下，演讲者都应该清楚这场演讲应该持续多长时间，演讲者可以根据时间的长短，设计出可以在有限的时间内能够阐述清楚的主题。演讲在什么时间举行，这是演讲者要考虑的另外一个重要问题。例如，在一天的哪一段时间举行，当然，如果在早晨举行演讲者就得感谢听众早早来听演讲了。如果演讲被安排在晚上，演讲者最好不要把时间拖得太长。时间概念的另一方面，是指演讲在每个礼拜的哪一天甚至一年中的哪一个月举行。每个礼拜的第一个工作日或者假期后的第一天，听众的注意力还集中在他们在休闲时候所做的工作，然而，一个礼拜的最后一天又意味着听众有可能盘算着周末该做什么，从而很难被吸引到演讲的主题上来。时间问题是一个很有意思的问题，聪明的演讲者不仅考虑到每一分钟，也要考虑到哪一小时、哪一天、哪个礼拜甚至哪个月份。

四、时机

演讲因为什么原因举行，我们称之为演讲时机。听众为什么聚在这里听演讲？是宴会吗？是在婚礼上做一场演讲吗？是在葬礼上做演讲吗？是你所在的某个组织要求你做一场演讲吗？如果你是一位学者，是某个学术组织邀请你出席并做演讲吗？是你的同事退休请你做演讲对他进行表彰吗？你想劝说听众购买你公司的产品吗？是在假期吗？等等。当然这个清单并不能解释所有的演讲举行的理由，人们举行演讲的理由是无穷无尽的。一般情况下，特定的时机要求特定的演讲类型。在国庆日我们举行聚会，不但庆祝国家的过去，更要积极地展望祖国的未来。有些情况下，我们应该是欢快的，有些情况下我们应该是沉思的，不管演讲举行的理由是什么，演讲者应该明了听众对这件事的期望效果是什么，然后尽力去适应这种期望。

XXL 模拟训练

某中学举行高中三年级全体学生大会，因为还有整整两个月就要高考了，同学们都在拼命地复习功课，学校想让毕业班教师给学生们讲讲考前复习的注意事项，等所有教师讲完后，已经11点半了，大会主持人想让校长“讲几句”。根据当时的情景，假如你是校长认为这次演讲应该把握哪些原则？并设计好开头的100个字。

第四节　精神准备

一场演讲要想成功，除了有合适的主题、丰富的材料和相关信息之外，还要有良好的精神状态。如果在思想上、心理上、态度上没有足够的准备，其他的准备可能都会付诸东流。

一、树立舞台意识

身体没有登上舞台时，思想先登上舞台。舞台意识的一种明显特征是具备强烈的表现欲。在演讲之前，演讲者对于自己演讲的意义要有充分的认识，必须从思想上真正认为自己的演讲很重要、很新颖，这样才能树立信心，当进入演讲环境时，就会形成较强的心理定势。形成这种较强心理定势的因素有很多，包括演讲材料准备充分、演讲者对内容熟悉等，但是重要的一点是对自己要信任，甚至要达到一种“目中无人”的精神状态。

二、去掉侥幸心理

俗话说：台上一分钟，台下十年功。优秀的演讲都是精心准备的结果，都需要付出巨大的心血和劳动，不能寄希望于偶然产生的灵感。从产生动机、选取材料、组织材料到走上讲台、发表见解，几乎每个环节都必须认真对待。即使对演讲稿已经烂熟于心，也不能马虎随便。林肯的《葛底斯堡烈士墓落成典礼上的演说》总共只有十句话，但林肯却准备了两个星期，甚至连马背上的时间也不放过。直到演讲前夕的后半夜，他还在斟酌演讲的内容，并到秘书希沃德的房间高声试讲，征求意见。第二天早饭后，他仍然继续斟酌；参加典礼的路上，他还抓紧最后的时刻思索、温习那仅有的，然而却是永放光彩的十句话。我们可以设想，作为总统、著名的演讲家林肯即使即席演讲，也可产生一篇漂亮的演讲，但其他的演讲词绝对不会像这篇演讲词这样轰动全国，饮誉世界。

三、建立自信心

演讲时，演讲者常常因为不适应环境而产生畏惧心理，这种舞台恐惧感产生的原因主要是自卑感太强，平日养成了谨小慎微的习惯，或者准备不足，心中无底，顾虑重重，怕忘记讲稿，怕遇见强者，等等。要演讲成功，必须克服怯场情绪，树立自信心。自信心就是个体对自己认识活动和实践活动的结果抱有成功把握的一种预测反映，是一种推断性的心理过程，是演讲者重要的心理支柱。自信心可以强化自己的意志，可以充分发挥自己的创造性，在复杂的或者遭受挫折的情况下，保持头脑清醒，随机应变。

四、熟记讲稿

这里的熟记讲稿，并不仅仅涉及拟稿演讲，其实任何一种演讲都有自己的“底稿”，虽然拟稿演讲中的稿件比较典型。只有熟记讲稿才能胸有成竹、从容镇静、侃侃而谈，才能和听众进行有效的交流，才能充分利用各种反馈手段有效的调整整个演讲会场的气氛。

熟记讲稿的办法很多，大体上有以下几种：

一是以意领先，提纲挈领。这种方法是从意义入手，把握中心思想，了解各部分的内在逻辑关系，既了解了内容又把握了结构，在理解的基础上进行记忆。这样，便能快速、准确、高效地记住内容。习惯进行逻辑思维和理论思考的人在做理论性较强的演讲时，常采用这种方法记忆。

二是从情入手，以情带理。这种方法要求演讲者在熟悉讲稿时就要进入角色，在什么地方表现什么样的情感，使讲稿内容和感情方式建立起稳定的一一对应的关系，这样可以使讲稿内容和感情方式相互促进，达到记忆深刻的效果。一般来说，平时感情丰富的人在做感情色彩浓厚的演讲时，常用这种从情入手、以情带理的方式进行记忆。

三是寻找关键词，用关键词提醒自己。例如下面这段话：“青年朋友们，我们肩负着历史的重托。是千里马，就应嘶风长鸣；是龙种，就应该飞腾起舞。当今世界有着千变万化的流行色，我们要争当出头鸟，竞做弄潮儿，把我们的青年、热血、大智大勇，自觉投入新时代的大熔炉里去，为中华民族的第三次腾飞发光发热吧！”这段话里，我们只要依次记住“青年”、“肩负重托”、“千里马”、“流行色”、“出头鸟”、“弄潮儿”、“大熔炉”和“自尊、自信、自强、自立”这些关键词，就可以把整段话串起来。

四是高声朗诵记忆法。高声朗诵对熟悉和记忆演讲稿十分有效，其原因在于，朗诵发出声音这个主动动作和双耳听到声音这个被动动作同时进行，能使视觉器官和视听器官同时活动，增强了对大脑的刺激效果。另外，高声朗诵还可以排除其他杂念对大脑的干扰，使思维及相关器官高度紧张、集中，使人能专心致志的记忆，同时也使演讲得到事先的训练，更有利于演讲时语言流畅顺溜。

五是机械记忆。这是最后一种方法，其实也是基本的一种方法。对于材料性比较强的演讲稿，例如数字很多，机械记忆也是很重要的办法，因为机械记忆的长处是记忆比较准确。

演讲前熟记讲稿固然重要，但要防止把演讲变成背诵讲稿。

五、反复试讲

试讲是演讲准备的重要环节，就像戏剧的彩排。通过试讲，不仅可以较全面透彻地了解自己的演讲风格和演讲水平，同时也可以发现自己演讲中可能出现的疏漏，以便及时采取相应的措施，还可以进一步加深和巩固演讲的内容，使自己的演讲更顺畅、纯熟、优美、动人。试讲的过程，就是演讲者把自己记熟的内容外化的过程，使谙熟于心的无声的东西变成抑扬顿挫的有声语流，是对演讲稿进行实践修订的过程。

MNXL 模拟训练

假如你去参加3分钟的演讲比赛，每个人现场抽题目，每个人可以准备10分钟，不能查资料，不能向别人谈论自己的题目，你抽到的题目只有一个字："水"。请用7分钟时间完成下面几件事：①确定演讲的主题；②列出简单提纲；③证据资料；④简要的观众分析；⑤期望的效果。剩余的3分钟，你还准备做什么？

思考与练习

1. 演讲主题有几种来源？
2. 提炼主题要坚持哪些原则？
3. 简述提炼主题的过程？
4. 对主题进一步研究的方法有哪些？
5. 什么叫听众？
6. 分析听众时，要了解听众的哪些特征？
7. 分析听众要掌握听众的哪些信息？
8. 演讲情境包括哪些因素？
9. 了解林肯的生平思想、美国南北战争以及林肯葛底斯堡演讲的相关材料，分析情境对该篇演讲的影响。
10. 精神准备包括哪几个方面？
11. 以自己的经历说说演讲前精神准备的重要性。

第十章　演讲内容组织技巧

既要演讲，就不能随便说说，而要有所准备，事先对演讲内容进行有效组织。只有这样，整个演讲才会主题突出，脉络清楚，层次分明，中心突出，逻辑性强。本章主要从结构、论证、表达三个方面进行有针对性的训练。

第一节　结构技巧训练

所谓结构，简单地说就是演讲内容的组织与构造。它是演讲表达的一个重要方面，因此，历来备受演说家们的重视。

一、结构的原则

一般来说，演讲的结构要正确地反映客观事物的发展规律和内在联系，这是演讲结构的一个基本原则。毛泽东曾经说过，文章是客观事物的反映，而客观事物本身是有其内在联系即固有规律的。其实不仅文章如此，演讲也是如此。演讲结构是演讲者思路的体现，我们对事物的内部条理性认识得越清晰，反映在演讲中就越有层次性。不同类型的演讲，其安排结构的方式是不同的。比如，介绍性演讲一般应由开端、发展、高潮、结局几个部分组成；而议论性演讲，不管是立论还是驳论，则由发现问题、提出问题、分析问题、解决问题几个部分组成。这与人们对事物内部规律的认识是相符合的。

演讲的结构应服从和服务于演讲主旨的需要，这是演讲结构的核心原则。既然演讲并不是随便说说，而是希望向听众传达某种信息或阐明演讲者的某种观点，那么，就必须分清主次、分清轻重缓急，哪些对于主旨表达有益、哪些是听众最感兴趣的内容、哪些是问题的关键，演讲者必须了然于心。因为这个主旨是整个演讲的“纲”，不论由这个“纲”演绎出多少个层次，形成多么复杂的格局，也都必须以“纲”统“目”，只有这样，才能使整个演讲严整、统一。离开了表现主旨的需要，所谓轻重、缓急、大小、远近、详略也就都失去了依据。

当然，演讲不同于写文章，它的结构方式多种多样，千变万化，但其选用的标准、原则只有一个，那就是为主旨服务。

二、结构的具体内容

演讲的结构并没有固定的形式，但有一些具体内容，如层次、段落、过渡、照应、开头、结尾等，是每个演讲必须具备的，而且是有章可循的。

（一）层次与段落

层次和段落共同体现着演讲者对全局与局部、观点与材料所作的大的布局和安排。层次是指演讲内容的表现次序，它是事物发展的阶段性、客观矛盾的各个侧面、人们认识和表达问题的思维进程在演讲中的反映。段落是层次的外部标志，是构成整个演讲的基本单位，是演讲内容在表达时由于转折、强调、间歇等情况所形成的文字停顿。层次清楚、段落分明是对演讲结构的最基本要求。因为听演讲不同于人们看文章，没有听懂或者没有看明白，可以返回去重新再看，直到看明白为止。演讲主要是讲给人们听的，瞬间即失，而且演讲一般都有时间限制，不允许演讲者就某一问题进行无意义的重复。因此，演讲的层次性要求更高。

一般来说，以叙事为主的演讲，其层次的划分有五种：以时间的推移为顺序来安排层次；以空间的变换为标志来安排层次；以时间为“经”，以空间为“纬”，采用“纵横交叉”的方式来安排层次；以材料的性质分类来安排层次；以演讲者认识发展的顺序来安排层次。以议论为主的演讲，其层次的划分一般有三种方式：并列式、递进式、分总式。

（二）过渡和照应

有没有恰当的过渡与巧妙的照应，是出色的讲演和平庸的发言之间的区别所在。

过渡是指上下文之间的衔接、转换。一个完整的演讲，如果没有过渡，演讲内容就会断裂、就不畅通，线索也不分明。因此，在下列情况下需要过渡：一是论述问题由总到分或由分到总的开合关键处；二是演讲内容由一层意思转换为另一层意思时；三是叙述与议论、顺叙与插叙、状景与抒情等相转换处。过渡的方式比较灵活，可以用序号来表示，也可以用一些常用的转换词语，如：以下、如上、总之、为此、对此、但是、不过、另外、有的、同时、还有、此外、凡是、所有等等，这些词语既表明起承转合时的衔接和转换，也反映着行文关系和事物的发展脉络。总之，过渡对于演讲非常重要，演讲中如果缺少过渡，就会使人感到思路跳跃，杂乱无章，就会大大地损害表达效果。

照应也叫伏应，是指演讲内容的前后关照、呼应。前有伏笔则后必有照应。若伏笔于前而后无照应，就会使人感到有呼无应，交代没有着落；反之，前无伏笔而后忽然有照应，就会使人感到莫名其妙，多此一举。常见的照应方式有：开头与结尾照应；内容的前后照应；演讲内容与演讲题目的照应。

（三）开头与结尾

开头与结尾都是文章的有机组成部分，更是演讲必不可少的内容。由于它们在演讲中所处的部位重要而且显著，因而就具有特殊的功用。

马克思在《资本论》一书“序言”中说，万事开头难。演讲的开头同样如此。其原因大致有四：一是开头虽短，但它必须是全篇演讲的一个有机组成部分，而这个“部分”，又必须成为其他部分最自然、最恰当的“序幕”；二是开头的基本任务，就在于切题，疏通错杂纷繁的材料的头绪，拓展演讲者的思路，理清和抓住事物发展的内在脉络；三是开头的功能是“定调子”，好比唱歌，如果一张口调子太高，容易底气不足，唱不上去；调子太低，又放不开嗓子，发挥不出水平。因此，取什么调子，是轻快的还是严肃的？呈什么风格，是朴素的还是华美的？一开始就要定下来。如果开头所定的调子与整篇演讲实际需要的调子不相称，后面就很难吸引听众。四是镇场，听众并不是都能够认真听你演讲的，当你走上演讲台，面对台下混乱的听众开始演讲，如果没有一个好的开场白，就很难达到控制听众情绪的目的。

同开头一样，结尾也是演讲能否成功的关键。好的演讲的终点，也是思维的起点，正如苏东坡所说，要做到“言有尽而意无穷”。而那些平淡的结尾，则有可能使千尺之仞，功亏一篑。

三、开头的技巧

演讲的开头，也叫开场白。高尔基说：“开头第一句是最困难的。它好像在音乐里给了全篇作品以音调，往往费很长时间才能找到它。”有关科学研究成果表明，演讲开始的30秒到2分钟，是吸引听众的最佳时机。它一方面可以提高听众的兴趣，捕捉听众的注意力，营造气氛，使听众与你一致，另一方面，你可以简述演讲的目的和要点，借以稳定自己的情绪，增强演讲的信心。总之，你要想方设法博得听众的好感。

（一）自问自答，引导听众思考

在开头向公众提几个问题，请听众共同思考，可以立即引导听众进入共同的思维空间。提出问题之后，再把自己的意见讲出来，自然可以使听众格外留神地把你的话听下去。例如1854年7月4日，美国纽约的罗彻斯特市举行国庆节庆祝大会，著名的废奴主义者道格拉斯在会上发表了批判种族主义的演说，他就是用提问式开始的。

“公民们，请原谅，让我来提出一个问题，为什么今天请我到这里来发表演说？对于你们的国家独立日，我有什么好处？跟我又有什么关系？难道

《独立宣言》载明的政治自由和自由平等原则，也适用于我们吗？因此，是不是请我来把我们的劣等民族送上民族的祭坛，以及为了从你们的独立而导致我们独立的幸福，请我来承认得到裨益并表达衷心的感谢呢？”

在一番提问之后，他开始揭露美国还存在着种族歧视的黑暗制度，用无可辩驳的事实和科学根据驳倒了硬说黑人不属于人种的谬论。

（二）设置悬念，引起听众的好奇

人生性就有好奇心，对于一些超出自己想像之外的事物，都有特别强烈的求知欲。因此，针对听众的这种心理，在演讲的开场白中设置一些悬念，会格外吸引人。请看下面这段演说：

“在140年前，伦敦出版了一本被公认为不朽的小说，很多人都叫它为‘全球最伟大的一本小说’。当小说出版之时，市民在街头巷尾与朋友见面，都要彼此问一声：‘你读过这本书吗？’答案几乎都是‘是的，我已读过了。’这本书出版的第一天，便销售了一千本，两周内销售了一万五千本。以后再版了不知多少次，世界各国都有了译本。几年前，银行家摩根以连城的价值，买到了这本书的手稿，现在这本书的原稿陈列在纽约市的美术馆。”

这样的开场白，一开始就引起听众的注意，而且将听众的兴趣逐步增强，在听众急不可耐的时候，演说者才点破谜底：这部世界名著是什么呢？就是狄更斯19世纪40年代写的《圣诞欢歌》。

（三）即景生情，活跃会场气氛

有时候，当你满怀信心走向演讲台的时候，发现会场发生了一些意外的情况。面对这种情况，不妨大胆地根据此情此景临时拟一段即兴的开头。这样，演说者的讲话与现场气氛紧密联系在一起，能引起听众强烈的共鸣。例如，1935年3月7日，高尔基应邀在苏联作协理事会第二次全体会议上讲话，当代表们听到高尔基的名字时，长时间热烈地鼓掌与欢呼，高尔基取消了原来的开场白，即兴开始他的讲话：“如果把花在鼓掌上面的全部时间计算起来，时间就浪费得太多了。”

这时，台下响起一片笑声。这个开头，既对现场的情况自然地作了评价，使大家倍感亲切，同时也表现了高尔基的谦逊和幽默，从而更加吸引听众。

（四）开宗明义，将听众带入规定情境

开宗明义的技巧是许多演讲家都喜欢使用的，这种技巧，要求在演讲开头，先对演讲的主题、缘由甚至演讲的题目开始，然后顺水推舟，自然而然地展开。恩格斯的《在马克思墓前的讲话》，起初的草稿是从马克思夫人的逝世说起，进而才进入自己的题目。在客观和冷静的叙述中，难于将听众迅速地引领入规定的情景。因此，恩格斯对此进行了认真的修改。在后来的定稿中，他采用单刀直入的入题方法。

“3 月 14 日下午两点三刻，当代最伟大的思想家停止了思想。让他一个人在屋里总共不过两分钟，等我们再进去的时候，便发现他在安乐椅上静静地睡着了，但已经是永远地睡着了。这个人的逝世对欧美战斗着的无产阶级、对于历史科学，都是不可估量的损失。这位巨人逝世以后形成的空白，在不久的将来就会使人感觉到。”

这样就迅速将听众引入到沉痛和肃然的既定情境之中，比原稿那种缓慢的节奏强出许多。

（五）回忆往事，拉近与听众的距离

演讲者与听众能够迅速发生密切的关系，是演讲成功的一个秘诀。而一个重要的途径，就是善于抓住听众当时的心理。例如美国当代新闻学教授詹姆斯·阿伦森到我国给新闻界的同行讲学，他是这样开头的：

“我知道不少有名望的来访者曾给你们中国新闻工作者中的许多人讲过课，并对你们工作中的过错提出了指教。他们讲的大部分是好的，我同意他们之中许多人的意见。他们的讲话，有的我也看到过，有的我打算拜读一下。

如果我是个神仙，我会宽恕你们的过失。可惜我只是个凡人，所以你们还得从自己的错误中去吸取教训——我们都得这样做。

我这样说也许是比较婉转的；在通往未来的大门已经敞开的这个历史时刻，我不想指手划脚地训导你们应该怎样去建设未来，要求你们一起讨论应该怎样做，如果我能参加这个行列，我将感到无上的光荣。我来到中国之前，一位电视台记者带着一个摄制组到我任教的亨特学院来采访我。访问结束准备广播的时候，他说：‘教授，你觉得在中国要学习的东西同要教的东西一样多，这样说是否欠妥当?’‘没问题’，我回答，‘我觉得你那么讲倒是很恰当的。’我的感觉正是如此。”

这段开头之所以好，是因为它抓住了听众的心理，这里的听众都是新闻界的专业工作者，他们不但希望学到外国新闻采访工作的有益经验，而且也希望把外国的经验与中国的经验进行对比。演说者一开始就抓住这一点，先把自己对中国新闻工作的一些基本评价概括出来，既有肯定，又有否定，这就吸引人非听不可，想知道在一个外国新闻理论权威的眼中，究竟是如何看待新中国的新闻的。同时，这段开场白引了一段自己的经历，通过这段小插曲（与电视记者的对话），把来中国之前的背景介绍一下，又以此把自己的亲身经历讲出来。

（六）叙述故事，激发听众的联想

以叙述故事的手法开头，激起听众的联想和兴趣，这也是一种常用的开头技巧。当然，所叙述的故事必须要精心选择，巧妙安排。例如英国女王伊丽莎白二世 1986 年 10 月访华，在国宴上，她的祝酒词是这样开头的：

“约 390 年前，我的祖先伊丽莎白一世女王，曾写信给万历皇帝，希望发展英中通商。使者遇到了不幸，这封信始终没有送到。幸而，自从 1962 年以来，邮政改进了。您请我们来的邀请，安全地送到了，我极其荣幸地接受了这个邀请。”

从几百前的故事说起，别具一格又富有魅力。

（七）幽默风趣，活跃听众的思维

以幽默或诙谐的语言及事例作开场白，这是被许多演讲者证明了的一个非常有效的技巧。这样的开场白可以使听众在演讲者的幽默启发下集中精力进入角色，思维也会活跃起来，并进而接受你的演讲。例如在 1965 年 11 月，美国人安娜·路易斯·斯特朗女士在上海庆祝她的 80 岁寿辰。周恩来总理在上海展览馆大厅为她举行了盛大的祝寿宴会，并发表了祝贺演说，他是这样开场的：

“今天，我们为我们的好朋友，美国女作家安娜·路易斯·斯特朗女士，庆祝 40 “公岁” 生日。在中国，“公” 字是紧跟它的量词的两倍。40 公斤等于 80 斤，40 公岁就等于 80 岁。”

周恩来总理灵活的用语，巧妙的解释，在几百位祝寿者中激起了一阵欢笑，而寿星斯特朗女士也激动得流下了眼泪。

当然，除了上述之外，还有一些比较好的技巧，比如把一些事物（模型图片、物件）向听众展示，也能迅速吸引听众。

四、结尾的技巧

结尾又叫结束语，是演讲者传达信息的最后机会。好的演讲者会利用它提高整个演讲的效率，使听众始终保持对讲题的兴趣。中国有句古话，叫做“编筐编篓，重在收口”。演说也是这样。比如有人这样结束演说：“以上就是我对这件事情的看法，现在完了。”乍看起来，这句话还不算画蛇添足，但是也不能说是好的结尾。因为话讲得太直，太没有余味了，属于非常典型的失败的结尾。那么，演讲的结尾有什么技巧？

（一）总结要点，加深认识

读过《联共（布）党史简明教程》的人都会感到它的编写有一个非常突出的特点：每阐述完一个历史时期的事件后，都有一段称作“简短的结论”的结束语，在结束语中，作者用非常简练的语言，把前文最重要的事件简单地罗列出来，然后作一段理论的总结。当全书完成后，又有一篇全书的结束语，对全书作了六点概括。这六点概括一直被各国无产阶级看成是革命经验的结晶。

这个经验对我们的演讲如何结尾有很大的启发。演说是口传之事，不消几分钟，我们的话题便可以上天下地，无所不至，听众很容易忘记原来的题目。因此，有人这样概括：你开始对听众说，现在将要告诉他们一些什么，然后开始讲述，到了最后，要再次申明，原来要告诉的东西已经告诉过了。这种结尾可以让听众更加明晰你的要点。

（二）充满激情，促进行动

充满激情的结尾，有很大的鼓动力，特别是一些动员性的演说，结尾说一段热情洋溢的话，可以使人振奋，使人激昂。如 1960 年，林肯在美国大选中获胜当选为总统，他亲自起草了就职演说。当时美国因奴隶制度问题使南北斗争日益激化。南方七省先后宣布脱离联邦，一场武装叛乱正在酝酿之中，国家的生死存亡面临考验。林肯作为总统，要全力维护国家的统一，用和平手段解决争端。他在就职演说中，深刻地阐述了这一思想。在结尾部分，他提出了振奋人心的口号，要求南北加强团结：

"我不愿意结束演说。我们不是敌人，而是朋友。我们不应该成为敌人。

虽然感情不能维系爱的契约，但是感情不能打破爱的契约，把这个广阔的土地上的每一个战场，每一个爱国者的坟地，同每一个活着的人的心，每一个家庭联结起来的，那神秘的记忆之弦，一旦重新为我们天性里的善良天使所拨动，将仍然会使合众国合唱的歌声雄壮嘹亮起来。这琴弦一定会被重新拨动的。"

（三）名人名言，耐人寻味

引用诗文来结束，能使听众沉浸在遐想之中，意义深远。如著名演员赵丹于 1979 年在首都"张志新烈士学习诗歌朗诵会"上作了题为"只要找回当年"的演讲，他在演说结束时是这样说的：

"最后，我想念一首诗，结束我的简单的讲话，这首诗是我今天早上 10 点钟左右才收到的。是我的儿子，我的义子，一个孤儿，一个无父母的孤儿，已故的电影演员周璇的儿子周作民所作的。

他诗的题目叫《你最后的声音》。"

在中国传统的说书中，用诗文结尾的形式也十分普遍，这种结尾由于用了诗文，意境深远，语言精练，音韵和谐，给人一种特殊的美感。这种"锵锵振金玉，句句欲飞鸣"的效果格外沁人肺腑，大大增强了感染力。

（四）幽默生动，振奋精神

有位演说家在谈到自己的演讲经验时说过这样一句话："你必须在听众的笑声里说'再见'"。其含义是演讲要用幽默的话来做结尾。如 1926 年 11 月 3

日，斯大林发表了《“论我们党内的社会民主主义倾向”报告的结论》。他在“总结部分”曾讥讽季洛维也夫夸口自己能把耳朵贴在地上听到历史的脚步声的大话。他一针见血地指出，这些人尽管耳朵这么灵敏，却偏偏听不到党的声音。结尾一句他说：

“因此，我要奉劝可敬的反对派分子，治一治你们的耳朵吧！”

这句幽默的结束语，不只是为了逗听众们发笑，而是有其强烈的战斗性，并且产生强烈的幽默感。如果注意一下我国的相声艺术，就可以注意到每个作品都是以笑料结束的。这对于演讲艺术来说也是具有很好的借鉴意义的。

（五）步步加强，促人深思

与全文论证不同，结尾的步步加强，层层深入，是在较短时间内完成的。它要求在语势上要迅速推向高峰。如1936年8月28日，10个黑人组织在美国首都华盛顿举行25万人参加的“自由进军”，从华盛顿纪念碑分两路到林肯纪念堂。在这次集会上，“黑人之首”马丁·路德·金发表演说，他以美国宪法的《解放宣言》为依据，抨击了黑人所遭受的不公平待遇，号召广大群众立即投入到争取自由的斗争中。在演说的结尾，他说道：

“我怀着这样的憧憬，有一天我们的国家会站起来，真正过上按它的信条的意义的生活！

我憧憬着有一天，在乔治亚州的江山上，奴隶和农奴主的子孙们能够一起坐在充满兄弟情谊的桌子旁！

我憧憬着有一天，我的四个小孩将活在一个公正的国度中！”

这样的结尾在听众的心中再次掀起了情感的风暴，产生了强烈的共鸣。

五、过渡的技巧

过渡就是演讲者在演讲过程中使用的一些句子或者短语，通过这些句子或者短语告诉听众自己将要转入下一个问题，以显示不同论点之间的关系。演讲者在演讲中应该懂得并有效利用过渡，因为不管你使用什么样的演讲构思方式，都是根据自己的思维逻辑和思维习惯来组织材料的，听众不一定按照演讲者的逻辑来理解。演讲者的话就像一阵风一样飘过听众的耳朵，能够留下的很少，而且，演讲的时间越长，要点越多，听众跟上演讲者的思维就越困难。我们可以把过渡看作路标，告诉听众现在处于演讲过程中的什么位置，就像在一个陌生地方我们依靠路标走路一样。过渡的作用很多，可以归纳为下述五个方面：

一是向听众指出演讲的主要部分。如：“下面我们谈谈预防性药物的重要性，以及你应该如何使用预防性药物。”

二是向听众说明，演讲者将要介绍下一个论题。例如：“人们应该定期检查血压的一个压倒性理由是，高血压没有任何预兆。”

三是向听众表明，演讲者将要根据前面的事实和论据作结论。例如：“这说明，吸烟者比不吸烟者感染肺癌的危险要大得多”。

四是向听众说明，刚才提出的一个观点要加一个限制条件。例如：“然而，必须承认，不吸烟者也会感染肺癌。”

五是提醒听众，演讲中的一个论点与另一个论点存在逻辑关系。例如：“除了感染肺癌的危险外，还有可能导致心脏病发作或者肺气肿。”

在演讲中使用过渡词语时，尽量少使用同样的词语或者句子，以增加多样性。没有经验的演讲者在演讲中经常使用同一类过渡词语或者句子，或者“首先、其次、最后”，或者“第一、第二、第三”，让听众感到非常乏味。

XXL 模拟训练

（一）向全班同学发表8～10分钟的演讲。要求：（1）选择一个你熟悉并能加以解释的话题；（2）根据下面一份提纲示例，构思并列出你演讲的提要、各要点及其支持材料，在结尾处要总结各要点。

提纲示例

1. 序言（5%的时间）

A. 开始陈述以获得注意和引起兴趣——利用听众的善意心理（a. 开头的陈述；b. 如果有必要的话，其他论证性材料）；

B. 第二段介绍性文字（如果有必要）。

2. 正文（90%的时间）

A. 演说的第一个要点（a. 支持A要点的主要副论点；b. 支持A要点的副论点）。

B. 演说的第二个要点（a. 支持B要点的主要副论点；b. 支持B要点的副论点）。

C. 演说的第三个要点（a. 支持C要点的主要副论点；b. 支持C要点的副论点）。

3. 结尾（5%的时间）

A. 总结（a. 令人满意的结束语；b. 感谢观众）。

不要忘记过渡。

（二）比较下面两段开场白：

“嗯……大家好，我是今天的演讲者，李某某，我今天要给大家讲的是，吃哪些食物可以减少疾病和缓解紧张。”

“女士们、先生们：首先请允许我问大家一个问题，您愿意再增加20年的寿命吗？如果愿意，那么请您在伸手去拿咸盐瓶之前三思。我是李某某，今天我将与大家共同探讨10个非常简单而且已经被证明了的能够使您增加20年寿命的方法。”

你认为上述两个开场白哪个更好些？还有没有其他更能吸引听众的开场白？

（三）幽默是一种艺术，与滑稽和噱头有着本质的不同。因此，在演讲中，应注意积极的幽默是高雅的，不能用低级的笑话或粗俗的语言来表达。阅读下面一段开场白，指出其问题所在，并为其重新设计一个开场白。

“今天，我给大家吹吹形势问题。形势怎么样？那是秃子头上的虱子——明摆着的事情，哪个瞎了狗眼的敢说不好？可是，有些家伙就说不好。他成天屁事不想干，想吃个蛇啊、鱼啊、王八一类的东西，抽烟抽的是带屁股的，还要什么“三个五”呀（三五牌）、“万个宝”（万宝路牌）呀，喝茶是龙井、虎井的，那狗井、猫井就不能喝呀？还成天骂娘，你真是端着碗吃肉、放下筷子骂娘的没有良心的家伙。”

（四）据说有一个民族，有个古老的风俗：全体集会时，发言者只准用一只脚站着讲，不管讲不讲完，站不下去就算结尾，这不失为一种有趣的锻炼结尾的方法。请模仿这种方法进行一次演讲训练。

第二节　论证技巧训练

论证又叫证明，是演讲者通过事实材料和逻辑推理，来阐明自己的观点，表明赞成什么或反对什么的过程。一般来讲，不论哪种类型的演讲，总是要向人们证明点什么，即使是完全的叙事性演讲也不例外。既然要向人们证明什么，它就必须有一个完整的论证过程。议论过程由论点、论据和论证三个要素构成。论点，就是演讲者对所论述的问题提出的主张、看法和表示态度；论据就是演讲者说明自己观点的材料，它是议论的基础；论证，则是用论据来说明论点的过程。

议论性演讲主要用议论来说明问题。即使在叙事性演讲中，有时也使用议论对论点加以说明，而不是由论点、论据、论证组成一个完整的议论，甚至有时通过议论来达到抒情的目的。

一、演讲中的论证要求

演讲中的论证与议论文的论证要求既有相同点，又有不同点。

（一）论点要正确、鲜明

论点是议论性演讲的根本和灵魂，它既是论证的出发点，也是论证的落脚点。因此，演讲者肯定什么、否定什么，提倡什么、反对什么，都应清楚明白，旗帜鲜明。这就要求演讲者一要实事求是，切忌主观片面；二要有的放矢，针对现实生活中的热点问题，集中精力分析论证；三要深思熟虑，把所论及的问题弄明白；四要有新意，经过自己的独立思考提出有说服力的独到见解。

（二）论据要确凿、典型

论据是用来论证论点的根据。论据可以是某种道理、经典名言，即理论论据；也可以是具体事例，即事实论据。论据选取的基本要求，一是确凿可靠，虚假的论据是无法论证观点的正确性的；二是典型有力，能反映事物的本质，只有选择那些能够反映事物本质的典型材料进行分析论证，才能收到以小见大的效果，有力地证明论点；三是论据必须与论点相统一，能够反映它们之间的本质的必然联系，在选取和使用论据的时候，必须以服务于论点为标准。

（三）论证要合乎逻辑

论证是运用论据证实论点的过程。要使演讲中的论证合乎逻辑，就要根据论题的需要，合理安排论证结构，采用不同的论证方式和方法。

二、演讲中的论证结构

演讲中经常使用的论证结构主要有四种。

（一）递进式

这是论证结构中最常见的一种。由于它是按照提出问题、分析问题、解决问题的逻辑顺序，将演讲分为引论、本论、结论三部分，所以也被称作“三段式结构”。在论证过程中应层层深入，逐步递进，以严密的逻辑推理来说服听众。如在鲁迅先生写的《对于左翼作家联盟的意见》中，在总结经验教训的基础上，运用马列主义观点，分析批判了左翼文艺运动中的机会主义路线，针对某些作家脱离实际斗争、脱离人民大众等情况，提出了今后的工作意见，他指出：“对旧社会和旧势力的斗争，必须坚决，持久不断，而且注重实力”；“战线应该扩大”；“应当造出大群新的战士”；组成“目的都在工农大众”的联合战线。这里，鲁迅先生站在时代的高度，以极其敏锐而周到的观察作基础，由浅入深，既有总结，又有分析批判，最后提出今后的工作意见，具有极强的逻辑性。

（二）并列式

这种论证结构的特点是，各分论点或论据各层之间的关系在意义上是并列的，它们是从不同的方面，在同等的地位上论证中心论点。例如一篇《土壤的色彩》的演讲，首先提出问题："北京的中山公园里有个社稷坛，是明清帝王们祭祀土地神和五谷神的地方。在坛的正中筑有五色土台，它的东面是青土，南面是红土，西面是白土，北面是黑土，中央是黄土，正中一石柱即'社主石'，以示'普天之上，莫非王土'和江山永固，如果你打开中国土壤图就会惊奇地发现，五色土的配置，与我国土壤的分布情况大致相同，这是偶然的巧合吗？"这一问题提出后，接着便叙述我国古代土壤分布的记载，土壤风化形成过程，人的农事活动对土壤颜色的影响，揭示了"谁挥画笔绘彩田"之真谛，构思新颖，引人入胜。

（三）对照式

这种论证结构的特点是根据命题和论证的需要，把两种不同甚至相反的现象或观点拿来对比，或是用一种现象来烘托另一种现象，从而形成了分论点或层次之间以及层次之内的彼此对照的论证关系，使是非、善恶、美丑更加鲜明。例如：毛泽东同志的著名演讲《改造我们的学习》，其第一、二部分是把成绩和缺点对照论述，第三部分是将两种互相对立的态度加以对照，从而突出了改造我们学习的必要性。

（四）总分式

论证的层次之间是总说和分说的关系，即先对中心论点作总括的全面论证，然后再从不同的角度分别论证。例如周恩来总理著名的《在万隆亚非会议上的演说》针对一些代表攻击中国的言论，他首先指出，"中国代表团是来求团结而不是来吵架的"，"中国代表团是来求同而不是来立异的"这样一个大前提，然后从不同的思想意识和社会制度、宗教信仰自由、所谓颠覆活动等几个方面进行说明，具有一种不可战胜的逻辑力量，从而赢得了各国代表的普遍赞扬和支持，就连那些发表过攻击中国言论的代表也不得不承认："这个演讲是出色的。"

三、论证的方法与技巧

论证的方式取决于中心论点和论证的需要，有立论和驳论两种：立论，即演讲者正面提出观点，通过阐明理由，论证观点的正确性。它侧重在"立"，采用的主要方法是"证明"。驳论，即演讲者主要是对某种错误观点、主张加以批驳，从而达到论证正确观点的目的。它侧重在"破"，采用的主要方法是

"反驳"。通过批驳对方的论点、论据和论证方法，论证对方的观点是错误的。在论证中，证明和反驳常常交互使用。在立论中，为了论证某种观点的正确，有时需要批判相反的观点。在驳论中，为了批驳错误的观点，必然需要同时证明正确的观点。无论是"立论"还是"驳论"，都应该努力揭示出论点与论据之间的逻辑关系。

论证方法就是论述和证明观点的方法，它体现着论点和论据之间的逻辑关系，直接影响着演讲的说服力。常用的论证方法有以下几种：

（一）例证法

以事实材料为例子来证明论点的方法，是最常用的也是最有效的方法。事实往往不胜枚举，这就要求选择那些最典型、最有说服力的事实做论据。有的只要摆出典型事例，就能直接证明论点，不需要再进行什么分析、论证了。例如一份旨在说明我国目前学生的阅读能力差的问题的演讲，使用了下面的例证：根据统计，"全市58%的高中生达不到国家阅读考试的基本水平。我们上了大学的毕业生有2/3在大学新生的语文考试中不及格。老师们反映，有1/4的高三学生读不懂高一水平的书面材料"。多数论点在摆出典型事例之后，还需进一步的分析、概括、评议，以突出它与论点的内在联系，增强它的证明作用。

（二）引证法

以科学原理、经典著作、公理警句、名家名言等理论材料为论据来证明论点的方法。由于这些引用的理论材料具有一定的权威性，以此为论据来证明论点不仅有很强的说服力，同时也体现了文章的理论深度。例如：邓小平在《讲讲实事求是》这篇讲话中，为了证明"实事求是，是毛泽东思想的出发点、根本点"这一中心论点，直接引用了毛泽东著述中的一系列典型事例和言论。引证要注意准确无误，不要曲解原意；还要防止过多的引证而淹没了自己的论点。

（三）对比法

将两种性质相反或有差异的事物进行比照的论证方法。例如毛泽东的《改造我们的学习》中，为说明学习应采取什么样的态度，将"主观主义的态度"与"马克思列宁主义的态度"各自的表现、实质及其截然不同的结果作了对比，从对比中得出了应当反对主观主义的态度，采取马克思主义的态度的结论。这一论证使用的就是对比法。对比有横向和纵向两种。横比是将同一时期发生的两种事物或没有时间差异的对立事物拿来对照，明辨是非曲直。纵比是将同一事物的过去与现在或不同时期的不同情况拿来对照，以增强论证的效果。

（四）归谬法

这种方法一般是先假设对方的观点是正确的，然后引申开来，并由此推导出并不正确的结论，以证明其观点的错误。例如古罗马贵族流行穿丝绸，以至于后来穿丝绸衣服成为贵族身份的象征，为此有贵族宣称："穿绸缎衣服的肯定是贵族，这只狗穿着绸缎，所以这只狗也是贵族。"这个结论显然是荒谬的。

此外，还有喻证法（通过比喻，深入浅出，证明道理）、类比法（将两个以上的同类事物相比，以此事之理来证明彼事之理），也都是常用的论证方法。

在论证过程中，上述方法往往不是单独使用，特别是在较复杂的议论性演讲中，经常是几种不同的论证方法同时使用，以便从不同的角度进行多层次的论证，使演讲更加丰富、深刻、鲜明、有力。

反驳的方法是在驳论性演讲中采用的主要方法，也是辩论的基本方法。在立论性演讲中，为了突出正面论点，也常常反驳反面论点，但这种反驳一般是处于次要的、从属的地位。反驳的方法主要有以下几种：

（一）反驳论点。直接针对反面论点进行反驳，有时侧重在理论上，有时侧重在事实上，有时把二者结合起来，其方法是，或剖析论点的错误及危害性，或者引申对方论点，以暴露其谬误，或建立对立的新论点，以驳倒对方论点。例如，"文革"之后，一位青年以《驳"知识越多越反动"》为题作演讲时说："'四人帮'的连篇鬼话中，有个反动论点，叫做'知识越多越反动'。仿佛资产阶级与知识结伴，无产阶级与知识无缘。真是荒唐透顶！按照'知识越多越反动'的反动逻辑，谁有知识谁便反动。谁知识越多谁就'反动'到家了，这样一来，所有的知识分子便统统被划入'反动行列'。那么，人们不禁要问：革命导师的学问高深不高深，广博不广博？他们掌握伟大革命真理，既有丰富的阶级斗争知识，又有精湛的自然科学知识，该属什么阶级呢？又不禁要问，我们的大、中、小学和幼儿园时时刻刻都在向青少年传播革命道理，讲授科学文化知识，按照'知识越多越反动'的奇谈怪论，岂不是每天每时在驱使人们走向'反动'？我们更不禁要问，除了知识分子有知识外，工农兵群众和广大干部也都有知识，随着实践的继续，认识的深化，学习的进行，知识越来越多，难道都是在'反动'的路上越走越远？"这段演讲开门见山地将"四人帮"的反动论点"知识越多越反动"作为批判的靶子，接着用一系列的反问和逻辑推理论证了这一论点的荒谬性和反动性，具有很强的逻辑力量。

（二）反驳论据。通过批驳对方论据的虚伪、错误来论证对方观点的荒谬。而一旦这些被看做有力证据的事实成为虚假的，论点自然也就不攻自破了。如1993年国际大专辩论赛中，复旦大学辩论队在与悉尼大学辩论队就《艾滋病是医学问题，不是社会问题》进行辩论时，引用了大量的数据和事实来反驳对方的观点："现在艾滋病已经波及173个国家和地区，分布比麦当劳还要多。这难道不是社会问题吗？目前艾滋病患者已经达到了250万人，感染者已经达到1 400万人。而到2000年，单患者就会达到1 400万人，感染者将达到5 000万至1亿人。当这个社会人人自危谈艾滋病而色变的时候，你还能坦然地说，这只是个医学问题而不是社会问题吗？治疗现有艾滋病患者需要的钱，相当于澳大利亚一年的国民生活总值，这是医学界能负担得起的吗？世界上已有1 400万名艾滋病毒携带者，相当于澳大利亚全国的总人口，这个问题难道还不是严重的社会问题？"这里，通过一系列的事实论据，有力地反驳了对方"艾滋病只是医学问题"的论点，论证极为有力。

（三）反驳论证。即批驳对方论证方法的错误。如果论敌采取强词夺理、不顾事实、犯了逻辑上的错误，除了驳斥对方的论点、论据之外，还可以集中笔墨驳斥对方的论证方法，以说明对方观点的荒谬。例如1960年周恩来总理访问亚非六国时，一名外国记者向他提出一个极为荒唐的问题："你是否认为中国人口多，将来要向外扩张领土？"这里的论点是"中国要向外扩张领土"，其论据是"中国人口多"。对此，周总理驳斥说："我不同意你的看法。英国在第一次世界大战前，只有四千万人口，人口不算多，但长期对外侵略，有'日不落帝国'之称。美国人口也不多，还不及中国的四分之一，但军事基地遍及全球。中国虽然人口众多，但没有在外国建立一个军事基地，也没有一兵一卒驻在国外。可见，一个国家是否对外侵略，并不在于人口多少，而是决定于它的国家制度。"这里，周总理针对记者的论点与论据之间的矛盾给予反驳。

MNXL 模拟训练

（一）有人提议修建一条高速公路，但它会破坏一些城镇和农田。下面提出的争论就是有关同意和反对的意见。你能把争论中的观点与事实区分开吗？

1. 我反对让高速公路遍布整个国家以至破坏美丽的乡村。

2. 建造高速公路的成本会达到每公里400多万美元。

3. 高速公路会带来新的工业，因此可以为这个地区的人提供更多的工作机会。

4. 如果不建造这条高速公路，30 年之后，交通会变得很拥挤，行车就会变得很困难。

5. 我认为追求更快的速度总是有害的。

6. 每个人都知道，高速公路总是有助于处在它的终点的人而不是沿线的人。

7. 我问了 10 个人对高速公路的意见，没有一个人赞同。

8. 42 幢楼房和 800 英亩土地将会被破坏掉。

9. 我认为那些美丽的城镇是独特的，应该得到保护。

10. 规划者获得了计划的报酬，所以他们总是企图建造一些不必要的路。

（二）有一次，出身于贵族家庭的前苏联第一任外交部长莫洛托夫去参加国际会议，英国一位工党议员挑衅性地对他说："先生，你出身贵族，我出身是工人，咱俩到底谁能更代表无产阶级的利益？"莫洛托夫站起来，指着自己的胸部平静地说："咱俩都成了叛徒。"全场掌声雷动。

1. 英国议员的论点是什么？论据是什么？

2. 莫洛托夫是如何反驳的？

第三节 语言表达技巧训练

演讲的艺术，主要是语言的艺术。演讲的语言艺术体现为一种美的吸引力，美的感染力，是演讲者和观众之间的一种审美感情的共鸣，一种心灵上的和谐之美的呼应。这种共鸣和呼应主要依靠演讲者的有声语言来传递和体现。马克思指出，语言是思想的直接现实。斯大林说，不论人的头脑中会产生什么样的思想，以及这些思想什么时候产生，它们只有在语言材料的基础上、在语言的词和句的基础上才能产生和存在。没有语言材料，没有语言的"自然物质"的赤裸裸的思想，是不存在的。也就是说，离开了语言，既没有文章的基础——人类思维活动，也没有文章本身——人类交流思想信息的工具。我们在日常生活和工作中，需要表达思想，交流感情，增进了解，就绝对离不开语言。因此，列宁说，语言是人类最重要的交际工具。对于演讲者来说，首先要突破的就是语言关，即要准确而熟练地掌握和运用语言。语言明确，反映着思想的清晰；语言精深，体现着思想的深刻；语言新颖，表现出思想的新意。一个好的演讲，其内容和形式（包括语言）是相互依存的，只有深刻的思想内容与完美的语言表现形式相统一的演讲，才能够被人们所接受，才能够传之久远。两千年前孔子讲过这样的话："言以足志，文以足言。不言，谁知其志？

言之无文，行而不远。”意思是：语言（书面语言）可以充分表达人的观点，优美的、有文采的流畅易懂的辞藻可以充分满足语言的需要。不用语言写成文章，著书立说，谁能知道你的观点？而文章干巴巴的不生动，没有文采，不感人，晦涩难懂，是流传不下去的。客观事实证明，孔夫子的话是对的。唐诗宋词距今虽然有一千年的历史了，但它经久不衰，脍炙人口，原因就是因为它们用优美的语言表现了深刻的思想内容。无论男女老幼，文化水平高低，人们都能吟唱几首像“白日依山尽”、“窗前明月光”这样的诗句。因此，文章语言的精炼华美、通俗易懂，生动感人是其能够流传百世的重要原因。相反，光的电磁学说的基本理论是英国著名的物理学家、化学家法拉第首次提出的。但由于他写的文字晦涩难懂，不善于表达，又缺乏数学证明，所以，当他第一次提出电磁学理论时，并没有引起多少人的注意。一直到麦克斯韦用明白流畅的语言和数学方法对电磁学说进行说明后，才得到全世界的公认。文章如此，演讲更是这样。如果没有语言，无论多么动人的事例，多么深刻的主题，多么精巧的结构，多么丰富的艺术表现手法，统统装在作者的脑子里，看不见，听不到，摸不着。如果演讲的语言不精粹、不精彩，就很难打动听众。因此，要想把演讲搞好，就必须先掌握和运用好语言这一表情达意的工具。

一、演讲者的语言素养问题

语言素养，即运用语言文字表达思想感情的能力，它包括了字、词、句三个方面的问题。

（一）认字

就演讲而言，文字虽不那么主要，但也不可忽视。了解并掌握一定数量的汉字，是进行写作的重要条件。我国是一个文明古国，文字创立的不仅很早，而且相当丰富。在世界各国语言中，汉语是最优美、最富于表现力的语言之一。汉字从产生发展到今天，约有五六千年的历史了。据统计，我国的汉字共有六万多个，这还不包括流传于地方民间的有音无形的字。汉字不同于拼音文字，每个汉字都有其特定的形、音、义，不能乱用，更不能乱造。否则会造成文字的污染和混乱，甚至如果秀才识字读半边，闹出的不仅是笑话，也会给工作带来重大的损失。另外，汉字的表意比较丰富，同一个意思可以用不同的词来表述。如表达“死”的意思，我国古代就有不同的名称：“天子死曰崩，诸侯死曰薨，大夫死曰卒，士曰不禄，庶人曰死。”这表现了封建王朝等级制度的森严。社会发展到今天，“死”已经消除了其森严的等级，但其同义词也更多了：为革命事业、为人民而死叫牺牲、就义、献身、殉职、捐躯、尽忠，等等；一般人的死叫去世、逝世、过世、长眠、安息，等等；民间俗话则叫没了、走了、不在了、过去了、回老家了、上西天了、没熬过来、听蛐蛐叫唤去了。有时也用一些其他词语表示而各自有不同的含义，如“见马克思去了”显得幽默，“见阎王爷去了”则含有讽刺、嘲弄的意味，等等。仅从这些方面看，我国汉字和语言的丰富，为我们的演讲语言的丰富性奠定了坚实的基础。

一般来说，掌握三千或更多一些的常用汉字，是作演讲必备的文字基础。我们知道，在现代汉语中，双音词、多音词大大增多，如果掌握得太少，就无法进行较高水平的演讲。这里我们所说的“掌握”，是指对一个字的全面掌握，即对一个字的形、音、义三个方面的全面掌握。因为汉字是非拼音文字，即属于表意文字，在学习和使用上，表意文字要比拼音文字困难得多。例如：英语中的“走”这个词，只要掌握了字母的发音，即使没见过这个词，也能读出来。但汉字中如果没有标音，就读不出来。当然，通过观察它的形体、分析它的意义，是可以看出点道理的。这就体现了汉字的象形特点。

因此，我们强调作演讲用字要准确无误，同音不同义的字不能随便借用，形体相似的字不能马虎从事，更不能秀才识字读半边。但汉字数量多，形体复杂，要想绝对不写错别字，不读错音，确实比较困难。然而，只要我们平时养成查字典的好习惯和“知之为知之，不知为不知”的良好习惯，决不轻易放过拿不准的字，我们就会不断提高语言文字的素养，在演讲中就能正确规范地使用汉字。

（二）选词

一个人演讲能力的高低，遣词的功夫是其主要的内容之一。

词汇是语言的建筑材料，不论多么优美的语句，多么动人的表述，都离不开一个一个的词。就演讲来说，占有词汇的多少是一个非常重要的问题。词汇，相当于“思维”中的“概念”。没有足够的概念，是很难进行判断、推理并得出结论的。所以思想的丰富在一定程度上也表现为词汇的丰富、语言的丰富。相反，词汇贫乏，语言干巴，其思想也一定是贫瘠的。这样作起演讲来往往是“文不达意”，语言不能精确地表达思想。词汇的贫乏，还导致了演讲语言的平淡、呆板，缺乏文采。如果语言不鲜明、不生动，没有描写性，那就只能给人一种“平面”感，缺乏立体感，也就不会感动人、教育人。句式的变化当然也很重要，但无论哪种语言，句式的变化是一定的，并不十分复杂。词汇就不同了，构词方式虽然不多，但其总量是非常大的，其意义、色彩、声音、情味等各不相同，必须一个一个地去了解，去掌握。从一定意义上说，占有词汇的多少比掌握句式类型的多少，对提高语言文字的素养和提高演讲能力更为现实，更为重要。因为，在语言宝库里若没有较多的词汇，是很难谈得上周密、严谨、生动地表达思想的。著名作家冰心讲：“拿词汇来说，你没有积累到相当多的话，就没法挑选，因时因地制宜地把它放在适当的地方。”因为只有大量占有词汇，才能做到很好地使用，在使用时才能很好地掌握分寸。尤其是演讲，在选词、用词上是否具有“分寸感”和“精确感”非常重要。选词用语是非常精细的事，需仔细揣摩，反复推敲、锤炼。大家都知道有个“推敲”的故事：据阮阅的《诗话总龟》卷十一记载，贾岛初赴举在京师，一日于驴上得句云：“鸟宿池中树，僧敲月下门”，又欲作“推”字，炼之未定。于驴上吟哦，引手作推敲之势，观者讶之。时韩愈退之权京兆尹，东骑方出。岛不觉行至第三节，尚为手势未已。俄为左右拥至尹前，岛具对所得诗句，“推”字与“敲”字未定，神游象外，不知回避。退之立马久之，谓岛曰：“敲字佳。”遂并辔而归，共论诗道，留连累日，因与岛为布衣之交。后人就用“推敲”来比喻文章写成后斟酌字句，反复琢磨，以求准确地遣词造句，恰当地表达作者的思想。

（三）炼句

认字学词，目的是用它们组成句子，形成一篇完整的演讲。如果离开了句子，离开造句的基本法则，离开句与句之间的逻辑联系，再好的词汇也说明不了什么问题。如果句子有毛病，即使再精练、形象的字、词也不能说明问题。就演讲来说，一个句子应该有四个方面的标准，即句子是否合语法，句子是否合逻辑，句子的情味、语气和色彩是否合理，句子的声音是否悦耳。

这里，语法解决的是通不通的问题，逻辑解决的是对不对的问题。这两者是第一位的。情味和声音解决的则是好不好的问题，是属于第二位的。如果缺乏现代汉语语法知识，那就不容易识别句子中的语法错误，或者不自觉地出现语法错误。句子的情味如何，语气、色彩是不是和演讲内容及演讲情境相称，这就比较细微、比较讲究了。句子读起来是否顺嘴，听起来是否悦耳，这也是很重要的。汉语是有节奏的，我们在作演讲时应抓住它的长处。

当然，有些习惯说法如果从逻辑角度来分析是不通的，如“打扫卫生”，应该是“打扫灰尘”，“打扫垃圾”，“救火”应该是“灭火”，“看病、看大夫”应该是“治病”（请大夫治病）等。但大家都这样说，约定俗成了，人们就不会产生误会，也不能去挑剔它的逻辑是否有毛病了。因此，在这个问题上不应该形而上学，不能时时处处衡之以语法、逻辑。

此外，有些抒情性演讲的语言为了表现某个人物的性格或表现作者的某种心境以及艺术的需要，常常有打破常规的现象，因此，也不能死扣语法和逻辑。因为这非常规的语言会给听众以“别是一番风味在心头”的艺术感受，激发听众细细体味语言的内涵，了解演讲者的言外之意。

二、语言表达的基本要求

（一）准确朴实

艾略特博士在担任哈佛大学校长三分之一世纪之久后曾宣称："我认为，在一位淑女或绅士的教育中，只有一项必修的心理技能，那就是正确而优雅地使用他（她）的本国语言。"演讲者要想将信息准确、快捷地传达给听众，必须在读音、选用字词、理解词义、语法逻辑以及表达上做到准确无误，尤其所选用的词语、所包容的内涵和作出的判断必须符合所反映对象的实际情况，不是特殊情况的需要，最好不要使用"大致"、"大概"、"应该是"、"如果我没说错的话"等模糊词语。

因此，就必须认真辨析词语的确切含义、使用对象和使用范围，使词语的意义符合客观实际。在辨析词语含义的过程中，要特别仔细地区分同义词、近义词的范围大小、性质轻重、风格特点、搭配功能等方面的细微差别，区分同音词的不同含义和使用的对象、范围，注意分辨词语的感情色彩，以正确表达演讲者的立场观点。特别在一些重大演讲中，要避免对不同感情色彩的词语的误用，以免引起不必要的麻烦。同时还要注意词语声音和语调对语义的影响，以提高表达效果。此外，在选词中还要注意使音节匀称，避免因同音异义和语调附加语义带来的歧义。当然，最主要的，应注意词语间的正确搭配，遵循语法规则。

（二）简洁有力

简洁有力是要求遣词造句不要繁冗、拖沓，要做到简约而有分量。古人很重视这一点，清代梁章钜《退庵随笔》中记载了这样一件事："（欧阳修）作《醉翁亭记》，原稿起处有数十字，粘之卧内，到后来只得'环滁，皆山也'五字，其平生为文都是如此，甚至有不存原稿一字者。"由原来的"数十字"，到最后"环滁，皆山也"五字，字数减少了，表现力却提高了。它描画了滁州群山环绕的地形特点，而且相当凝练，掷地有声，具有雄浑刚劲之美。尤其是做演讲，更应注意简洁，因为它有一定的时间性。只有提高单位时间内的效率，才能表达最丰富的内容，传达最大的信息量。闻名世界的林肯的《葛底斯堡演讲》是这方面的典范。

（三）形象生动

心理学认为形象生动的词语可以唤起人们丰富的联想和想像，从而对客观事物获得真切的感受。如果演讲语言干瘪、枯燥、抽象，是不会打动听众的。尤其对于那些听众不熟悉、不易理解的问题，更应以生动、形象的语言来表达。如上海一位演讲者在一篇《讲真话》的演讲中，在谈到那些爱说假话的人时作了这样的描述："讲成绩时喋喋不休说个没完，讲缺点时三言两语加上芝麻六点。"其中的"芝麻六点"是从删节号六点联想得来的，这种形象的语言，把那些故意把缺点缩小而轻描淡写者的神与形揭示得淋漓尽致。有时为使演讲语言达到形象、生动的目的，往往还使用修辞格。

（四）和谐匀称

汉语是富于音乐性的语言，构成音乐性的因素有很多，如押韵、协调平仄、运用联绵词等等，但是节奏的和谐匀称是基本要求。尤其是演讲语言，更应充分发挥汉语的这一优势，使演讲语言长短适度。如毛泽东在《改造我们的学习》这一著名演讲中，在谈到党内的不正之风时说："或作讲演，则甲乙丙丁、一二三四的一大串；或做文章，则夸夸其谈的一大篇。无实事求是之意，有哗众取宠之心。华而不实，脆而不坚。自以为是，老子天下第一，'钦差大臣'满天飞。这就是我们队伍中若干同志的作风。这种作风，拿了律己，则害了自己；拿了教人，则害了别人；拿了指导革命，则害了革命。"

（五）通俗易懂

演讲不同于写文章，它主要是通过有声语言即口头语言讲给人听的。因此就必须使语言口语化，要通俗易懂、明白流畅。否则，就会因听众听不懂而影响演讲效果。如爱因斯坦发现相对论之后，许多人搞不明白这到底是什么理论。有一次，一些群众包围了爱因斯坦的住宅，要求他解释清楚。爱因斯坦走出住宅，对大家说："比方这么说——你同你最亲爱的人坐在火炉边，一个钟头过去了，你觉得好像只过了五分钟；反过来，你一个人孤孤单单地坐在热气逼人的火炉边，只过了五分钟，但你却像坐了一个小时。——唔，这就是相对论。"通过这种通俗易懂的语言，爱因斯坦向人们解释清楚了深奥的学术问题。

三、演讲语言的锤炼技巧

（一）口语化技巧

演讲者进行演讲，主要靠有声语言来表达思想感情，因此，它要求讲起来顺口，听起来入耳，便于听众理解和记忆。实现口语化有三个途径：一是把书面语中的单音节词变成双音节词。比如，书面语"此时"，在口语表述时就要用"这个时候"。二是把书面的停顿变成口语的停顿。书面语停顿靠标点符号，而口语的停顿靠情感的处理、语气的变化以及词与词之间、句子与句子之间间歇的时间来表现。三是把文言词变成白话词。请比较下面这两句话：

教育历来被视为一片未被污染的绿洲。

教育历来被人认为是一片没有受到污染的绿洲。

显然，如果在作演讲，第二句效果就更好些。

（二）措词技巧

演讲的措词讲究分寸感和精确感。这就需要演讲者根据情境以及演讲者情感表达的需要，选出最具有表现力的词语。古今中外大作家的论述以及他们的创作实践都说明了这一点。法国作家福楼拜说："我们不论描写什么事物，要表现它，惟有一个名词，要赋予它运动，惟有一个动词，要得到它的性质，惟有一个形容词。我们必须继续不断地苦心思索，非发现这个惟一的名词、动词和形容词不可，仅仅发现与这些名词、动词或形容词相类似的词句是不行的，也不能因思索困难，用类似的词句敷衍了事。"

抗日战争期间，为发动全民抗日，我八路军某部指战员深入到五台山区，对和尚进行抗日宣传。他们说："你们出了家，但你们都没有出国，国家兴亡，匹夫有责！"简洁明了而又实事求是的话语，竟真的把"看破红尘"的和尚动员起来，使他们义无反顾地踏上了抗日征程。前一句"出了家"是大家都知道的，而后一句"没有出国"，则是人们没有想过但又是明明白白不容否认的事。后者借助于前者的衬托，能使人们从身份的特殊性中，意识到作为全国人民一分子的共同性——"国家兴亡，匹夫有责"，从而猛然醒悟，达到一个新的认识高度。

（三）修饰技巧

句子中的某些词语，一经修饰，就会增加信息含量，富于感情色彩。如"故事爷爷"（指常在广播中给孩子讲故事的孙敬修爷爷）、"英语奶奶"（指教幼儿园小朋友英语的老龄女教师）。值得注意的是一些超出组合习惯的词语。这类词语不少，人们常常可以见到、听到。例如："马列主义老太太"（指满口马列主义词句而一身官太太习气的老龄妇女）、"奶油小生"（指缺乏阳刚之气的年轻男子）、"高价姑娘"（指彩礼等要求高的姑娘）、"超生游击队"（指没有户口、到处流动，不进行计划生育的夫妇）、"豆腐渣工程"（指质量低劣的工程）、"拉锁马路"（指市政施工缺乏统一计划，填了挖、挖了填的马路路面）等。

当然，还有一种修饰，就是运用修辞格。在演讲中，恰当地运用修辞格可以收到良好的表达效果。演讲中经常使用的修辞格有比喻、排比、夸张、层递、双关、设问与反问等。

（四）得体技巧

所谓得体，是指演讲的语言要切合对象、环境、场合、风格、时代等。演讲语言是否得体，是演讲者文字功底、演讲态度、个人修养的综合体现。俗语说，到什么山上唱什么歌。演讲者在考虑演讲内容的同时，必须还要对语言使用是否得体作出适当的选择。如1774年美国革命战争期间，英国士兵在波士顿大屠杀中枪杀了5名美国人，这激起了美国人民的义愤。就此，约翰·汉哥克曾发表了这样的演讲：

“你们这些别有用心的恶棍，你们这些杀人犯，你们这些屠杀亲人的家伙！你们邪恶的双手屠杀了无辜的人民，他们的鲜血染红了大地，你们如何竟敢还在这片大地上行走？你们被诅咒的野心令那些沦为牺牲品的人在风中呼号，他们的呻吟响彻寰宇，你们如何竟敢还呼吸这样的空气？……告诉我，你们这些血腥的刽子手，你们那些大大小小的流氓，你们那些邪恶之人……你们难道感觉不到良知穿透你们野蛮的胸膛时产生的悸动与刺痛？”

这个演讲显然是生动的、富于感情的。但是，你能想像今天谁还会用这样的语言吗？因此，在发表演讲时，演讲者首先要认清自己的身份。任何人，在任何场合说话，都有自己的特定身份。这种身份，也就是自己当时的“角色地位”。比如，用对小孩子说话的语气对老人或长辈说话就不合适。另外，应尽量客观，事实是怎么样就怎么样，应该实事求是地反映客观实际。有些人喜欢主观臆测，信口开河，这样往往会把事情办糟。

XXL 模拟训练

（一）根据语言沟通原理，请对下列语言的运用作出正确的选择。

1. 询问长者年龄，可以说（　　）

A. 你多大岁数？　　B. 您老人家高寿？　　C. 你贵庚？

2. 想托人办事，你怎么说（　　）

A. 请您帮帮忙　　B. 拜托您了　　C. 你帮忙

3. 英国女王维多利亚女王和丈夫阿尔伯特相亲相爱，但两人社会角色不同，女王社交场合多，丈夫对此多有不满。有一天，女王深夜回寝宫，敲门，阿尔伯特问：“谁？”女王怎样回答，阿尔伯特才热情迎入（　　）

A. 我是女王　　B. 维多利亚　　C. 你的妻子

4. 晓丽穿了一件新衣服（298元），她让你猜价格。你怎么说（　　）

A. 不超过100元　　B. 298元　　C. 很贵吧

5. 对贸然向你求爱而你并不钟情的同学、同事、朋友等，你怎样拒绝（　　）

A. 哼，你想得美，也不拿镜子照照！今后少跟我啰嗦。

B. 我年龄还小，这件事我不想考虑，祝福我们的友谊长存！

C. 你个子太矮了！我身高1.70米，我希望找一个1.80米以上的高个子男友。

（二）在交际中，当我们转换角色时，我们也转换了语言环境和说话方式。你到大学后，把你的所见所感，告诉你的老同学、你的父母和你的老师。想一想，你在这三种情况下，分别扮演了什么角色，你会对他们怎么说？

对老同学说：

对父母说：

对老师说：

（三）下面是两份演讲稿，请仔细阅读，并指出其语言使用方面的不足。

1. 演讲稿（一）

“朋友”这是一个让人心中油然升起融融暖意的词，一个曾演绎了无数回肠荡气的故事的词。

当寒风萧萧，长夜漫漫，你独向青灯的时候；当愁绪茫茫，疲惫无助，你欲说还休的时候；当前路黯黯，凄风冷雨，你独为异客的时候……

我们是真的需要朋友呵！需要朋友驱走长夜，需要朋友互吐衷肠，需要朋友伴我天涯，共你风雨！

可是，让我曾经拥有那份真挚和美好的旧日朋友，你可知道我心依旧的伤痕？

一个人在行将失去他曾非常亲切的东西的时候，是要经验到一种难言的感伤的，更何况是友谊，我怎忘得了我的痛苦的战果！

2. 演讲稿（二）

存在的短促与存在意义的创造，或许也是一种原罪。

百代而下，芸芸众生无法摆脱为之思奇的阴影而苦恼不堪，并且，在现实的创造中，还得负荷悲剧或荒谬。基督徒用礼拜去赎罪。那么，我们怎样来减轻这种与生俱来的悲哀或荒谬呢？

珍惜今日，意味着没有背叛昨日。昨日孕育了今日，今日摆脱了昨日，今日的诞生是以昨日的阵痛为代价的。所以，虚度今日就像轻掷生命，首先是对“十月怀胎”的母亲不尊不敬一样，是对昨日的背叛！虚度今日还意味着对昨日创造的否定和扼杀。事物的运动总是循序渐进的，生命意义的创造自然也不例外。今日的空白使这一运动戛然而止，创造夭折了，存在的意义也随之中逝。

思考与练习

1. 演讲的结构应遵循哪些原则？
2. 演讲的开头有哪些方式？
3. 演讲的结尾有哪些方式？
4. 什么叫过渡？为什么在演讲中需要过渡？
5. 演讲中的论证有哪些特殊要求？
6. 演讲中经常使用的论证结构有哪几种？
7. 演讲中常用的论证方法有哪些？
8. 什么是语言素养？它包括哪些内容？
9. 演讲语言的基本要求有哪些？
10. 演讲语言的锤炼包括哪些要求和方法？

第十一章　演讲中的逻辑技巧训练

演讲不同于日常说话，它是一种有组织的陈述，是一种有目的的宣传和交流。因此，演讲是很富有说服性和感染力的。说服性来自于哪里？当然要靠演讲中的逻辑性来体现。斯大林在《论列宁》一文中，热情赞扬列宁的演讲："我记得当时有很多代表说，列宁演说中的逻辑好像万能的触角，用钳子从各方面把你钳住，使你无法脱身：你不是投降，就是完全失败。"由此可见，逻辑对演讲成功是何等重要！可以说，一次优秀的演讲永远都不能够用情感来代替理智。当然，这并不是说那些成功的演讲者都很好地掌握了逻辑知识，有时候他们只是一种自发性的表现。只有掌握了演讲逻辑，由自发思维上升到自觉思维，才能使我们的演讲更具说服力。

第一节　演讲中的概念

从语言学角度看，演讲是由一个个的词组成词组，由词组组成句子，由句子组成句群并最后成文的。但是如果从逻辑学的角度看，任何演讲，都是概念、判断、推理等思维方式的运用，语言只是用来表达思维形式的工具而已。

一、演讲中使用概念的要求

什么是概念？对此，毛泽东有一个极为浅显的解释："社会实践的继续，使人们在实践中引起感觉和印象的东西反复了多次，于是在人们的脑子里生起了一个认识过程中的突变（即飞跃），产生了概念。概念这种东西已经不是事物的现象，不是事物的各个片面，不是它们的外部联系，而是抓着了事物的本质，事物的全体，事物的内部联系了。"简单地说，概念是反映对象的特征或本质的思维形式，它是思维形式最基本的单位，是思维的"细胞"。只有概念明确，才能作出正确的判断，才能进行合乎逻辑的推理；只有概念明确，才能有效地进行沟通与交流，给人以正确的认识。

当然，概念也并不是一成不变的。随着时间的推移以及人们对世界认识的不断深化，概念也会发生变化。比如，很早以前，人们对"人"就有一个概念，它反映了人的一般特征——两足直立。经过一个长时期的认识发展，到文艺复兴之后，特别是到了马克思主义出现之后，我们才真正认识到人的深刻本质，即能制造和利用生产工具并能抽象思维的社会动物，从而形成了一个关于“人”的深刻的概念。

概念与词语的关系非常密切，概念的产生和存在，必须借助于词语。但概念并不完全等于词语，即使在同一民族的语言中，相同的概念可以用不同的词语来表达。如在汉语中，“大夫”、“先生”、“医生”、“郎中”这四个不同的词语所表达的都是同一个概念。当然，一个词也可以表达不同的概念，这在语言学上称为多义词。

那么，演讲中使用概念有什么要求呢？一是明确，二是准确。

概念要明确，这是我们进行正常思维活动所必须具备的前提条件。有了明确的概念，才能作出正确和恰当的判断，才能有合乎逻辑的推理。概念不明确，判断和推理就会出错，人们对于事物的认识就会模糊不清，甚至造成认识上的错误，会大大降低演讲的效果。从逻辑学角度讲，要做到概念明确，就必须使用逻辑学所提供的定义和划分的方法，对概念的内涵与外延都作出明确规定。

概念要准确，是说在给概念下定义或者划分时，要准确反映事物的质和量。如邵守义在《全国首届演讲学习班开幕词》中为演讲下的定义：“什么是演讲？演讲就是演讲者在特定的时境下，借助有声语言和态势语言的艺术手段，面对广大听众发表意见，抒发情感，从而达到感召听众的一种现实的社会实践活动。演讲有哪些形式呢？演讲有命题式演讲、即兴式演讲、论辩式演讲，这是从形式上看；从内容上看，演讲有政治演讲、学术演讲、军事演讲等等。”在这个定义中，既有对演讲这一概念的本质和范围的明确概括，又有对其内涵和外延的准确规定，非常便于大家的理解。

二、演讲中如何正确运用概念

如前所述，语言与概念有着紧密的联系，演讲中更是如此。在演讲中如何正确运用概念呢？

（一）正确处理概念与词语的关系

概念必须用词语来表达，这是思维形式和语言形式关系的一个组成部分。但是，我们必须清楚，概念并不就等于词语本身，概念与词语并不是一种一一对应的关系。不是所有的词语都表达概念，比如，现代汉语中的一些虚词；同一词语在不同语境中可以表达不同的概念（一词多义）；同一概念可以由不同的词语来表达。

因此，在演讲中，灵活运用概念与词语既相互联系又相互区别的这一特点，不仅可以做到用词恰当，而且还可以增强演讲的生动性和感染力。

（二）正确运用不同种类的概念

概念从其所表示的事物的数量来说，可以分为单独概念和普遍概念；从其所表示的事物的性质来说，可以分为抽象概念和具体概念、集合概念和非集合概念；从其所表示的事物有无某种性质来说，可以分为肯定概念和否定概念。

单独概念是反映某一个特定对象的概念，一些专有名词所表示的就是这种单独概念，它的外延只指一个单独的对象，具有排他性。如中国、北京等。

普遍概念是反映一类对象的概念，如国家、中国人等。它所反映的事物的数量是不固定的。

集合概念是把同类对象集合为一个整体来反映的概念。凡不具有这种特点的概念，就是非集合概念。例如，森林是许多树木的集合体的反映，人是男人和女人、中国人和外国人、老人和孩子等集合体的反映。

反映具体事物的概念称为具体概念，反映对象的各种属性的概念称为抽象概念。前者如动物，后者如勇敢等。

肯定概念是反映具有某种属性的事物的概念，否定概念则相反，是反映不具有某种属性的事物的概念。前者如正义的，后者如非正义的。

客观事物具有相互间的联系与差别，因此，作为反映客观事物的概念，也具有一定的联系，从外延方面说，概念之间的关系有相容关系与不相容关系之分。同一关系、交叉关系、从属关系都属于相容关系。如北京和中华人民共和国首都这两个概念，指的都是同一个地方，它们的外延是重合的，因此属于同一关系。而学生、女生、男生、共青团员，这些概念中则具有交叉关系，学生中既有男生，也有女生，还有共青团员。而汽车与车则属于从属关系，即车是一个种概念，汽车相对于车来说，属于属概念。

两个概念的外延相互排斥，那么，这两个概念则属于不相容关系概念。主要有矛盾关系和对立关系两种。前者如学生与非学生，后者如黑与白等。

搞清楚概念的种类，并在演讲中加以准确运用，可以有助于演讲的深刻、生动，使演讲更具有鲜明性。如毛泽东《在中国共产党全国宣传工作会议上的讲话》：“任何时候，好同坏，善同恶，美同丑这样的对立，总是会有的。香花同毒草也是这样。它们之间的关系都是对立的统一，对立的斗争。”这里，毛泽东把具有对立关系的好与坏、善与恶、美与丑、香花与毒草联系起来，鲜明地揭示了它们之间的对立统一关系。

（三）运用定义法揭示概念的含义

定义是演讲中明确概念内涵的一种重要逻辑方法。演讲者通过这种方法，可以揭示概念所反映事物的木质，从而达到明确概念的目的。美国演讲学者约翰·哈斯灵曾说：“任何一篇演讲，第一个要求是让人听懂。你使用的词汇必须与听众的词汇一致。凡是你用的词和术语超出了一定范围，你就必须进行解释，而且还得下定义。”如列宁曾在苏维埃政权建立时，发表过一篇三分钟的演讲——什么是苏维埃政权？整篇演讲实际上就是对苏维埃政权所下的定义。

当然，运用下定义的方法必须遵循下定义的规则：一是定义应当是相应相称的，即被定义的概念的外延与定义概念的外延必须相等，否则就会犯定义过宽或者过窄的错误。二是定义不能循环，就是说，定义概念中不能直接或间接地包括了被定义的概念。如：“麻醉就是麻醉剂所起的作用。”其中，定义概念（麻醉剂所起的作用）中，直接包括了被定义的概念（麻醉）。三是下定义不能包含否定概念，否则就不能揭示事物的本质特征。如“直线就是不曲的线”，就没有揭示直线的本质。

（四）运用划分法明确概念的范围

概念有内涵与外延两个方面。要使一个概念明确，除了要揭示事物的本质外，还必须确定概念的范围。这就是逻辑学中所讲的划分法。

划分就是把一个概念的外延分为几个小类的逻辑方法。小类是大类的种，大类是小类的属。如按照边的长短不同，三角形可以分为不等边三角形、等边三角形和等腰三角形。这里，三角形是大类，它区别于四边形，而不等边三角形、等边三角形和等腰三角形，则属于三角形这个大类中的一员，属于种属关系。这种划分法在演讲中是经常用到的，其目的是概念的明确化和表达的精确化。如毛泽东在《改造我们的学习》中，在阐明我们还是有缺点，而且还有很大的缺点后，说：“上面我说的三方面的情形：不注重研究现状，不注重研究历史，不注重马克思列宁主义的应用，这些都是极坏的作风。这种作风传播出去，害了我们的许多同志。”这里，毛泽东以“对我们工作的危害性”作为划分的标准，将我们的缺点作了三个方面的划分，使人们对我们的缺点有了更加清楚的认识。

这里需要注意的是，在运用划分法时，应遵循一定的规则：一是划分应当是相应相称的，即划分所得的子项的外延的总和应当等于母项的外延；二是每次划分必须按照同一标准进行，在一次划分终了之前，不可改变划分的标准，否则会导致混乱；三是划分的子项必须互相排斥，即划分的子项与子项之间必须是并列关系。

总之，在演讲中正确运用概念，有助于听众准确而深刻地理解演讲的内容，从而充分发挥演讲的宣传鼓动作用，更好地达到与听众交流的目的。

XXL 模拟训练

（一）为“口才”下定义。

（二）用划分法向同学们介绍文体知识。

（三）依据定义选出一个最符合或最不符合该定义的答案。

1. 监护是指为了保护无民事行为能力的人或限制民事行为能力的人的合法权益而由特定的公民、组织对其人身、财产及其他合法权益进行监督、管理和保护的一种法律制度。

根据上述定义，下列现象不属于监护的是：

A. 小明在未满 10 周岁之前，其父母一直照料他的衣食住行，还时刻注意他的身体健康。为了小明，其父母花费了很多时间、精力。

B. 小刚是一个 15 周岁的学生，尚未完成九年义务教育却非要退学，其父母说什么也不答应，非要他最少读完初中毕业。

C. 王飞在 24 岁那年，父亲给他介绍了一个对象，尽管王飞很不愿意，双方家长还是共同努力撮合了这桩婚姻。

D. 赵某因受到打击患上了严重的精神分裂症，往往会作出许多令人意想不到的事情 。住院期间，其妻子怕他出事，一直看着他，不让他走出医院。

2. 在经济发展理论中，技术创新是指新技术、新发明在生产中的首次应用，是在生产体系中建立新的生产函数或供应函数，引起一种生产要素和生产条件的新组合，经济学强调技术创新具有非独占性、不确定性、市场性和系统性等特点。

根据以上定义，下面哪种行为属于经济学范畴的技术创新：

A. 美国的航天技术极其发达和先进，航天飞机在太空自由翱翔；

B. 日本某食品制造厂引进国外先进生产技术，提高了产品质量；

C. 海尔集团经过不断探索，生产出适合各类人口需要的家用电器，取得极大的市场回报；

D. 微软公司的技术可以查到任何一台使用微软软件的计算机的内容。

3. 平等就业是指在就业机会均等和录用标准相同的条件下，求职者以平等的身份相互竞争实现就业。

根据以上定义，下面哪种行为属于平等就业：

A. 某大公司招聘时，优先录取该公司员工的子弟；

B. 张艳是女大学生，在几次应聘中，因为是女性而落聘；

C. 张永功是某公司副总经理的儿子，未参加考试，直接进入公司的要害部门工作；

D. 中央国家机关在招聘应届大中专毕业生时面向全国刊登招聘广告，说明招考录用条件，规定笔试面试成绩，招考国家公务员。

第二节 演讲中的判断

人们在日常工作与生活中经常需要对多种事物作出判断。没有判断，人们就无法进行思维活动。演讲也不例外，它也必须遵循这个逻辑规律来进行。

一、判断与语句

判断，是对对象情况有所断定的思维形式。这里所谓的“对象”，包括自然界的对象、社会领域的对象和思维领域的对象；所谓“对象情况”，是指对象所具有的属性；所谓的“断定”，既包括肯定，也包括否定。许多语句是表示判断的，例如：“没有最好，只有更好”、“所有的青年都胜过老年”、“张三是中国人”、“只有刻苦认真，才能把成绩搞上去”、“今年国民经济增长8%的目标必然能达到”等。

判断是人们反映客观事物的思想，而思想总是用语言来表述的。但这并不是说，判断可以与语句画等号。判断是语句的思想内容，语句是判断的语言表现形式。就是说，有了正确的思想，还必须运用语言这个工具将其恰当地表达出来。因此，要想恰当而精确地表达人们的思想，一方面需要熟练地掌握某一民族语言的特征，另一方面还要有逻辑修养，要深入理解和掌握表达逻辑结构的词语。当然，也并不是所有的语句都表示判断。一个语句是否表示判断，关键是要看它是否包含着对事物的断定，以及是否可以说它是真的或是假的。只有那些对事物作出断定，从而表示有真假的语句，才称得上是判断。一般来说，陈述句都表示判断，反问句之外的疑问句则不表示判断。

任何演讲，都是为了表明演讲者的观点，总是要对一系列事物作出某种断定，因此，演讲离不开判断。从逻辑学角度看，演讲要做到判断恰当，必须满足两个条件，一是判断形式正确，二是判断真实。而从语言学方面来看，演讲者用来表达判断信息的语句必须准确，究竟选择哪种句式或语气来表达，则需要根据判断的内容和思维形式来决定。因此，判断在演讲中占有十分重要的地位。

二、判断的特征及逻辑要求

概括地说，判断有区别于其他逻辑形式的两个显著特征，一是判断必须要有所断定，二是判断总是有真有假。凡符合客观实际的判断是真判断，不符合客观实际的判断是假判断。如“中国人民是勤劳勇敢的”，这是一个断定，它肯定了“中国人民”具有“勤劳勇敢”这种属性。同样的，“语言不属于上层建筑”也是一个判断，它是一个否定判断，指出“语言”不具有“上层建筑”这个属性。不管是肯定判断还是否定判断，只要与客观事实相符，就是真判断。而“青年只有上大学才有前途”，虽然它看似一个判断，但因为这个判断与客观实际不相符，因此，它是一个假判断。

判断的上述特征，决定着判断可以有多种表现形式。有时候为了渲染演讲气氛，吸引听众的注意力，增强语言的感情色彩，同一个判断可以有多种不同的语言表达形式。如“人民战士值得赞美”，这是一个判断。如果为了增加更加肯定的分量，可以改用双重否定句“我们不得不赞美人民战士”，如果改为反问句“人民战士难道不值得我们赞美吗？”，则更显有力，感情色彩更强烈。

总之，为了增强演讲效果，我们必须采取一切手段，调动一切因素，来增加演讲的说服力和鼓动性。但在运用判断时，必须遵循“判断恰当”的要求。因为判断既有真假的问题，同样也存在着恰当与不恰当的问题。

所谓“恰当”就是恰如其分的和合乎实际的，恰当的判断，一定是真的判断，但真的判断并不一定就是恰当的判断。比如毛泽东在批评一些人说新中国成立后“农民苦”的论调时指出：“许多人说农民苦，这种意见对不对呢？就一方面来说是对的。这就是说，由于我国被帝国主义者和他们的代理人压迫剥削了一百多年，变成一个很穷的国家，不但农民的生活水平低，工人和知识分子的生活水平也都还低。要用几十年时间，经过艰苦的努力，才能将全体人民的生活水平逐步提高起来。这样说‘苦’就恰当了。就另一方面来说是不对的。这就是说，解放七年以来，农民生活没有改善，单单改善了工人的生活。其实，工人农民的生活，除极少数人以外，都已经有了一些改善。”

三、演讲中如何正确使用判断

在演讲中，如何正确使用判断并使你的判断恰当？

（一）准确地使用量词和联系词

量词是指在演讲中反映事物的数量或规定事物的范围的词，它是判断的重要组成部分。亚里士多德说过：“判断的量项是判断的必要属性。只有量项切实，判断才能恰当。”比如我们在下判断时，要对所断定的对象作量的分析，是断定了全体，还是断定了部分，这就有一个全称和特称的问题。毛泽东在1935年12月27日所作的《论反对日本帝国主义的策略》的报告中说："马克思主义者看问题，不但要看到部分，而且要看到全体。一个蛤蟆坐在井里说：'天有一个井大。'这是不对的，因为天不止一个井大。如果它说：'天的某一部分有一个井大'，是对的，因为合乎事实。""天有一个井大"与"天的某一部分有一个井大"这是两个完全不同的判断，前者用的是全称判断，歪曲了事实，因此是个错误判断，而后者用了特称"一部分"，正确反映了客观事物，因此是个恰当的判断。这实际上反映的是演讲者思维的严密性。如果忽略了这种严密性，就会使你的演讲缺乏说服力。

在演讲中要如实地反映客观事物的情况，就要正确地加以断定，该肯定的肯定，该否定的否定，这就需要恰当地使用联系词。

由于场合不同，演讲对象不同，演讲者所要表达的感情不同，判断的表达方式也会不同，有时候用肯定的方式，有时候用否定的方式。一般来说，否定句的语意比肯定句要轻些、弱些。如"今天天气好"和"今天天气不坏"，都是对天气作出的判断，但前者用肯定句，其表达肯定的语义更强些。

否定句分单重否定与双重否定。单重否定句中只有一个否定词。如：

这三千里江山已不再是孤零零的半岛，而是保卫人类和平的前哨。

这个句子前半句是个否定句，后半句是个肯定句，两句形式并用，用否定来衬托肯定，用肯定来衬托否定，演讲者所要肯定的意思就会表现得十分鲜明和突出。

双重否定句比一般的肯定句语气更强，更加肯定。最常见的双重否定句是先后连用两个否定词，如"没有……不"、"不……不……"，也可以用一个否定词再加上否定意义的动词或反问语气，这样，它表达出来的意思则是肯定。如：

古往今来，每一场真正的革命，都是大大推动社会生产力发展的。

古往今来，没有一场真正的革命，不是大大推动社会生产力发展的。

双重否定句还有另外一种功用，就是使表达出的语气更加委婉。如"我们不能不感谢那些地质勘探队"。

（二）选用合适的判断形式

按照判断主、宾词的联系方式的不同，判断可以分为直言判断、假言判断、选言判断、联言判断、关系判断、模态判断等。在演讲过程中，演讲者应根据具体情况，选用相应的判断形式，这对作出"恰当"的判断是极为重要的。

直言判断是反映事物具有或者不具有某种属性的判断。这种判断形式在演讲中经常使用，有些演讲的题目本身就是一个直言判断，如李燕杰老师的著名演讲“青年是我师，我是青年友”，“热爱祖国是我们理想、青春、生命的基石”；有些演讲的开头需要开门见山地提出自己的论点，这时也往往使用直言判断，如毛泽东在张思德同志追悼会上的演讲：“我们的共产党和共产党所领导的八路军、新四军，是革命的队伍。我们这个队伍完全是为着解放人民的，是彻底的为人民的利益工作的。”这段话是由两个直言判断组成的复合判断，由于这段复合判断的运用，非常鲜明地揭示了演讲的主题。有些演讲的结尾同样也使用直言判断，以达到总结全篇、增强演讲效果的目的，如恩格斯《在马克思墓前讲话》的结尾：“正因为这样，所以马克思是当代最遭忌恨和最受诬蔑的人。各国政府——无论专制政府或共和政府，都驱逐他；资产者——无论保守派或极端民主派，都竞相诽谤他，诅咒他。他对这一切毫不在意，把它们当作蛛丝一样轻轻拂去，只是在万不得已时才给以回敬。现在他逝世了，在整个欧洲和美洲，从西伯利亚矿井到加利福尼亚，千百万革命战友无不对他表示尊敬、爱戴和悼念，而我敢大胆地说：他可能有过许多敌人，但未必有一个私敌。他的英名和事业将永垂不朽！”这个结尾由于使用了直言判断，使得整篇演讲显得简洁有力，主题突出。

在演讲中还经常用到假言判断。假言判断又叫条件判断，是指反映客观事物之间条件与结果的关系的判断，它断定一类情况的存在是另一类情况存在的条件，或者说，某一结果是因为什么条件造成的。因此，条件和结果就有着先后次序的不同。假言判断所反映的是人们思维的严密性，能起到征服人、说服人的作用。例如 1940 年 5 月，正当丘吉尔上台之际，德国向法国发动了军事进攻。同年 6 月 4 日，丘吉尔在英国议会发表了《报告敦刻尔克奇迹》的著名演讲，其中有这样一段：“我本人充满信心，如果大家都尽自己的职责，如果不忽视任何东西，如果像现在那样作出最好的安排，我们将再一次证明，我们能够保卫我们的岛国，能够安全度过战争的风暴，能够经得起暴政的威胁。如果必要，就打它几年，如果必要，就单独战斗。”这里运用了三个充分条件假言判断，准确表达了丘吉尔及其政府的坚定意志和决心，起到了稳定民心、鼓舞斗志的作用。再如 1936 年 12 月，西安事变发生后，周恩来同志受中央委托到西安向要求杀死蒋介石的官兵做说服工作，在分析了当时的多种政治条件后他说：“只有和平解决‘西安事变’，才能达到‘逼蒋抗日’的目的，从而有利于国家和民族的前途。”这是一个必要条件假言判断，即没有西安事变的和平解决，就不会达到逼蒋抗日的目的，也就不会有国家和民族的前途。前者成为后者成立的必要条件。

在运用充分条件和必要条件假言判断时，除了掌握前后件之间真假制约的条件关系外，还要注意前后条件之间内容上的联系。

选言判断是在演讲中经常用到的又一种重要的逻辑判断形式。它断定在几个可能的事物情况中至少有一个事物情况存在，反映的是客观事物的几种可能性，因此，它所表现出的是一种选择关系。如：“一个三角形，或者是锐角的，或者是直角的，或者是钝角的。”这是一个穷尽的选言判断，它穷尽了三角形的几种可能性。在演讲中，恰当地使用选言判断，能够有效地提高演讲的清晰度，并从而增强演讲的鼓动性和说服力。如周恩来《在延安欢迎会上的演说》：“这些现象不改变或消灭，中国抗战的局面能拖到胜利么？我们的回答：要胜利，不是拖而是打！要胜利，不是消极的抗战，而是积极的抗战！要胜利，不是国内的分裂而是国内的团结！要胜利，不是政治的压迫而是政治的民主!”这里使用了四个不相容的选言判断构成一个排比，告诉人们取得胜利的途径与方法，说理透彻，气势磅礴。

联言判断是断定几种事物情况同时存在的判断，它反映对象的不同属性的共存性和相容性，在演讲中也是经常用到的一种判断形式。它由两个以上的判断组成，因此能够起到哄托气氛、增加气势的作用。在汉语里表达联言判断的词语有“并且”、“而且”、“既是……又是……”、“不但……而且……”、“既要……又要……”等。如伟大的表演艺术家卓别林《要为自由而战斗》的演讲：“我们都要互相帮助，做人就是应当如此。我们要把幸福建筑在别人的幸福上，而不是建筑在别人的痛苦上。我们不要互相仇恨，互相鄙视。这个世界上有足够的地方让人生活，大地是富饶的，是可以使每一个人都丰衣足食的。生活的道路可以是自由的、美丽的，只可惜我们迷失了方向。贪婪毒化了人的灵魂，在全世界筑起仇恨的壁垒，强迫我们踏着正步走向苦难，进行屠杀。我们发展了速度，但是我们隔离了自己；机器应当是创造财富的，但它们反而给我们带来了穷困；我们有了知识，反而看破了一切；我们学得聪明乖巧了，反而变得冷酷无情了。我们头脑用得太多了，感情用得太少了。我们更需要的不是机器，而是人性；我们更需要的不是聪明乖巧，而是仁慈、温情。缺少了这些东西，人生就会变得凶暴，一切也都完了。”这是一段极为精彩的联言判断的典范，它几乎包括了联言判断的各种形式——有表达并列关系的，有表达递进关系的，还有表达转折关系的，用得极为恰当。

（三）遵守形式逻辑的基本规律

人们无论在运用概念、作出判断或进行推理、论证时，都必须遵守一些适用于各种思维形式的基本的、起码的逻辑思维规律，这是作出恰当判断的重要条件和前提，否则，就会造成含糊不清、自相矛盾、模棱两可的现象，从而大大地降低演讲的说服力。如“整个楼漆黑一团，只有一个房间灯还亮着”，这就出现了前后矛盾的现象，既然一个房间还亮着灯，整个楼怎么会都漆黑一团呢？因此，只有遵守同一律、矛盾律、排中律和充足理由律，才能保持思维的确定性和判断、推理的准确性。

所谓同一律，是指在同一思维论断过程中，同一个概念或同一个思想对象必须保持同一性。其最基本的要求就是明确概念，这是人们进行顺利交流的前提条件。否则就会犯混淆概念、离题、偷换概念或论题的错误。人们熟知的苏格拉底与欧提德莫斯的关于"什么是正直"的对话，就是巧妙地采用偷梁换柱的手法，尔后再浑水摸鱼，使对方摸不着头脑，陷入自相矛盾之中，从而失去信心而缴械投降的。

在演讲中还应遵守矛盾律。所谓矛盾律，即在同一思维论断过程中，两个互相矛盾的或互相矛盾的判断不能同时都真，其中至少有一个是假的。遵守这一思维规律，可使人们的思想、论断首尾一贯，前后一致，避免自相矛盾的错误。那么，这条规律所禁止的自相矛盾是一种什么样的矛盾？为什么不容许发生这种矛盾呢？请看下面一则寓言。

楚人有鬻盾与矛者，誉之曰："吾盾之坚，物莫能陷也。"又誉其矛曰："吾矛之利，于物无不陷也。"或曰："以子之矛，陷子之盾，何如？"其人弗能应也。

这就是今天我们使用的"矛盾"这个词的来源。这则寓言形象地说明，客观实际中根本不可能同时存在着"什么都能扎透的矛"和"什么都扎不透的盾"，这两个事物的存在，只能发生在混乱的思想和议论之中。当然，在演讲过程中，经常会遇到这种情况，即既肯定事物的这一方面，同时又肯定事物的另一方面。但这是有条件的，即作出这种判断，必须不在同一时间、不同条件下进行。如"有的人死了，他还活着；有的人活着，他已经死了。"表面上看这句话违背了矛盾律，但仔细分析，我们会发现，这段话所指的，实际上是指不同的"人"。

排中律也是演讲者应当遵守的逻辑规律。所谓排中律，是在同一思维过程中，两个互相否定的思想不能同时都是假的，二者必有一真。就是说，两个相矛盾的思想之外，没有第三种供选择的情况。排中律的作用在于保证思维的明确性，它要求在作出判断或发表意见时断然抉择，对是非不能同时否定，含糊其辞，也就是说，排中律要求在表态时对"是什么"或"不是什么"选择其一。但是，排中律并不要求人们对任何是非问题都必须明确表态。当人们还分辨不清是非，区别不开真假，需要进一步调查研究时，对问题不作出回答，不轻易表态是允许的。而由于种种原因，对某些问题不宜表态或不愿表态，而采取回避、迂回的态度也不能算违反排中律。例如，在 1892 年的美国总统竞选中，安德莱·E·史蒂文森是这一年当选美国总统的克利夫兰的竞选伙伴。那年，在西北地区的主要热点是华盛顿州的一座大山该命名为雷尼尔山还是塔科马山的问题。史蒂文森到西北地区时，他在车厢里所做的每次演讲，总是先花大量的篇幅大谈这座山的美丽，然后总免不了这样的结尾："我要人们都知道，我是坚决支持将这座山命名为……"说到这，列车出站的汽笛预期地拉响了，他后面的话总淹没在鸣响的汽笛声中。这里，史蒂文森非常清楚，这座山要么命名为雷尼尔山，要么命名为塔科马山，无论他同意命名为哪个名字总会得罪一部分人。于是，他巧妙地将此问题避开，不进行表态，这样就得到了大部分人的支持。既然不表态，当然谈不上违反排中律。

运用排中律时还应注意"复杂问语"。所谓"复杂问语"，就是包含某种假定的问语，对此无论简单地做肯定或否定的回答，其结果都将承认其中的假定。例如，有人问："你的期末考试及格了吗?"这一问语本身包含了这样的假定：你参加了期末考试。无论你回答"及格了"还是"没及格"，都承认了这一假定。如果你没有参加期末考试，那么，这种回答就是错误的。因此，当遇到复杂问语时，我们要认真分析，如果它包含了错误的假定，就不能简单回答"是"或"不是"，这种回答并不违反排中律。

总之，矛盾律是指出两个否定的思想不能同真，而排中律则说明两个否定的思想不能同假，因此，排中律可以说是矛盾律的扩展。排中律与矛盾律一样适用于互相矛盾的判断，但它不适用于反对关系的判断，因为它们之间有中间的可能性，这时不能要求在两者之中承认其一。

MNXL 模拟训练

（一）将学生分成若干组，分别用下述词语造句，教师根据学生判断的准确性，分别打分。

所有……，都……

有些……，是……

或者……，或者……

如果……，那么……

只要……，就……

只有……，才……

（二）下面一段对话违背了什么逻辑规律？如果是你，将会怎样回答？

班长正统计五一节到曲阜参观孔府、孔庙的名单。

他问李冰："你去不去？"

"谁说我不去？"李冰答道。

"那就是去喽，请交钱吧！"

"去？我什么时候说我去？"

"那你到底去还是不去？"班长有点迷惑了。

"这难道还不清楚吗？"

（三）关于"学校"，有如下判断，你同意其中的哪一种？理由是什么？

1. 教给年轻人生活所需要的知识和技能。

2. 让孩子既离开家门，又有事可做。

3. 提供校长、老师和其他职工的工作机会。

4. 提供孩子们自学的机会（如果他们愿意自学的话）。

5. 为以后找到挣钱的工作进行培训。

第三节　演讲中的推理

一个优秀的演讲往往是情感与理智的结合。因此，熟悉推理的基本原则有助于建立逻辑性思维，避免逻辑错误的发生。善于推理的演讲可以用最好的材料向听众展示对某些问题的思考，达到更好地说服听众的目的。

一、演讲中推理的逻辑要求

演讲要揭示事物的本质和规律，就应该借助于正确的推理，而推理的正确则取决于逻辑上的推理形式正确或符合推理规则，同时，还需要推理内容的真实。恩格斯说，如果我们有正确的前提，并且把思维规律正确地运用于这些前提，那么，结果必定与现实相符。这说明，一个正确的推理必须满足两个条件，即前提必须真实，前提和结论之间的联系必须符合推理规则。违反这其中的任何一个条件，都不能得到一个必然的、真实可靠的结论，而这就叫做缺乏逻辑性。

要使推理具有逻辑性，首先就要做到概念明确，判断恰当。这是因为推理是由判断组成的，而判断是离不开概念的。如果概念不明确，就很难说判断恰当，而判断不恰当，就不能确切地、恰如其分地反映客观对象，也同样会使推理失去逻辑性，严重的还会出现逻辑错误。比如在判断的形式上，应当用特称的却使用了全称，应当用肯定的却使用了否定等等，都会造成判断不恰当，而在不恰当判断的前提下是不可能得到正确的推理结论的。

当然也有另外一种情况，推理的前提是真实的，但结论却不能从前提中必然地推出来，前提和结论之间不存在必然的联系。这种错误叫做“推不出来”。例如丹麦哲学家施达克错误地认为，费尔巴哈相信人类的进步，追求理想的意图，承认理想的力量，并由此认为费尔巴哈是唯心主义者。其实，施达克的标准是无法区别唯心主义和唯物主义的，他的观点在逻辑上是十分荒谬的。

此外，还有一个正确选择推理方法的问题。推理包括归纳推理、演绎推理和类比推理。在演讲过程中，究竟使用哪种推理方式，应根据演讲内容而定。归纳推理是由个别概括出一般的推理，当演讲要从大量个别事例概括出普遍认识或一般规律时，可用归纳推理，这样就会使演讲显得具体而深刻。演绎推理是由一般到特殊的推理，当演讲要根据一般原理对某一具体问题进行分析说明时，使用演绎推理可以使演讲巧妙地反映出事物之间的关系以及它们的发展规律。类比推理是从两类对象在一系列特点上相同，推出它们在另一特点上也相同的推理。当演讲缺乏可靠论证的思路时，可以运用类比推理，举一反三，触类旁通，开阔视野，为揭示事物的本质，找出一个相似的说明方法。

二、推理的基本形式及其在演讲中的应用

推理是由一个或几个判断推出另一个新判断的思维形式，它由前提和结论两部分组成。其语言表现形式为复合句或句组，一般都带有“因为……，所以……”，“由于……，因此……”等词语。

根据不同标准，推理有许多种类，而且每一类都有自己的一套规则。在演讲中运用最多的有三种推理：归纳推理、演绎推理和类比推理。

归纳推理又被称为科学法。它从大量的实例或观察开始，然后得出某个结论。结论的可靠性取决于它证明的论据要有一定的数量和真实性。当牛顿观察了大量的下落物之后，系统地提出了万有引力定律，他所采用的方法正是归纳推理法。它是最简单、最实用的推理方式。在大多数情况下，归纳推理就是一种简单的观察。比如，你在学校里学习了一段时间后就会知道，要是不认真读书，你就得不了高分，这似乎是一种因果关系。但有时候你虽然废寝忘食，发奋读书，但成绩仍然不好，这也许是老师评分不公正或者你对考题理解有误造成的。于是你得出结论，即各种原因都会造成低分。当然，由于各种因素的影响，我们认为的原因可能实际上与结果并无关系。比如不能说红灯就是停车的原因。驾驶员会因为红灯而停车，但有时为了保证汽车不在大街上相撞，也会把汽车停下来，而不是因红灯才停车。这里，原因和结果、现象之间并没有必然的联系。因此，归纳推理得出的结论有时候是靠不住的。这就需要我们必须

拿出有力的证据，不要把现象当作原因。

演绎推理是一个把一般的法则运用到具体的事例中去的过程。换句话说，它是归纳推理的反过程。比如，一个接受“孩子不打不成器”信条的家长会在一定的情况下对小孩施行体罚，而另一个家长可能就不采用；一个相信“妇女的天职就是料理家务”的丈夫则不允许他妻子外出工作，而不管家里的经济收入如何。归纳推理和演绎推理是两个合乎自然规律的过程，它们都能导致可靠或者不可靠的结论。

演绎推理的基本形式是绝对的三段论。三段论包括三个内容——大前提、小前提和从两个前提中得出的结论。如：

人总是要死的（大前提）；

他是人（小前提）；

因此，他也是要死的（结论）。

如果正确的三段论中两个前提能作为事实被接受，那么，根据形式逻辑的规律，结论必定是真实的。然而，作为一个可靠的三段论，大前提中的主词（人）必须包括所有的人，它是没有任何例外的。一旦加上任何限制，这个三段论就站不住脚了。如：

大多数人要付税（大前提）；

他是人（小前提）；

因此，他也要付税（结论）。

这里的结论就不能成立。为了表明“他”要付税，我们必须明确地说明“他”是“大多数人”中的一个。否则，就不符合演绎推理的要求。

在演讲或者辩论过程中，我们还经常看到这样的演绎推理：

狗是动物（大前提）；

猫也是动物（小前提）；

因此，猫就是狗（结论）。

显然，这个结论是荒谬的。但错在哪里呢？从形式上来看，与上面第一个例子非常相似，但是仔细琢磨一下就会发现，第一个例子中大前提里的主词“人”是小前提里的宾词“人”。这个词叫做中词。中词的位置对正确的三段论来说是个关键。中词必须在两个前提的联系中出现，它不能出现在结论中。另外，在结论中，小词必须做主词，大词是做宾词，否则会发生这样的情形：

狗是动物（大前提）；

长耳狗是狗（小前提）；

因此，所有动物都是长耳狗（结论）。

绝对的三段论是形式逻辑的基础。但还有两种流行的三段论，一是假设三段论，它以一个有条件的命题作为大前提：

如果我是个人，我总是要死的（大前提）；

我是人（小前提）；

因此，我总是要死的（结论）。

另一个是选言三段论，它在大前提中包含着两个选择句，其中至少有一个是正确的：

我要么死，要么永远不死（大前提）；

我不会不死（小前提）；

因此，我总是会死的（结论）。

每一种三段论都有它自己正确的规则。上面的几则例子中要断定三段论是否可靠还是比较容易的。当诡辩术经过文字修饰之后，它就难以识破了。例如：你是一个 19 岁的男青年，你父亲对你说：“孩子，今晚你不能开车出去。我看了许多介绍有关青少年驾驶汽车的情况。某保险公司的报告已清楚地说明，大部分车祸是由 18 ~25 岁的男青年造成的。看来这是毫无疑义的。那一档年龄的男青年都是些莽撞的驾驶员。你恰好 19 岁，所以你也包括在内。”在这里，“父亲”用了一个三段论：

所有 18 ~25 岁的男青年都是莽撞的驾驶员（大前提）；

你是属于 18 ~25 岁的男青年（小前提）；

因此，你也是一个莽撞的驾驶员（结论）。

但这个三段论的大前提是错误的。

类比推理是利用两个事物的某些属性的相同，推论它们在另一属性上也可能相同的间接推理。它可以使人们通过类比来识其同、别其异，从而使自己的观点更加鲜明，主题更加突出。如 1932 年 9 月，国民党当局以“危害民国”的罪名逮捕了陈独秀，次年 3 月由苏州高等法院开庭审判，章士钊自愿为陈独秀进行辩护：“本法庭高悬孙总理遗像，国人奉为国父，所著三民主义，党人奉为宝典，孙总理有云：民生主义即共产主义……为何孙总理宣传共产主义被奉为国父，而陈独秀宣传共产主义即为危害民国？于理于情，能服人乎？”此言一出，法官们张口结舌。

当然，由于类比推理的根据不充分，因此，其结论具有一定的或然性，有待进一步验证。

总之，演讲者在运用推理时，应正确掌握推理的方法，只有这样，才能得出一个合乎情理的结论。

XXL 模拟训练

（一）在下列陈述中，人们都得出了结论。哪个结论是错误的，为什么？

1. 大部分都想结婚——因此应该鼓励早婚。

2. 飞机从伦敦到纽约要5个小时的时间，因此飞机从纽约到伦敦必定也要5个小时。

3. 如果所有的私人车都禁止在市内通行的话，那么人们就不得不步行。

4. 民主意味着政治家由大部分选民选出，因而一个国家的政府一定拥有比反对者更多的拥护者。

（二）认真阅读下面古文，体会作者所使用的逻辑推理方法。

六国破灭，非兵不利，战不善，弊在赂秦。赂秦而力亏，破灭之道也。或曰："六国互丧，率赂秦耶？"曰："不赂者以赂者丧，盖失强援，不能独完。故曰'弊在赂秦'也！"

秦以攻取之外，小则获邑，大则得城，较秦之所得，与战胜而得者，其实百倍；诸侯之所亡，与战败而亡者，其实亦百倍。则秦国之所大欲，诸侯之所大患，固不在战矣。

思厥先祖父，暴霜露，斩荆棘，以有尺寸之地。子孙视之不甚惜，举以予人，如弃草芥。今日割五城，明日割十城，然后得一夕安寝。起视四境，而秦兵又至矣。然则诸侯之地有限，暴秦之欲无厌，奉之弥繁，侵之愈急。故不战而强弱胜负已判矣。至于颠覆，理固宜然。古人云："以地事秦，犹抱薪救草，薪不尽火不灭。"此言得之。

齐人未尝赂秦，终继五国迁灭，何哉？与嬴而不助五国也。五国既丧，齐亦不免矣。燕赵之君，始有远略，能守其土，义不赂秦。是故燕虽小国而后亡，斯用兵之效也。至丹以荆卿为计，始速祸焉。赵尝五战于秦，二败而三胜。后秦击赵者再，李牧连却之。洎牧以谗诛，邯郸为郡，惜其用武而不终也。且燕赵处秦破灭殆尽之际可谓智力孤危，战败而亡，诚不得已。向使三国各爱其地，齐人勿附于秦，刺客不行，良将犹在，则胜负之数，存亡之理，当与秦相较，或未易量。

呜呼！以赂秦之地封天下之谋臣，以事秦之心，礼天下之奇才，并力西向，则吾恐秦人食之不得下咽也。悲夫！有如此之势，而为秦人积威之所劫，日削月割，以趋于亡。为国者，无使为积威之所劫哉！

夫六国与秦皆诸侯，其势弱于秦，而犹有可以不赂而胜之之势；苟以天下之大，而从六国破亡之故事，是又在六国下矣。

思考与练习

1. 什么是概念？
2. 概念与词语的关系如何？
3. 概念的种类有哪些？
4. 如何下定义？
5. 什么是划分？
6. 判断有哪些特征？
7. 演讲中如何正确使用判断？
8. 演讲中推理的逻辑要求有哪些？
9. 推理有哪些基本形式？

第十二章　辩论技巧

辩论是辩明是非、探求道理的一种行为，是辩论性演讲的主要形式。辩论的主体是由辩者组成的辩方，它至少由两个辩方组成。由于论争的任何一方都想推翻对方的观点，因此，辩论就有别于日常说话，是带有“敌意”的语言行为。

第一节　辩论的语言技巧

辩论是语言的互动，必然要表现为语言的竞技。它直接影响着说话内容的表达，体现了辩者对辩论内容的表达能力，所以具备一定的口才并不断提高语言技巧，是争取辩论胜利的必不可少的条件。下面介绍几种辩论中常用的语言技巧。

一、排比增势

把句式相似或相同的语句连续排列使用，就是排比句。辩论中使用这种方法，可以使内容严谨整齐，气势流畅贯通，感情深厚饱满。例如鲁迅先生在《“友邦惊诧”论》中严厉批驳国民党政府的友邦人士时，这样写道：

日本帝国主义的军队强占了辽吉，炮轰关东，他们不惊诧；阻断铁路，追炸客车，捕禁官吏，枪毙人民，他们不惊诧；中国国民党统治下的连年内战，空前水灾、卖儿救穷，砍头示众、秘密杀戮、电刑逼供，他们也不惊诧；在学生的请愿中有一点纷扰，他们就惊诧了！

好个国民党政府的“友邦人士”，是些什么东西！

鲁迅先生连用三个句式相似的“不惊诧”，淋漓尽致地鞭挞了国民党的“友邦人士”的丑恶嘴脸，义正词严地驳斥了国民党政府的恶意诽谤，这里文势逼人，说理有力，与排比语句的运用是分不开的。

二、逐条反驳

辩论时，往往会出现这样的情况，对方从主观需要出发，运用种种似是而非的辩论术来为自己的谎言谬行辩护。对此可用针锋相对的方法，逐条进行反驳。失去这种针对性，辩论就丧失了具体性，就达不到征服对方的辩论目的。

例如，爱国将领冯玉祥任陕西督军时，有两个外国人私自到终南山打猎，并打死两头珍贵的野牛，于是，冯玉祥把他们招到西安兴师问罪。

冯玉祥：“你们到终南山行猎，和谁打过招呼，领到许可证没有?”

对方：“我们打的是无主野牛，用不着通知任何人。”

冯玉祥：“终南山是陕西的辖地，野牛是中国领土内的东西，怎么会是无主的呢？你们不经批准私自行猎，就是犯法行为，你们还不知罪吗?”

对方：“这次到陕西，贵国外交部发给的护照上，不是准许携带猎枪吗？可见，我们行猎已得到贵国政府的准许，怎么是私自行猎呢?”

冯玉祥：“准许你们携带猎枪，就是准许你们行猎吗？若准许你们携带手枪，就可以在中国境内随意杀人吗?”

对方：“我在中国15年，所到的地方从来没有不准打猎的，再说，中国的法律也没有不准许外国人在境内打猎的条文。”

冯玉祥：“没有不准外国人打猎的条文，不错。但难道有准许外国人打猎的条文吗？你15年没有遇到官府的禁止，那是他们睡着了，现在我身为陕西的地方官，我却没有睡着。我负有国家、人民交托的保土卫权之责，就非禁止不可。”

在这场辩论中，冯玉祥将军针对两个外国人的诡辩，逐条反驳；对第一条，“打的是无主野牛，用不着通知任何人。”用领土和主权理论反驳；对第二条，护照“准许携带猎枪”，指出犯了“推不出准许打猎结论”的逻辑错误，即论据与论题之间没有必然关系，并用归谬法，再次驳倒“准许行猎”的论题；对第三条，从时空上（“在中国15年，所到的地方从来没有不准打猎的”），从法律上（“中国的法律也没有准许外国人在境内打猎的条文”）再次寻找论据，冯将军用出奇制胜的对策，出其不意地攻击论敌。两个私自行猎的外国人被驳得既无空子可钻，又无再辩之力，只好认罪了事。

三、比喻说理

在辩论中，如果能运用贴切的比喻，则能化难为易。成功地运用比喻方法，不仅可以给人以神奇的想像，使辩论语言具有瑰丽的迷人色彩，而且能够表达出一种强烈的谴责意味，使辩论语言具有所向披靡的摧毁力。例如，讲人的品德修养这类抽象问题时，往往易流于说教，让人难以信服，但我国西汉时期的董仲舒却谈得很好。他说：“积善在身，犹长日加益，而人不知也；积恶在身，犹火之销膏，人不见也。”董仲舒把人的积善比作身体的长高，虽看不出来，但确实是长高了；把人的积恶比作点灯耗油，虽无明显变化，但确实日益濒临灭亡。虽只寥寥数语，然而论述透彻，且让人一听即懂。

四、揭其要害

辩论时，应该有一种向对方的薄弱环节发起进攻的期待和反应，准确及时地抓住对方的要害，置其于窘境。例如：1988 年，美国第 41 届总统竞选。民意测验表明：8 月份前，民主党总统候选人杜卡基斯比共和党总统候选人布什多出十几个百分点。为此，美国政治公关专家罗杰·艾尔斯帮助布什用巧辩战胜对手，当布什与杜卡基斯进行最后一次电视辩论以后，布什的优势大大增强，以致最后稳操胜券。

布什巧辩的策略是：抓住对方的语言弱点，揭其要害，从而让对方陷入窘境。杜卡基斯嘲笑布什不过是里根的影子，没有自己的政治主见。理由是布什在 20 世纪 60 年代初追随过保守的戈德华特，80 年代又遵从于温和的洛克菲勒，后来再附骥里根，作为一个政治家，其自身政治标记不明显。当杜卡基斯用嘲弄式的语言发问"布什在哪里"时，布什开始反驳。首先，布什轻松地回答了他的发问："噢，布什在家里，同夫人芭芭拉在一起，这有什么错吗？"平淡的一句话，却语义双关，既表现了布什的道德品质，又讥讽了杜卡基斯的风流癖好，置杜卡基斯于极尴尬的境地。其次，布什对自己作为政治上的四方追随者，表现出强烈的自我意识，抨击杜卡基斯虽然长期自诩为民主党内的自由派，却因为不得不坚持民主党的一贯立场，而使他的政治自诩黯然失色。如此杜卡基斯将给选民留下一个"投机政客"的不良形象。再次，抓住杜卡基斯习惯于眨眼睛的弱点，共和党利用电视屏幕为布什创造了一个外交方面富于经验、刚强果断的形象，炮制了一个布什与戈尔巴乔夫握手的镜头，旁白说布什能与戈尔巴乔夫抗衡，两眼直瞪着，坚定不移，同时播出眨眼睛的杜卡基斯，并问怎能相信总是眨眼的人能推行坚定的外交政策呢？最后布什的选票数由落后转向领先。可见"揭其要害，置其于窘境"的巧辩策略的语言效用。

五、激问反诘

激问反诘是辩论的语言技巧之一，它的实质就是修辞学中的反问在辩论中的运用。在语言表达中，反问以疑问句的形式出现，但答案已包含在疑问句里面，无须另外再作解答。辩论中的反问应用得很广泛，因为在辩论的反驳和辩护中，双方在对峙的基础上已进入兵刃相见阶段，都在想方设法地维护自己的观点和寻找对方的弱点，而反问可以加强语气，强调观点，增强进攻力和防守力。很多时候，使用反问可以转守为攻，以此造成心理上的优势和咄咄逼人的气势，使对方处于思考和回答问题的被动局面。

辩论中的激问反诘表现形式很多，这里主要介绍两种。

（一）肯定式反问

肯定式反问是辩论者针对对方的责难或反驳，以问的形式，肯定和进一步强调自己原来已陈述的观点，这种肯定反问，能使表明的观点更鲜明，态度上更能体现出果断有力。例如曾经有人问刘吉同志："你认为研究思想政治工作也是一门专业吗？"刘吉同志并没有从正面直接回答，而是说："研究牛、马、羊和鱼、鸟、虫，都称之为专业，为什么研究高等动物——人的思想变化却不能成为专业呢？人的思想变化不是比动物的行为更复杂吗？问题是我们没有建立起科学的体系。"这段话中，刘吉同志连用的两个反问就是肯定式反问。

（二）强击式反问

强击式反问是指反问的态度坚决，口气强硬，攻击有力量。例如：王若飞同志被捕入狱后，法官"审讯"他时，以"马克思列宁都是外国人，一个中国人讲外国人的主义便是卖国"为由，给王若飞强加上"卖国"的罪名，对此，王若飞进行了有力的反驳：

"法官先生，你简直太可笑了，可笑得令人齿冷。你竟然无知到这种可怜的程度，真是令人惊奇。对你说话，我得讲一点普通常识。马克思是德国犹太人，他在德国不能立足，曾在巴黎进行革命活动，后来又寄居英国伦敦。他在英国参加了工人运动，所以英国工人很欢迎他。照你的说法，莫非英国工人阶级把自己的国家出卖给了马克思吗？列宁根据马克思主义的真理，在俄国建立了布尔什维克党，领导人民推翻了沙皇的反动统治，赶走了德国侵略者。难道列宁赶走了德国人，又把俄国出卖给了德国人了吗？先生们，马克思列宁主义是无产阶级革命的真理，哪国需要就在哪国发展，谁也阻止不了，你不懂装懂，假装有学问，这样自以为是，自欺欺人，除了给人增加笑料，别无好处。"

这里，"莫非英国工人阶级把自己的国家出卖给了马克思吗"和"难道列宁赶走了德国人，又把俄国出卖给德国人了吗"两个反问句对反动法官的荒谬进行了有力的鞭挞和反诘，这比直接说出自己的观点更有力量，还可以使人明显感到他对反动派的深恶痛绝和尖锐的讽刺，确实加强了语言表达的力度和深度。

六、引言证理

在辩论中，引用历史典故或别人的话比如名家名言、格言谚语等来论证自己的思想或反驳对方，这种方法就是引言证理。例如：20 世纪 80 年代《光明日报》上刊登过这样一则"故事"：

夏日的午后，一个 20 岁出头，蓄着胡须的小伙子走进江阴县律师事务所。

小伙子在桌前坐定后，金懋鼎律师问："你需要我从哪方面帮助你？""我留这个胡子犯法吗？"学徒工模样的小伙子指着唇上的胡须略带火气地问。

来访者是某厂的学徒，他报考电视大学的准考证被车间党支部书记和主任扣留了，要他把胡须剃掉以后再给他。小伙子坚持不剃，车间领导就是不给，双方僵持着。于是，小伙子到律师这儿来请教。"我留这个胡须违法吗？"青年又问。"不违法。"律师回答得很明确。青年立即说："那我可以控告他们！"律师说："不违法，但你违反人情，违反国情！我国六七十岁的人也不一定留胡须，四五十岁的人还经常刮胡须，你年纪轻轻却留胡子，既不卫生，也不美观。是灰心丧气、不老装老的表现。这就叫违反人情。""为什么说我违反国情呢？"青年又问。"你是江阴人，应该知道一段著名的历史事实。明末清初，清朝统治者下了一道命令，一律剃须留辫，否则格杀勿论，江阴人民发出'宁愿留发不留头，不愿留头不留发'的口号，于是一场壮烈的抗清斗争开始了，全城血流成河，人民坚贞不屈。历史上有"八十日戴发效忠，六万民众同心杀贼"的记载。这表现了江阴人民伟大的民族气节。你知道京剧大师梅兰芳吗？在日寇占领上海期间，他蓄须拒不登台，表示了对日寇的蔑视。这些行动都带有政治性。请问，你留胡须也带有政治性吗？"青年连忙回答："没有，没有！"

这场辩论的内容，无需再引述，其结果是可想而知的。对于车间党支部书记和主任的做法，我们是不赞成的，对律师把留胡须与国情、政治联系起来，我们也不完全同意，因为小伙子留胡须的本意并非如此，而是爱美之类的原因。但无论如何，这位律师的一席话使那位小伙子受到启发，也令其他人受到了教育。就留须要有意义这点来说，这位律师运用"引证"讲的话，是取得了一定效果的。这位律师在辩论中运用的就是引言证理的方法。引言证理中的"言"也可以是名人名言。例如，有人为了论证劳动的意义，引用马克思关于劳动的论述："任何一个民族，如果停止劳动，不用说一年，就是几个星期，也要灭亡，这是每一个小孩都知道的。"这就有很大的说服力。

七、巧作双关

双关是指利用语言文字上的同音或同义现象，使语言能发挥出举一见二的作用。说一件事能关涉两件事，议一个理能论及两个理，这就使语言表面上是一种意思，而内里还隐含着另一种意思。这样，语言的容量加大了，信息量就大，表现力就强了。使用双关的技巧，可以帮助辩论者委婉地表情达意，也可以帮助辩论者巧妙地摆脱困境。

双关有两种基本方式。

（一）语义双关

语义双关，是利用词语的多义性构成的双关。现代汉语的许多词语，都有几重含义，辩论中可以利用词语的多义性特点，借助其中互不相干的两种含义来一语双关。例如1949年国共和谈时，毛泽东会见国民党政府代表刘斐先生。见面后，刘斐想试探毛泽东的谈判诚意，他借着闲谈个人爱好时问毛泽东："你会打麻将吗？"毛泽东回答："晓得些，晓得些。"刘斐又问："你爱打清一色，还是喜欢打平和？"毛泽东听了，立刻明白了他这问题的用意，就笑着说："平和，平和，只要和了就行了。"

这里，刘斐的问话和毛泽东的答话，都采用了"双关术"，明意讲打麻将，实则是讲国共和谈。由于双方都运用了"双关语"，使得他们对一个本来很严肃的政治问题，在轻松诙谐的气氛中表达了各自的态度。双关的作用在于造成语言的含蓄性，有"手挥五弦，目送飞鸿"的效果。在辩论中运用"语义双关"，可以达到委婉地表达自己的意见、含蓄地批评别人的缺点、辛辣地讽刺不良倾向和行为、无情地揭露丑恶的目的。

（二）对象双关

对象双关，指的是一句话（或几句话）关涉到两个对象的双关。所关涉的对象有明有暗，表面上（明）指甲，实际上（暗）指乙。例如第二次世界大战期间，荷兰被德军占领后，在英国伦敦成立了流亡政府，流亡政府总理第一次礼节性地拜会英国首相丘吉尔时，只说了一句话。他向首相伸出手友好地说："再见！先生。"丘吉尔回答说："我真希望所有的政治性会见都如此简短，而且切中要害。"

寓幽默于对象双关，寓驳于笑，是对象双关成功的秘诀之一。如一天傍晚，萧伯纳在街头散步，一位穿着奇装异服、涂脂抹粉的妙龄女郎对萧伯纳说："先生，一同去公园玩玩好吗？"萧伯纳说："不，一见你这模样，我就想到了大海。""哦，我明白了，"妙龄女郎得意地说："那碧蓝的大海，美极了，真令人神往啊！"萧伯纳淡淡地说："不！亲爱的小姐，我晕船，一想到海，我就恶心，呕吐。"

隐晦幽默，这是对象双关的主要特点。晦而不露，幽默横生，是运用这种手法的基本要求。如果忽略了这重要的一点，就会失去风趣、讥讽和辩论的力量。对象双关的幽默，就好比一根软鞭子，抽在身上，皮肤虽没有痕迹，但却刺破了对方的心。运用对象双关，这是关键所在。

八、反语相讥

反语相讥是修辞学中"反语"在辩论中的运用，即我们平常讲的"说反话”。辩论中的“说反话”不直接说出正面的意思。例如，毛泽东在《“友谊”，还是侵略》一文中驳斥艾奇逊的谬论时这样写道：

艾奇逊当面撒谎，将侵略写成了“友谊”。

参加八国联军打败中国，迫出庚子赔款，又用之于“教育中国学生”，从事精神侵略，也算一项“友谊”的表示。

治外法权是“废除”了，强奸沈崇案的犯人回到美国，却被美国海军部宣布无罪释放，也算一项“友谊”的表示。

战时和战后的对华援助，据白皮书说是45亿余美元，据我们统计是591 400余万美元，帮助蒋介石杀死几百万中国人，也算一项“友谊”的表示。

毛泽东在反驳中连用“友谊”一词，实则反话正说，更加鲜明地指责了美帝国主义的侵略行径。这种反话正说就是辩论言语技巧中的反语相讥。辩论中的反语相讥，多是为了批评、揶揄、讽刺和挖苦对方。

九、委婉含蓄

委婉含蓄就是在特定的环境下将不便直说或者不必直说的话以隐约闪烁的方式表达出来，进而达到表达自己的意见、巧妙说服对方的目的的一种辩论方法。这种方法可以避免因直言表述，显露锋芒给对方造成伤害而形成对抗，它能够启发人的想像和思考，体会其中的事理，让对方在细细品味中接受我们的观点，取得共同的认识，从而收到“言有尽而意无穷，余意尽在不言中”的辩论效果。例如下面一段对话。

问：跳舞是利多还是弊多？

答：跳舞会使人振奋，也会使人颓废，关键看你怎样起步。

问：你提倡青年人跳舞吗？

答：青年们喜欢的，你要禁止也禁止不住；青年们不喜欢的，你再提倡也搞不起来。

问：有人说跳迪斯科扭屁股是颓废，你同意吗？

答：新疆舞可以扭脖子，蒙古舞可以扭肩膀，为什么迪斯科不可以扭屁股呢？不都是身体的一部分吗？

这段对话，委婉含蓄，耐人寻味。如回答：“跳舞是利多还是弊多”的时候，对话者没有把自己的见解全部坦露出来，只回答“跳舞会使人振奋，也会使人颓废，关键是看你怎样起步。”这一回答，并没有直接回答弊多弊少的问题，却用跳舞中的一个术语——起步来回答，这要比用其他正式的判断语句有趣得多。在回答扭屁股是否就是颓废时，作者又避开了直接、止面的回答，而说扭屁股只是扭身体的一个部分，与新疆舞扭脖子、蒙古舞扭肩膀是一样的。答话者跳出了单纯的肯定否定判断，把扭屁股的迪斯科与其他舞作类比，含而不露，增加了对方的兴趣，节省了许多口舌，达到了言简意赅的效果。

十、幽默辩论

幽默的语言，可以引发笑声，在笑声中作出对是非、善恶、真假的评判，会显得生动，给人以深刻的印象，增强雄辩的力量。幽默在辩护和辩驳中，都可以使用，它既可以表示肯定的道理，也可以表示否定的道理。例如我国有一名搞政治思想工作的同志，有一次与青年们对话，青年们提出的问题相当尖锐，但这位同志以幽默的语言作答，虽然语言浅显通俗，含义却深刻含蓄。

问：有人说思想政治工作是五官科——摆官架子；口腔科——耍嘴皮子；小儿科——骗小孩子。你认为恰如其分吗？

答：今天的思想政治工作，我认为是理疗科——以理服人，医治百病，潜移默化，增进健康。

问：你谈的问题都挺新，看来你主张“喜新厌旧”。

答：是这样。我国有一位著名学者说：“除了自己的爱人和文物之外，对什么都应该喜新厌旧。否则，社会就不会发展。”

答话者的回答很幽默，基本上是顺着问话者的话说下去。这样回答，很符合答话者的身份，在圆巧的回话中含蓄地表达了自己的看法，在原则问题上决不迁就，而又合情合理。如果一口一个“这是不对的”、“那是一种错误看法”，只会增添人们的反感。答话者柔中蓄刚，才更有说服力。

幽默的语言常常借助于一些修辞手法来增强语言表达的效果，从而提高语言的感染力。简单地说，词语的调整或句式的调整，比喻、夸张、双关等修辞手法，都能显示出语言的幽默魅力。

曾有这样一件事，北京的某大学一位物理学教授乘车外出，当车急速行驶时突然有一个小刹车，这位教授没有站稳，撞到前面的一个姑娘身上。这位姑娘很不高兴，用北京方言中的一个带有贬义、讥讽意味的词说：“德性！”车厢内气氛顿时紧张起来，车上的乘客担心老教授会反唇相讥，引发一场口舌之战。但老教授只淡淡地望了姑娘一眼说：“不是德性，是惯性。”车厢里的乘客们立刻哄然大笑起来，一场将要发生的冲突化解了。老教授并非没有听懂姑娘不礼貌的言辞，而是装作不懂，巧妙地运用了“换词”的修辞手法。幽默的语言使老教授自然地下了台阶，也使姑娘自己感到无聊。

十一、仿词套句

仿词套句，是指根据现有的词语形式仿造出临时性新词，将诙谐幽默寓于庄重认真的句式、语气之中，进而达到表达某种思想和感情、奚落和嘲讽论敌的目的的一种辩论艺术。例如，首届国际华语大专辩论会初赛关于《温饱是谈道德的必要条件》的辩论中，正方复旦大学队在自由辩论时的辩词。

姜丰：荀子早就说过“争则乱，乱则穷。”所以我们走向温饱的过程中，更要谈道德，否则不就是越走越穷，什么时候才能达到温饱呢？

蒋昌建：对方认为贫困向温饱的追求过程当中，可以不谈道德，这就告诉我们一个所谓基本的理论，就是：天下大乱，才能达到天下大饱。

严嘉：如果这样的话，恐怕不是“争则乱，乱则穷”，而是“争则乱，乱则饱”了。

这里复旦大学队的几位辩手使用的就是“仿词套句”的辩论方法。作为四辩的蒋昌建和作为三辩的严嘉分别根据现有的词语“天下大乱，达到天下大治”和“争则乱，乱则穷”，临时仿造出“天下大乱，达到天下大饱”和“争则乱，乱则饱”。他们反唇相讥，机敏过人，其辩论的奇妙效果是不言而喻的。

仿词套句还可以是仿答，即用仿照问话的方式来回答。例如一个人要砍掉自己院子中的大树，友人劝阻，他解释说：“院子四方如口字，口中有木就是困，太不吉利了。”朋友答道：“那么院子四方如口，只有人，不是囚字吗？这是不是吉利呢？”这答话与问话的方式一样，都是使用析字的方法，仿词套句，“以其人之道还治其人之身”，简洁明快，一语破的。

十二、利用歧义

歧义性是自然语言的重要特点之一，即使是在任何一种比较完善的自然语言体系中都客观地存在歧义现象。我们所使用的汉语更是如此，这是自然地、历史地形成的。语言的歧义性最多且最明显地表现在语词的歧义性上。当一个字或词的含义不止一个，而有多个时，这个字或词便具有歧义性。语词的歧义固然可能会引起交际的障碍，但是在某种特定的情况下，如果我们能够正确而恰当地利用这种歧义性，将表示甲义的语词换过来表示乙义，并使这两种意义建立起某种联系，使之产生特殊的意义或感情，那么语词的歧义性便可以成为论辩的有力武器。例如 1897 年孙中山侨居日本时，结识了著名的日本政治家犬养毅，他们作过一次很有趣的交谈。

犬养毅：我真钦佩您的机智——不过，我想问问您，孙先生，您最喜欢的是什么？

孙中山：革命，把清政府推翻。

犬养毅：你喜欢革命，这是谁都知道的。但除此之外，您最喜欢什么？

孙中山停片刻，用英语回答：Woman（女人）。

犬养毅拍手道：很好！再次呢？

孙中山：Book（书）。

犬养毅忍不住，哈哈大笑：这是很老实的话，我以为您会说最喜欢书，结果您却把女人排在书的前面，这是很有意思的。您这样地忍耐着对女人的爱而拼命读书，实在是了不起！

孙中山的话引起了他的兴趣，犬养毅以为发现了一个“秘密”，这时他解除了“戒备”。接着孙中山很巧妙地“长驱”直入，展开来解释了自己的答案的含义：不是这样的！我想，千百年来，女人总是男人的附属品或玩物，充其量做个贤内助。然而我认为，她应该和母亲是同义语，当妈妈把她身上最有营养的乳汁喂给孩子的时候，当妻子把她真诚的爱献给丈夫的时候，她们的牺牲是那样无私和高尚，这难道不值得爱吗？可惜，我们好些人却不珍惜这种爱，践踏这种爱。

这里，孙中山利用歧义将语义转移，把“女人”解释为包括母亲、妻子在内的广大妇女，把“爱”理解为广义的尊重、热爱、珍惜、钦佩，阐明了一个伟大的真理，也轻松地说服了对方。

十三、巧言闪答

巧言闪答就是在辩论中对一些不便回答但又不能不回答的问题，通过一种特殊的形式和话语进行回答的方法。例如 1979 年 1 月，邓小平作为副总理在中美建交之际访问了美国。在签署两国领事、贸易、科技、文化协定时，美方有人问邓小平：“当美中决定实现关系正常化时，你在中国遇到了政治上的反对了吗？”在场的人都注视着邓小平。邓小平开始说：“有呀！”言毕稍有停顿，继而又补上一句：“我在中国的一省遇到了严重的反对，那就是台湾呀！”

应当说，提问者是另有所指，邓小平对此也是清楚的，但邓小平避开了对方提问的实质，从另一个角度回答了对方的提问，而使对方又无可非议，并且还起到了一箭双雕的作用，既指责了台湾当局对中美建交的鼓噪，又较隐晦地批评了美国一些右翼分子企图分裂中国的做法，并且不失时机地重申了“只有一个中国，台湾是中国的一个省”这样一个极为严肃的政治原则。

十四、模糊应对

我们日常生活中使用的自然语言大都具有模糊性，或者说并非句句都十分精确。就一般情况而言，模糊性的存在是正常的，而且也不会影响人们的思想和感情的交流。在辩论过程中，利用这种模糊性，将论敌的言辞咬文嚼字地进行剖析，或寻出某些漏洞，或析出论敌意想不到的含义，往往可以达到反驳的目的。由于模糊语言措词含糊，语义不明确，因而具有伸缩性强和变通性大的特点，所以在辩论的关键时刻，语言的这种模糊性常常可以用来对付那些使我们左右为难的提问，使我们在咄咄逼人的论敌面前进退自如，化解被动局面。例如项羽自尊为霸王后，封刘邦为汉王，建都南郑。项羽的谋士范增极力反对，认为南郑地势险要，让刘邦建都南郑等于放虎归山，力谏诛杀刘邦，而且献上杀刘邦的办法：以刘邦建都南郑为诱饵，看刘邦是否愿意去，若刘邦愿去，可定他早识南郑有崇山峻岭之险固和屯粮之便利，去南郑有他日谋反野心之罪；若刘邦不愿去，亦可定他有留在霸王身边以图篡位野心之罪。总之无论刘邦是否愿去南郑，项羽都有理由给他定罪。项羽是个有勇无谋，沉不住气的人。他召刘邦上殿，一见刘邦，便迫不及待地问道："寡人封你到南郑去，你愿不愿意去?"刘邦见项羽问得这么急迫，不免心中纳闷。虽然愿去，但不敢表白，于是这样回答说："臣食君禄，命悬于君手。臣如陛下坐骑，鞭之则行，收辔则止。臣惟命是听。"刘邦的回答，模糊不定，既没有说愿去南郑，也没有说不愿去南郑，完全出乎项羽的意料，使得项羽无所适从，无法定罪。

十五、刚柔相济

刚，指刚强正直，在原则问题上寸步不让，力求辩明；柔，即柔和含蓄，指通情达理。辩论是以理论论证为主的，若能使语言辅以诙谐与幽默，"以笑来矫正或诛伐"（老舍语），这样的辩论就更富有力量。例如：1946 年 5 月，远东国际军事法庭审判以东条英机为首的 28 名日本甲级战犯，因法庭座次的排定问题，10 个参与国的法官们展开了一场激烈的争论。中国法官理应排在庭长左边的第二把交椅，可是由于中国国力不强，而被各强国所否定。在这种情况下，惟一出庭的中国法官梅璈，面对列强展开了一场机智的舌战。他首先从正面阐明，排座次应按日本投降时各受降国的签字顺序排列，这是惟一正确的原则立场。接着他微微一笑说："当然，如果各位同仁不赞成这一方法，我们不妨找个体重测量器来，然后以体重的大小排座，体重者居中，体轻者居旁。"各国法官听了忍俊不禁地笑了。庭长笑着说："您的建议很好，但它只适用于拳击比赛。"梅汝璈法官接着回答说："若不以受降国签字顺序排座，那就是按体重排好。这样纵使我被置于末座亦心安理得，并且可以此对我的国家有所交代，一旦他们认为我坐在边上不合适，可以派另一名比我肥胖的来换我呀!"这回答引得法官们大笑起来。

在严肃的国际法庭上，法官的座次以体重来排定，显然是滑天下之大稽!梅汝璈法官正是用这样的笑话，辛辣地嘲弄了倚仗强权、践踏国际公理的帝国主义分子及其走狗（这是辩论“刚”的一面）；在这种以邪压正的险恶形势下，如果以证明来反驳和辩论，恐怕难以有收效。讽刺与幽默对矫正和诛伐倒是最有反击力的（这是辩论中“柔”的一面）。这种“刚柔相济”的辩论技巧，在辩论中效果较为明显。

以上我们介绍了各种技巧，但是技巧不是万能的，关键在于“巧”。不管是逻辑技巧还是语言技巧，或者其他技巧，该用且能“巧”用，方能显出魔力；不顾目的，不分对象和场合地错用或滥用，只能弄“巧”成拙。技巧犹如一叶小舟，乘坐它只是为了顺利地达到你所期望的彼岸。

XXL 模拟训练

（一）指出下列命题的错误并进行反驳。

1. 我得出结论的根据取自著名哲学著作，难道你会比他更正确。

2. 群众是真正的英雄，我是群众所以我是英雄。

3. 你是相信猴子为人类祖先的，那么请问，按你们声称的，究竟是通过你的祖父，还是通过你的祖母，你们才从猴子变成了人。

4. 马克思主义认为，人们的经济地位决定人们的意识，也就是说，吃饭决定思想体系。

5. 我的矛锋利无比，我的盾坚固无比。

6. 贼的儿子一定是贼。

（二）北京王府井大街是一条著名的商业街，为了保持市容整洁，经常有清洁工上街打扫。有一位穿着入时的妇女随手丢了一些果皮纸屑在地上，清洁工对她说：“请不要乱扔果皮纸屑。”这位妇女振振有词地说：“我们不扔，还要你们这些清洁工干什么？你们就该失业了！”如果你是那位清洁工，你会如何反驳？

第二节 进攻与防守

辩论既然是两方组成，就必然有进攻与防守。它是智慧与勇气的较量，更是进攻与防守综合艺术的运用。要辩得精彩，说服对方，必须灵活运用说话的各种艺术，掌握必要的进攻与防守技巧。

一、辩论进攻的技巧

在辩论攻击中，人们根据不同意图，选择不同的攻击点和前进路线实施进攻作战，形成了一些相对固定而有效的攻击作战方法，值得我们在辩论中借鉴和运用。

（一）先发制人

俗话说，先下手为强。在辩论攻击中，辩论者在时间上抢在论敌之前，趁对手未防范，以突然袭击方式，发起攻击，可以达到打乱其部署、陷对手于被动境地的目的，有助于造成本方的精神优势，掌握辩论的主动权。有时，首战的胜利，甚至能影响全局的胜负。

采取这种进攻模式，要把握这样几个环节：一是事先应抓住正方立论的要害，或论点偏颇，或论据不实，或知识的盲点等作为攻击点；二是攻击方式通常采用诘问、连问、重问等方式发起攻势，不给对方喘息的机会；三是把几种逻辑论证方法有效地组合起来，形成巨大的逻辑之力。成功的先发制人战法，往往取决于不同的发问方式与反驳方法相结合的程度。

（1）直言诘问，力驳要害。在辩论中，针对对方立论的漏洞，利用优先发言的机会，采用诘问方式提出问题，使对方要么回答不上来，要么无法否认你提出的理由，如此直指要害，能产生出敌不意、攻其不备的最佳效果，使论敌目瞪口呆，陷入慌乱之中，从而为本方创造出先声夺人的有利态势。

比如，在一次辩题为“传统戏曲配上电子音乐有何褒贬”的辩论赛中，自由辩论一开始，正方就向反方发问：“你刚才一再强调这样做就丢掉了传统的东西，请问，到底戏曲传统的具体内容是什么？”反方答道：“传统京剧艺术加进电子音乐之后，我看不出京剧的传统味道。至于京剧的传统到底是什么，我也不知道，京剧改革，究竟该怎样改，我也答不出来。因为我从未考虑过这个问题。”

正方：“既然你已经承认不知道什么是京剧的传统，以及加入电子音乐后究竟失去了哪些，我们就没办法与你辩论下去了。你回答不出，我们也就不勉强你回答了。”

正方二辩接着说：“对对方扔出来的问题，现在我来做圆满的回答。我们认为，传统的京剧艺术的传统特点有三个方面：第一就在于它的写意性，第二是它固定的表演程式，第三是它固定的唱腔。刚才已经讲过，电子音乐的广泛的表现力完全补充了京剧伴奏三大件阳刚有余，阴柔不足的欠缺。这就是说，加入电子音乐，既没有破坏京剧的写意性，也没有破坏它固定的表演程式和唱腔，而是使京剧艺术更加符合现代人的欣赏习惯和心理需求，我们为什么不为这种改革尝试拍手叫好，反要评头品足，甚至泼冷水呢？”

这样，正方对反方关于加入电子音乐伴奏会失去中国京剧艺术的传统的命题，给以当头一棒，反驳十分有力，赢得了观众。

（2）重复发问，攻其一点。即针对对方的要害之点或难言之隐，抓住时机，一而再、再而三地就同一个问题反复提问，逼对手回答，使之无法回避，直至将其置于困境。如，在就辩题“人性本善”辩论的自由辩论阶段，反方一上来就抓住对方的要害之点，提出一个问题：“善花如何结出恶果？”此问击在关键点上，正方避而不答，顾左右而言其他。反方则揪住不放，频频发起攻势，四个辩手先后5次向正方发难，提出同一个问题，穷追不舍，逼正方回答，正方要么避而不答，要么回答无力，在这个问题上正方显示出劣势。如此攻其一点，先发制人，压得对手喘不过气来，就能使之陷于被动挨打的局面。

运用这种战术必须注意，所提问题必须能抓住要害和实质，在语言表述上宜简短明晰，重复提出，逼对方回答。对方越是不答，就越显得心虚，必然影响观众的心理和倾向。为了提高重复提问的效果，有时还要故意把次数点出来。如上例中反方说：“我第三次请问对方辩友，善花如何开出恶果呢？”“我想第四次请问对方辩友，善花是如何结出恶果的？”“我倒想请问，你们开来开去善花如何开出恶果，第五次了啊！”如此强调重问，渲染气氛，大大加深了评委和观众的印象，强化了本方的优势，也增强了对对方的心理压力，动摇了对方的立论大厦。这正是重复提问的威力之所在。

（3）连问打击，不使喘息。在辩论中，对准对方的观点或论据不实之处，从不同角度连续发问，请对方回答，或自问自答，也能达到先发制人进而战胜对手的目的。此种方法在法庭审判中运用较多。比如一次对嫌疑人审讯。

审讯员：“在本市偷过几次东西？都是些什么？”

嫌疑人：“我是来走亲戚的，没有偷东西。”

审讯员：“我问你，走亲戚为什么说不上亲戚的名字？走亲戚你带螺丝刀干什么？走亲戚半夜里为什么四处乱跑？既然亲戚在城里，你到郊区来干什么了？”

审讯员通过这样连珠炮似的提问，摆出一件件事实，揭露对方的虚假之处，有很强的力度，对方不得不交代自己的偷窃行为。很显然，运用连续诘问方式摆事实，揭漏洞，多了一层威慑力，能产生先发制人的奇效。

再如，有消费者反映某食品厂产品质量有问题，市卫生部门在调查研究后，派一位工作人员拜访厂长。厂长一口否认本厂产品质量有问题，并说他们为国家贡献大，是别人眼红，故意造谣。工作人员严肃地说：“你们厂对国家的贡献大，不可否认。可是请问，市物价局来检查前，你为什么急于将一篓炒焦的菜籽藏起来？因为那是准备碾成粉末，充作咖啡去供应市场的。还有，市卫生检查团来了，你为什么不让他们进烤房？因为那里正将数十斤发霉的肉松，经过烘烤再送到门市部卖给群众吃的。你看，这是从市面上所查的你厂产品的检验报告……”在此例中，当事人是以自问自答方式发起进攻的。他连续提出问题，又用事实加以回答，这无异于当头棒喝，使对方来不及狡辩，就被打得措手不及，在强大的攻势面前，只能低头认错了。

（4）直指偏颇，首发命中。在辩论中，针对对方命题或论据存在的问题，直言点明，使其观点不能成立，同样能产生先发制人的效果。比如，在法庭辩论中，有些公诉人偏离主题，脱离起诉书的内容，提出新的起诉意见；也有的辩护人东拉西扯，缺乏针对性。这里，只要及时指出其偏颇，点明其脱离辩论的主旨，就能够给对方以重重的一击。请看下面一则事例：

在审理一起特大走私案时，起诉书指控的是该公司业务员刘某个人犯有走私罪，可是公诉人在公诉词中却大谈某公司走私案的事实及法律依据。见此，辩护人不失时机地指出：起诉书仅仅指控刘某以公民身份犯有走私罪，因此本案没有关于法人犯罪的起诉书；刘某不是公司的法定代表人，起诉书也没有起诉他应代表公司作为被告人。因此，本案没有法人犯罪的被告人；我们没有受委托作公司法人犯罪的辩护人，而是为个人被告作辩护人，因此本案没有法人犯罪的辩护人，在既无起诉书，又无被告人和辩护人的情况下，公诉人凭什么指控法人犯罪呢？这一反驳有理有据，不容置疑，十分有力。

从上述事例我们可以看出，先发制人打的是时间差，在时间上抢先，创造先声夺人的效果。在辩论实践中，运用先发制人的技法谋取成功，必须注意以下几点：

首先，要知己知彼。在辩论前，要了解对方立论的要害和薄弱之处，才能抓住根本，点准穴位。在辩论中，还要时刻注意双方论战形势的演变，及时发现战局进展或转变的最佳时机，先于对方行动，在时间上抢在前面，形成打击的威力。

其次，一次攻击目标要单一，不要四面开花。兵法云，伤其十指，不如断其一指。先发制人要抓住要害，攻其一点，不及其余，做到起码在某一关键问题上，打疼对手，使其无力反扑，以有效地遏制对方的攻势，打击对方的气焰。

再次，要选择适当的论证反驳方法。从根本上说，先发制人的威力来自事理反驳的力度，其逻辑基础是逻辑反驳方法的运用。所以，通过诘问去造势，用事理进行攻击，两者有机的结合就形成了制敌的威力。在反驳中要对准对方的命题，通过明晰概念，逻辑推理，或纠正事实，或分析论证，发起攻击。所用事理、论据一定要真实可靠，论证要合乎逻辑。如果内容失真，推理不准，就可能为对方的后发制人战术提供缺口，招来反击。

（二）后发制人

在辩论中，当本方对对方意图不甚了解，或出于战略考虑，并不急于展开进攻；相反对方自恃优势，锋芒毕露，咄咄逼人，此时，本方则要从容迎战，先稳住阵脚，然后视战况发展，瞅准时机和突击点后发制人，充分施展攻击技巧，组织反攻，毕其功于一役，制服对手。这是一种先守后攻的战法，通常在敌强我弱的复杂态势下，看准了再打，一旦出手就打到其痛处，往往能以弱击强，以劣胜优。

(1) 细察漏洞，抓住猛击。在辩论中，当对方气势汹汹，频频出击，以为计谋得逞时，本方应着力发现和捕捉对方立论或论据中的不实之处，一旦捕捉，便相机揭露之，置对方于困境。

(2) 借言反驳，请君入瓮。在辩论中，当对方恣意进攻，慷慨陈词时，本方应悉心倾听，捕捉其言词中于己有利的内容，拿来为我所用，以便“以子之矛，攻子之盾”，进行反驳。这是一种“接过石头打人”的战法，十分巧妙而有力。所借之言，既可以是对方的观点、话题，也可以是对方提供的事实论据，只要于我有利，就可借用，或顺其话题，或变换角度，或引申归纳，或借题发挥，促使论战局势转换，以实现既定的辩论意图。

比如，在辩论“社会秩序的维系主要靠法律还是主要靠道德”的竞赛中，正方香港中文大学队攻势很猛，他们引用孔子语录“道之以政，齐之以刑，民免而无耻；道之以德，齐之以礼，有耻且格”，来说明孔子是主张道德治世的观点。反方南京大学队一选手即脱口而出：“孔子也讲过‘危邦不入，乱邦不居’，危邦、乱邦都不去，你还指望道德吗？”反方另一位辩手接着风趣地说：“请问对方辩友，如果你家被梁上君子光顾，你是马上报警，还是坐等那个小偷良心发现？”此语一出，对方目瞪口呆，有力的反驳激起全场的掌声。这是抓住对方话题，加以引申，反驳对方论点的实例。

此外，还可以从对方所引事实论据上做文章，通过变换事实的角度，将其纳入到本方观点之下，成为自己立论的佐证材料。这样，对方苦心经营的论据为我所用，帮我之忙，对方自然苦不堪言。如在“愚公移山还是搬家”的辩论中，正方举例说明本方观点：“北京窦店村原是著名的穷地方，‘顶天立地男子汉，不如母鸡下个蛋’。然而靠着愚公移山精神，窦店村人民与天斗，与地斗，征服自然，发展多种经营，终于成为闻名海内外的富裕新农村。对方辩友听了这些，又作何感想呢？”反方辩手应答：“窦店村人民走上致富之路是移山填海带来的吗？他们移走了哪座山，填了哪几条河呢？窦店村能有此繁荣富足的景象，不正是他们开放搞活，搬家流动，走出去闯市场，返回来建家园所换来的吗？这不是搬家思维又是什么呢？”反方把对方的论据巧妙一变，纳入本方观点之下，使对方弄巧成拙。如此夺过对方手中的刀子，杀伤对方，令对方猝不及防，效果极佳。

（3）仿照还击，巧封敌口。在辩论中，当论敌提出谬论进行狡辩时，我方可按照对方的思路和语言，仿造出一个相反且让对方难以接受的观点相还击，在鲜明的对比之中，暴露对方的谬误，让对方有口难辩。请看下面一例。

在某汽车站候车室内，一个青年把痰吐在洁白的墙壁上，管理人员对他说：“同志，不准随地吐痰的标语你看到了吗？”青年辩解道：“看到了，我吐痰到墙上，不是吐在地上。”管理人员说：“如果依你的说法，那么我有痰就可以吐到你的衣服上了。因为衣服也不是地。”青年哑口无言，只得认罚。这是一种仿照对方思路，再造一个与对方论点相左的炮弹进行反驳。有时还可以仿照对方的语句格式造一个反意问句进行类比反驳，效果更佳。比如，张某要去当海员，他的朋友前去劝阻，说：“你的祖父死在海上，你的父亲也死在海上，你为什么还要当海员？”张某反驳说：“你的祖父死在床上，你的父亲也死在床上，你为什么每天还要睡在床上？”对方无言以对。这是完全仿照对方语句形式，推出一个语义对立的观点，显出对方观点与事实之间的对立，进而否定对方的论点。

仿照反驳是基于类比和联想形成的一种逻辑反驳方法，联想来源于对方的观点和句式，仿造的观点或句式又与对方相对立，在对比之中暴露对方观点的谬误。仿照反驳是后发制人的有力武器，在日常生活辩论中经常用到。人们可以信手拈来，灵活使用，进行出击，具有很强的讥讽色彩。

（4）后亮底牌，断其退路。在辩论交锋中，有时摸准对方的心理弱点或顾忌，在最后时刻抛出制敌的底牌给以轰击，对方必然改弦更张，低头认账。比如，因某公司所供钢材质量存在问题，我方提出索赔。在谈判中，我方出示事实证据、商检证书，对方不得不答应赔偿。但是，在赔偿数额上对方只答应赔 150 万元，而我方据理提出必须赔偿 250 万元。对方说：“再加码，不干。”我方反驳道：“这绝不是加码！而是照价赔偿损失，这是国际贸易的惯例。为了维护我国的尊严和经济权利，少一文也不行！”对方怒发冲冠：“我拒绝赔偿。”我方态度坚决地说：“请贵方不必激动，贸易界都知道商检证书是具有仲裁法律效力的，这不是你我可以说了算的！再说，如果贵方不履行合同，我方有权拒绝付货款！由此而产生的一切后果，我方概不负责！”我方将商检证书具有仲裁法律效力和不履行合同就拒绝付货款两张王牌一亮，无疑是对对方的沉重一击，对方不得不考虑后果。如此后发制人，对方终于同意赔款 250 万元，并在协议书上签字，此事以我方胜利而告终。

当然，运用后发制人并不总是以言词铿锵、声色俱厉的面貌出现的，有时绵里藏针，柔中寓刚，最后将王牌以暗示方式摔出来，同样可以达到预期的效果。有这样一个故事：

在一架班机上，空姐面带微笑为乘客提供服务。而两个外国女郎态度十分傲慢骄横，对空姐的服务故意挑剔，空姐不予计较。当空姐为乘客送饮料、点心时，她们对送给她们的可口可乐，还没有喝就说味道不正，其中一个女郎还把可口可乐泼在空姐的身上。空姐忍住愤怒，把可口可乐瓶子递给女郎叫她们看，然后说："小姐，你说得很对，这'可口可乐'可能有问题。可是这'可口可乐'是贵国的原装产品，也许贵国这家公司的'可口可乐'都是有问题的。我很乐意效劳，将这瓶饮料连同你们的芳名及在贵国的地址一起寄到这家公司。我想他们肯定会登门道歉，并将此事在贵国的报纸上大加渲染的。"此言一出，两位女郎顿时目瞪口呆。她们大约知道事情闹大了，说不定这家公司会走上法庭，控告她们诋毁公司名誉，后果不堪设想。于是，她们再不敢对垒，转而赔礼道歉。空姐的后发制人自有其独到之处。她自始至终都面带微笑，面对无理挑衅，她先让对方尽情发泄，自己则极力了解对方的意图，观察对方失误之处，谋划反击之策。当她认定对方是歪曲事实，又是懂法之人后，便选择了隐含方式，顺其意承认对方的指责，并愿意帮助她们让可口可乐公司向他们道歉，实则绵里藏针，暗示她们言行的严重后果，终于使对方不敢恋战，只能低头认输了。

综上所述，运用后发制人战法要成功，必须把握好两个环节：一是先忍。即开始时，面对对方的进攻，本方应以最大的耐心，让论敌骄纵表演。同时，要精于观察，紧张思考，悉心判断，随着辩论过程的发展演化，不断酝酿和积蓄力量，并捕捉对方的弱点、漏洞。二是后攻。待反击力量积蓄成势，足以歼敌，且攻击点已经看准，反驳方式已经拟就，这时就要瞅准有利时机，发起反击，最终一锤定音，击倒对手。

（三）连续突击

在辩论中，当本方具有强大实力，足以制敌时，就可针对对方的命题，正面攻坚，以压倒敌人的气势和有力的反驳，连续突击，寸土必争，步步紧逼，不使论敌喘息，连克敌阵，直至把对方征服。这种战法有很强的突击性和攻击力，在自由辩论阶段常常能派上用场。

（1）一鼓作气，攻坚到底。辩论交锋中，在有十分把握时，即可抓住关键性问题，使用多种论证、反驳手段，连续突击，直至最后的胜利。中国大法官倪征奥舌战季南就是一例。

1946 年 5 月东京国际军事法庭对东条英机等 28 名二战战犯开庭审判。中国大法官首席顾问倪征奥参加审判。此前，他们进行了艰苦的寻证取证工作，获得了日本战犯板垣征四郎等人的大量罪证。可是就在这时，国际检查组却把这个战犯分给了一位菲律宾律师负责。倪征奥明白，如果板垣征四郎不是由中国人起诉，不但意味着这一次的起诉将会失败，而且意味着中国将永远打不赢这场正义的官司。于是，他马上与国际检查组检察长、美国人季南交涉。

开始时，倪征奥用委婉的态度及充分的理由申述了由他负责对板垣征四郎进行起诉的请求，可是季南不干，说："你们中国人也太随心所欲了！这是国际检查组决定的事，怎么能随便更改呢？"倪征奥十分恼火但还是强压怒火，平静地说："季南先生，不是我唐突，既然上一阶段就由我们中国人负责的起诉对象，怎么到了第二阶段你们就突然更改了呢？而且事先也不向我们中国方面说一声，这样做是否也有点随心所欲呢？"季南张口结舌，恼羞成怒地说："你、你太无礼了！你怎么，怎么……倪先生，我提醒你不要无理取闹，这样对你们中国人是没好处的。"倪征奥义正词严地说："季南先生，我不是无理取闹，而是据理力争。我现在只是请你重新恢复原来审判的程序，板垣征四郎还是由我们中国人起诉为好。"季南气势汹汹地说："不行，这是国际组织决定的。"倪征奥提高声音说道："不行也得行！我再次提请季南先生恢复原来的审判程序！"季南冷笑道："倪先生，要是我不答应呢？"倪征奥铿锵有力地说："不恢复，那我们只能全部退出审判活动，马上启程回国！"这是一发重型炮弹，如果中国退出审判，这场国际诉讼就要泡汤，作为组长如何向联合国安理会和国际法庭交代？季南一怔，开始妥协了，说："年轻人，别这么大的火气，既然你现在代表中国检查组来向我提出这个要求，那么，你总得让我再次召开有关会议，再重新研究一下吧？"倪征奥冷静地说："不过，不知季南先生什么时候能给我回复？因为你也清楚，距开庭时间不多了。"季南说："明天，明天怎么样？"倪征奥说："好！一言为定！在这里，我先代表中国人民向你季南先生表示衷心的感谢了！"季南随后作出决定，把板垣征四郎重新交给中国检查组，使中国在东京审判中取得了胜利。

在这次辩论中，中国法官就采用了连续突击的方法。在交锋中，理直气壮，气势不凡，一鼓作气，据理反驳，既有突击力，又有分寸感，因而达到了目的。

（2）步步紧逼，不给对方喘息机会。有时我们也可抓住对方的要害，采取正面质问的方式，逼其回答，不容回避，一直将对方逼上绝路，迫使对方在铁的事实面前，举手投降。请看下面这则事例：

1962 年 10 月，联合国安理会就美苏导弹危机召开会议。在会上美大使史蒂文森与前苏联大使佐林，展开了一场辩论。下面是其中一段：

佐：真正威胁和平的是美国对古巴的封锁。是美国首先采取了这一战争行动！

史：有消息说，你们已经并且还将继续把武器运往古巴。

佐：我们把武器运往古巴，是应古巴政府的请求，并不针对任何人。而且这些武器都是常规性的，完全是为了防御。

史：你否认苏联在古巴已经并且还在设置中程和中远程导弹吗？

佐环顾左右，似在等候翻译。

史：你承认，还是不承认？用不着等人翻译，你懂英语。立即回答，承认还是不承认？

佐：你这是什么意思？这里是庄严的联合国讲坛，而不是美国的法庭！

史：这是世界舆论的法庭！不要回避躲闪，转移焦点。我等着你的回答。一直这样等着，等着！直到地狱封冻！

佐：对捕风捉影之说，我拒绝回答。

史：谁说是捕风捉影？

佐：你有什么证据？

史：要证据？好！我就在这里拿出证据，现在就拿出来！推进来！（这时一个画架推了进来，上面是古巴导弹发射场的照片）请看，这就是证据！

佐林顿时像泄了气的皮球，尴尬至极。

最后前苏联不得不从古巴撤走了导弹。

在这场辩论中，美大使是在掌握证据的情况下，以强硬的口气，对前苏联大使连续质问，步步紧逼，最后在事实面前，对方只得承认。

（3）敌变我变，穷追不舍。在辩论中，有时可根据战局变化，及时调整战术，做到敌变我变，始终对论敌保持强大的压力，待论敌退却时，本方则乘胜追击，不给对方喘息之机，直至胜利。请看下面的例子：

1996 年日本株式会社光荣总公司设在我国天津的软件有限公司接受了加工第三代某种电子游戏软件的任务，该公司 4 名中国职员看到游戏内容是歪曲历史，美化战争狂人的，于是拒绝接受这一工作，并与日商进行了针锋相对的辩论：

日方代表：为什么不接受公司指派的工作？

中方青年：任何人都没有伤害中国人民感情的权利。

日方代表：你们怕什么？

中方青年：毫无疑问，仿真彩色设计本身就是非常不严肃的，它的客观效果是美化侵略，炫耀武力，宣扬军国主义和纳粹法西斯主义，混淆了正义与非正义的界限。

日方代表：没有那么严重。这只是一种游戏，不能跟历史扯到一起。

中方青年：既然是游戏，为什么要仿真设计？既为游戏，为什么要选用真实历史事件？既为游戏，为什么置包括中国人民在内的世界人民的尊严而不顾?!

日方代表：游戏选择一定的历史背景，自然要重现那段历史的人物、事件等。但历史是历史，游戏是游戏嘛。

中方青年：这种观点不仅不能成立，而且也是十分荒谬的。用游戏形式再现历史事件，这种游戏早已超出了游戏本身的意义；历史绝不可游戏。利用游戏的不确定形式表现历史，不仅是对历史的亵渎，更重要的是抹煞了是非观念和正义与非正义的界限，这与涂抹和篡改历史并无两样。

日方代表：这就说远了。在20世纪三四十年代，日本给你们父辈是造成了一些伤害，所以你们一见到日本军人的形象就反感、就难以接受，这也可以理解。

中方青年：不是一些伤害，而是惨绝人寰的灾难！作为受到巨大伤害的民族的子孙，我们不会忘记，也不能忘记那段历史。但必须指出，我们代表的是整个中华民族的感情，这种感情是任何人都无权肆意玷污和亵渎的。

日方代表：退一步讲，你们只设计这一批，今后这样的活儿不再发往中国，只在日本做，总可以吧。

中方青年：一次杀人就是死罪，一批也不能设计。应该说明的是，反对法西斯主义、警惕军国主义阴魂复活是全世界共同的责任，是包括日本人民在内的一切热爱和平、反对战争、反对侵略的世界人民的共同愿望。这种宣扬法西斯和日本军国主义，赞美侵略、炫耀武力、混淆是非界限的事，在中国不能做，在任何一个国家不能做，在日本同样也不应该做！

日方代表：既然如此，我只有采取我的措施了。

中方青年：请便。

此后，天津市新闻出版局依法对此事进行了严肃处理，日方代表递交了"认罪书"，停止了这一软件的制作。

在这场辩论中，中国青年站在正义的立场上，与对手正面辩论交锋，一开始就展开了强烈的攻势，当对方退却时，他们寸步不让，继续攻坚，直至全胜。

（4）多管齐下，制服对手。有时在辩论中，为了提高正面进攻的威力，还要情、理、法并用，多种手段结合，组合作战，以形成更大的攻击力，攻克顽固的堡垒。如，某公司派业务员周大姐去一家欠债的单位找徐经理讨债，发生了这样一场舌战。

周：徐经理，这点钱我们公司已经派人跑过几趟了，我们也有我们的难处，还是请你想想办法吧！

徐：实在抱歉，姓林的（原承包负责人）不仅欠了你们的钱，也欠了我们自家公司的一大笔钱，如今他们屁股一拍溜了。你们找我要债，我又去找谁要债呢？

周：我们都是兄弟单位，工作上应相互支持，相互理解，你公司已经造成了损失，我们表示同情，但是，亲兄弟，明算账，这钱迟早总得付吧？我们等了好多年了。

徐：钱是姓林的欠的，不是我徐某人欠的！有人欠你的债，也有人欠我的债，别人不还我的债，我拿什么来还你的债？时下信贷紧张，我们也愁没米下锅，你们催得紧，这不是雪上加霜，乘人之危吗？

周：徐经理，你这话就不中听了！事情是姓林的办的，但账是你们公司欠的，我们当初发货认的不是姓林的，而是你们公司的'红戳子'，你们也是做生意的，怎么能说这样的话呢？用人不当，经营不善是你们公司自己的事，欠债是你公司与我公司的事。如果亏了本就可以将债务一笔勾销，那你们赚钱时，怎么没与我们分利呢？我们要是乘人之危，早就在法庭上相见了，之所以不这样，不过是想给你们节约一笔诉讼费！做生意么，赚钱、赔本总是有的，你说，我们今后还需不需要合作？

徐经理口气立即变了，不但认了账，而且设法先还了一部分债务。

在这里，周大姐的攻势很猛，而且不断加强加重语气，最后一炮，情、理、法并用，全面出击，有理的阐述，有法的威慑，有情的感化，句句打在点子上，对方岂能顽固到底？

（四）诱敌就范

在辩论交锋中，有时本方预设圈套，着意运用某种"诱饵"，引诱对手上钩，然后一步一步地把对方引至对本方有利的预定战场，聚而歼之。这种诱敌就范法能更多地体现辩论者的主观能动性。它是心智与舌战结合、谋略与战术配合的产物，运用得当能收到很好的反驳效果。在实际运用中，由于辩驳论点不同，对象不一，诱敌之术也呈现出不同的途径和形式。

（1）引敌入瓮。当本方已经发现对手的谎言和破绽，如果正面反驳效果不好时，就不要急于戳穿，可以假装不知，故意设问，诱其谈出所谓的事实，并重申肯定，然后本方突然杀个"回马枪"，戳穿其谎言，使其难以改口，只能举手投降。这种方式对于争取第三方的理解和同情，有力地封堵论敌之口，有一锤定音之效。请看一则著名的法庭辩护事例：

有一个名叫阿姆斯特朗的年轻人，被人诬告谋财害命，判定有罪。作为律师的林肯在查阅有关案卷后，愿为被告辩护。

在法庭上，被原告收买的证人福尔逊一口咬定被告用枪击毙了死者，并且发誓说是在18日晚月光下亲眼看到的。于是，在法庭辩论中，林肯对其进行质问。

林肯问："你在草堆后面，被告在大树下，相距二三十米，你能看清楚吗？"

证人："看得很清楚，因为月光很明亮，我看清了他的脸。"

林肯问："具体的时间能肯定吗？"

证人："完全可以肯定，那是11点1刻。"

这时，林肯把身体转向法官和旁听的观众，说道："我不能不告诉大家，这个证人是彻头彻尾的骗子！"他又说，"请大家想一想，10月18日那天是上弦月，11点时月亮已经下山了，哪里会有月光呢？退一步说，就是提前一些时间，月光还没有下山，那只能从西向东照射，草堆在东，大树在西，如果被告面向草堆，脸上是不能照月光的。证人怎么能从二三十米远的草堆后面看清楚被告的脸呢？"

证人顿时傻了眼，有口难辩，只得承认作了伪证。于是，冤案得以推翻。

在此例中，林肯本已掌握了事实，但假装不知，不动声色，通过正常询问，引诱证人一次次对其所说"事实"作出肯定的回答，并当众重申，这就等于严严实实地把证人引进一个牢笼里，并关上了大门。最后，林肯道出事情真象，并进行严密推理，对方的谎言昭然若揭，不攻自破。

再看一个生活辩论的事例。有两兄弟在某市做服装生意，一天，弟弟从上海进了一批货，电告其兄次日凌晨两点接站。但哥哥贪睡误了点没去接，致使弟弟一个人费力地把货运回。见面后，哥哥扯谎说去过车站，没接着人。

弟："昨晚那趟车晚点了，你知道吗？"

哥："当然知道。"

弟："到站时是两点半还是三点？"

哥："大概是两点半吧。"

弟："算了吧，昨晚列车正点到达，到站时间是凌晨1点59分。"

哥哥面红耳赤。

在这里，弟弟同样采用了诱敌入瓮术，引诱对方往里钻，而后亮出实情，断其退路，将其"擒获"。

（2）放敌入网。在辩论中，有时可事先设计一些陷阱，并网开一面，放敌进入，待论敌深入其中，再收住网口，聚而歼之。这种战法在自由辩论中较为有效，因辩场上的气氛十分紧张，辩手对于对方设计的诱饵往往不易识别，待到发现上钩时，已经不能自退。而且，这种方法还可收到极好的观众效应。

如：在“艾滋病是医学问题不是社会问题”的辩论竞赛中，在自由辩论阶段，有这样一段辩论：

反方：我倒想请对方辩友回答我一个很简单的问题，今年世界艾滋病日的口号是什么？

正方：今年的口号是“更要加强预防”，怎么预防呢？要用医学方法去预防啊。

反方：错了！今年的口号是“时不我待”。对方辩友连这个基本问题都不知道，怪不得辩起艾滋病问题来还是不紧不慢的。

在这里，一个平平常常的诱饵，却能产生不平常的效果。可见有时本方可以漫不经心的方式，提出一个看似并不重要或过于简单，实际却暗藏“机关”的问题，一旦对方进入圈套，迅速发起冲击，揭示对方言行的矛盾，便能使其俯首称臣。

（3）诱敌上钩。有时在辩论中，本方故意暴露自己似乎准备不足的弱点、破绽，让对方去抓，当对手以为中计，大举进攻时，却已经走入歧途，本方则可以亮出早已掌握的有力的证据材料，给对方以沉重的打击。

比如，在第二届亚太辩论赛决赛中，复旦队一辩讲：“‘父母在，不远游’，这是纯粹的儒家思想吧！照此办理，我们不就来不了新加坡了吗？”

台大队立刻反击：“对方同学不要断章取义。《论语》中的下句是‘游必有方’。”

复旦队诙谐地反驳说：“至于‘游必有方’嘛，游来游去不要成为乌节路上的游离少年啊！”

这里的乌节路是新加坡最主要的商业街，游离少年是对那些不服管教的少年的总称，当地人对此十分熟悉。这句话引起了长时间的掌声，收到了好的效果。

在这里，复旦队在引用孔子的言论时，先故意不说全，叫对方抓住。对方一旦纠正补充，就成了上钩之鱼，本方趁势发挥引入自己的立论上来，给对方重重一击。

（4）纵敌上套。在辩论中，当论敌气势旺盛，来势凶猛，或论敌固守不退，彼此胶着时，本方不妨采取欲擒故纵方式，使论敌丧失警惕，恣意表现，暴露问题，而后抓住证据，进行反击，将其擒拿。

比如，在“发展旅游业利大于弊”的辩论中，有这样一段辩论。

正方：香港大旅社总经理陈有生说过，旅游业是无烟工业，不仅可赚取大量外汇，为现代化提供资金，而且增加各国人民的了解和友谊，推动国内有关行业的发展，增加就业人数，促进精神文明，请问反方同学，他说得对吗？

反方：对方同学，“君从故乡来，应知故乡事”。我请问，香港发展旅游业的弊处，恐怕你们不会不了解吧？

正方：有什么弊处呢？我真的看不出来。我倒想问对方同学，如果你们说，发展一样事，要样样条件都具备的话，那么发展还有什么意义呢？

反方：我想请问对方同学，你们刚才说发展旅游业的后遗症不是人为的，那么，发展旅游业带来的这么多弊处是谁造成的呢？

正方：我们没有说过不是人为的，这些弊处正是人为的。

反方：但这些弊处你如何去消除呢？

正方：我方刚才一直强调的是，发展是一个理智的有计划的过程。现在反问对方同学，有哪些对国家对人民有利的条件是发展旅游业所必须排除，或有哪些对国家对人民有害的条件是发展旅游业所必须建立的呢？

反方：我并不认为这个世界完全是一个理性的世界，如果是这样，我们今天的世界还会有这么多的罪恶吗？

正方：我方也承认，在目前情况下有些国家是不适宜发展旅游业的，但是，这并不表示它们不适合发展旅游业啊。

反方：那么对于这些不适合发展旅游业的国家，是不是发展旅游业就弊大于利呢？

正方：我想你理解错了我的意思，我只是说不适合旅游业，并不是说不适合发展旅游业。

反方：我看不出来这两个问题有什么区别？

正方：噢，我真的惊讶，反方同学，竟然把题目误解到这种地步，一件事的存在和发展一件事，大家都明白是截然不同的呀！

反方：正是因为你们篡改了题目，把题目说成是在一定条件下发展旅游业才是利多弊少，所以才造成这样的误解。

在这里双方进行了七八个回合的交锋，北大队有意抛出“君从故乡来”为诱饵，纵敌发挥，在前4个回合中，北大队虚晃一枪，给对方造成错觉，以为北大队节节败退，实际上是在放纵敌手，让其表演，一步一步把对方引人“具体条件”这个陷阱之中，最后，猛回头给对方致命一击，擒获对手。

因此诱敌就范是一种有预谋的战术行动，并不是盲目的，而善诱是此法成功的关键。

二、辩论防守的技巧

（一）主动防御

主动防御是本方战略的一部分，它与主动进攻相互穿插进行，所以表现得胸有成竹，进退自如，机动灵活，处处主动。有效的主动防御有以下表现：

（1）应答完满。辩论防御的基本任务是坚守阵地，巩固立论。面对对方的攻击，得体完满的应答就成了挡住攻势、巩固本方命题的主要手段。从实际情况看，不同的应答方式有不同的效果。最佳的应答应同时满足以下4个目标：一是有利于巩固本方立论；二是不给对方留下漏洞和缺口；三是不中对方的圈套，避免陷入新的危机；四是能为本方的出击作好铺垫。为此，在应答内容上要做到：

①不违背逻辑法则。立论、论证要缜密、全面、辩证、瞻前顾后，追求完满。从内容到表达要严密完整，注意全面性，防止片面性。做到主论点与分论点的一致，引证的事实、论据、数字的前后要一致，语言表述上的前后要一致，本方辩手之间要一致，防止出现前后矛盾，左右撞击，彼此混战，自毁长城。这样的防线才可能无懈可击。

②要慎用"常理"。在论辩应答中对于常理要仔细斟酌。因为，有些常理是有条件的，并没有普遍意义，如果依据这些常理推断结论难免出现片面性。比如说："他的脑瓜不笨，为什么成绩上不去？俗话说，'近朱者赤，近墨者黑'，他经常同贪玩的小明在一起，还能学出好来？"显然，这样用俗话推理得出的结论就过于武断，以偏概全，容易授人以柄，招来攻击。

③要防止语失。在辩论中，要把握好思维与表达的关系，处理好应答的速度和节奏。要沉着冷静，严密思考，不可只求快捷而造成语失，特别是在自由辩论阶段，彼此反应速度很快，有时可能没有想好就脱口而出，造成语失，成为对方进攻的把柄。因小而失大，极易陷入被动和慌乱，在防御作战中要尽量避免。

（2）守中有攻。辩论防守以应答为主要手段，但并不是完全放弃进攻性反驳。相反，在稳定防线的前提下，以底线为依托伺机采取适当战术动作，突袭对手，力争有所作为，积累胜果。

①把防御作战与设计陷阱结合，杀伤对手。防御作战大多在本方战场进行，论敌气盛，本方退守，此时本方故设陷阱，极易麻痹对手，获得成功。比如，南大队与香港队辩"儒家思想是亚洲'四小龙'取得经济快速增长的主要推动因素"时，南大队有意把韩国和香港摆在一起，先抛出韩国奉行政府干预经济的政策，问"这符合儒家思想的哪一条、哪一款？"正方答："这体

现了儒家重视国家、政府主导作用的思想。”反方马上甩出香港采取自由放任的经济政策，问正方对此又作何解释。对方张口结舌，反方在防御中得分。

②把防御与诱敌结合，制服对手。当本方处于防御态势时，面对对方的攻势，本方不妨将计就计，在一些问题上避而不答，作出本方防守空虚的假象，诱使对方恣意进攻，而后再突然拿出最有力的论据，打对方一个措手不及，打乱其进攻势头，造成其心理压力，这样就使对方在明显占有优势的情况下，也不敢再贸然进攻。比如，南大队与台大队就“人类和平共处”问题进行辩论时，台大队指责对方举不出历史经验说明人类和平共处的可能性。南大队避而不答。台大队越发来劲，从历史的角度加强攻势。这时，南大队突然抛出了著名人类学家马林诺夫斯基关于战争并不是人类与生俱来的产物这一论断，以及澳洲土著人在欧洲人到来之前根本没有发生过战争，爱斯基摩人从来就不知战争为何物等作为例证，进行回击，台大队挨了一棍，再也不敢从历史的角度出战了。在这个回合中南大队得分。

③实施短促突击。在防御作战中，不能总是消极地应答对方的质问，让对方牵着鼻子走。有效的办法是依托自己的防线，少立多驳，答后必问，对对方展开短促突击。要集中精力在对方论点上发现问题，频繁发动攻击，把打击点始终引向对方的阵地。这样做，一方面可以造成对方的心理紧张，导致阵脚混乱；另一方面可以使对方疲于奔命，而无力攻击我方的观点。

不过有一点要注意，就是不要恋战。当自己处于劣势时，明知己方不利，在资料和事实上不如对方，就是在短促突击中得胜，也不要恋战，最好打一仗就转移战场。因为，在这一点上对垒，纵深作战，自己捉襟见肘，于己不利，而采取打完就撤的战术，抓一把就走，可以积小胜为大胜。

（3）化解攻势。面对论敌的强大攻势，可以想办法采取有效措施加以化解，减弱其锋芒，并为反攻创造条件。有些战法是行之有效的，可以借鉴。

①实施搅和战术。当自己遭到攻击，无力反驳时，可以抛出一些出奇的问题和事例，或不易解释的事例，迫使对方解释，以此搅乱对方的思路，让对方一时摸不清真意，造成混乱，可以大大地减弱对方的进攻势头。如辩“艾滋病是医学问题不是社会问题”时，正方说“艾滋病是发生在医院里，所以它是医学问题”，反方立即说：“在医院里捡到一串钥匙，这串钥匙也是医学问题吗?”正方说“要通过医学参与的才是医学问题”时，反方又说：“一个老太婆被人撞倒去了医院，可却是交通事故。”这样不断提出一些难以三言两语解释的问题，意在搅乱对方的阵线，减弱其攻势。

②收编论据，化害为利。当对方引用大量论据进攻时，应分析事例的多面性，将其转化成为证明我方论点的论据。如此接过话茬，为我所用，就能化解

对方的攻势，坚守本方的阵地。如澳门东亚大学队与南大队在对垒时，东亚大学队借用“巧妇难为无米之炊”的俗话，用巧妇比喻儒家思想，南大队则拿来为己所用，指出巧妇巧配各种菜谱，正好体现了灵活而正确的战略选择和政策协调。这样就把对方使用的论据收编过来，作为自己观点的佐证。

③曲解对方观点。有时故意曲解对方提出的论点，迫使对方不得不重复进行解释说明，从而化解对方的攻势。

④捕捉口误。有时抓住对方的语失，轻轻一点，就可以打击对方的锐气。比如，在辩“目前人员设备状况下是否还能提高服务质量”时，反方说：“巧妇难为无米之炊，现在设备落后，人员紧缺，业务又极其繁杂，已经再无潜力提高服务质量了。”正方道：“现在的实际情况不是无米之炊，而是少米之炊，我们不是完全没有设备，没有人员。米少不怕，只要真是巧妇，真能发挥出手艺，还是能够补偿一些不足的。”

在这里，对方引用成语说“无米之炊”，显然不符合事实，被对手抓住，打了个措手不及，点明无米与少米的差别，提出巧妇可为少米之炊，关键是发挥人的主观能动性，因而收到很好的辩驳效果。

（二）仓促防御

在辩论中，经常出现意想不到的情况，使自己陷入被动的局面。在失利的情况下，由进攻转入防御是一种迫不得已的选择。这时且不可惊惶失措，更不能只顾应答对方的提问，而忘记问题本身是否成立，这样对对方来说是正中下怀，钻进对方设置的圈套，陷入更大的困境不能自拔。正确的方法是，从实际情况出发，采取一些特殊的方法和策略，应付不利的态势，努力摆脱被动的局面，转危为安。应付危机的方法主要有：

（1）固守底线。在辩论中，底线是本方的最后防线。有时本方作战失利，不得不实施退却，但是退到底线位置时，就不能再往后退。如果底线不保，一旦被突破，本方的立论体系就会全线崩溃。所以，不管出现多么恶劣的情形，都不能在底线问题上动摇和退让。应立足底线，固守底线，牢牢把握住本方的立论，依托自己的优势，反复从不同角度说明本方观点和事实，加强和重申本方论点，又不使人有重复之感。这样有助于稳住阵脚，等待时机，向有利于本方的方向转化。

（2）救急自保。在仓促防御态势下，本方应采取一些应急措施，顶住论敌的攻击浪头，以挽救危局。

①万能应答。面对对方刁钻的发问，可以拿出事先准备好的“万能卡”进行应对。万能卡的内容往往是一些不争的事实，或是对方难以解释的矛盾，不管放在任何一个部位都难以挑剔，不致招来反扑。这样就可以得到暂时的喘

息机会，转危为安。比如：在“提倡购买国货利于经济发展”的辩论竞赛中有这样一段。

正方：“我们现在确实看到的是这样的情况，许多发达国家在我们国家釜底抽薪，跳‘卧槽马’，在这个时候，我们还能在前方‘拱卒’吗？”

正方的有力攻击，反方难以应付，眼见形势不妙，反方便抛出救急之举，拿出一张事先准备的“万能卡”照卡宣科道：“那有一个问题我就不清楚了。我们的许多国货提倡购买提倡了几年了，可是这些产业到了三十而立的年龄，还躺在妈妈的怀里数星星呢！”

猛一听这段应对并无牵强附会之感，其实这段话，接在对方的任何一次发问之后都可以。所以，当本方找不到合适有力的应答材料之前，不妨拿出万能语救急，不失为自我解脱的高招。

②以退为进。当本方的弱点被对方抓住时，本方也可以如实承认对方说的部分有理，但同时指出还有更重要的一面，而这一面恰是对自己有利的，如此把话题绕到于己有利的范围内，就可以从困境中摆脱出来。比如，在辩“儒家思想可以抵御西方歪风”时，南大队针对对方的攻势，说道：“我们非常尊重儒家，儒家思想对于协调人际关系具有积极的作用，却不能推动经济的成长。这就好比铁拐李的宝葫芦，可以治很多病，却偏偏治不好他自己的跛脚病啊！（笑声）今天对方辩友便是把孔夫子与孔方兄联在一起，这岂不是对儒家的大不恭吗？”在这里，反方以退为进的战术，产生了很好的防卫作用。

③混淆视听。有时，本方明知对方说得很清楚，而且十分有力，自己无法回答，为了摆脱窘境，也可以采取混淆视听的方式，把水搅混，以便转移视线。如在“人性本善”的辩论中，正方说：“我们就很担心人性本恶如果成立的话，那样不过是顺性而为，有什么需要惩罚的呢？”反方说：“对方终于模糊了……”本来，正方的思路是清楚的，也很有攻击力。反方故意这样说，目的是把一个本来清楚的问题，冠以模糊的字眼，如此强加于人，似乎对方真的模糊了，其实是意在引导观众的看法，帮自己摆脱困境。

④转移话题。处于被动状态时，还可以伺机制造反问机会，转移话题，把战火引到对方的阵地上。比如，在辩论“艾滋病是医学问题不是社会问题”时，正方问：“对方已经说明，我们应该加强教育，但是我想问对方，教育是用什么教育？是不是要用医学的方法来教育呢？”反方答：“知之为知之，不知为不知。请问对方，你们判断是医学问题还是社会问题的标准是什么？”在这里，反方先是运用模糊回答，避开难以回答的问题，之后又转移话题，提出一个新问题，把战火引开来，使自己得到喘息机会。

（3）交替掩护。在辩论中，当本方处于不利态势时，本方队员应密切协同，进行互救。特别是当本方某一个队员出现失误，被对方盯上，本方其他队员应挺身而出，交替掩护，阻止对方的攻击，防止本方防线在某一薄弱环节上被突破。这时，场上指挥负有更重要的责任。他必须敏捷地判明对方的意图，积极协调，采取措施；其他队员则应心领神会，迅速跟上，进行救护，堵住缺口，摆脱危机。

XXL 模拟训练

（一）分析题。

1. 在充分分析辩题的基础上，从正反两个角度对关键的概念下定义。

例如，对《大学生自主择业利大于弊》一题定义的确定。首先，从正方的角度对核心概念"自主择业"作有利于己方的界定。对"自主择业"进行限制，缩小它的范围，确定为有条件的"自主择业"。其次，从反方的角度对"自主择业"作出对己方立论有利的定义，如从字面上做文章，把"自主择业"解释为无任何条件的完全自主择业。

2. 搜集有利于己方的论据，包括事实材料和理论材料。例如，《大学生自主择业利大于弊》，理论材料包括国家的有关政策、观点和权威人士对"自主择业"发展趋势的预测。事实材料包括国内外的事实，搜集时应根据辩题的特点，既要加大事实材料的含量，又要多提炼对比性的材料。另外，还要从反面角度围绕辩题搜集论据。如可搜集一些因缺乏管理而带来的分配不均衡现象，以及不正之风带来的负效应。

3. 在分析辩题、确定定义、搜集材料的基础上明确辩手分工，然后有针对性地准备发言。先从正方角度进行准备，然后再从反方角度进行准备。从正方角度认真分析对方辩题和心理，预测对方可能对己方立论和论据进行攻击，推断对方可能提出的问题，准备相应的放手策略和应作出的回答；然后，再次从反方角度进行。

（二）用下列辩题分别进行练习。

1. 在中国选美利大于弊。

2. 雷锋精神有必要继续发扬下去吗？

3. 安乐死应该合法化。

4. 勿以成败论英雄。

5. 逆境容易成才。

第三节　诡辩与反诡辩

辩论是为了辩明是与非、真理与谬误，因此，在日常生活交谈中，我们主张遵循逻辑规则，反对诡辩；但辩论赛就不同了，辩论赛的原则是“求胜不求真”，不管你采用什么方法，只要能取胜即可，因此，诡辩术在辩论赛中被广泛采用，且往往大奏奇效。

一、诡辩

诡辩是企图弄假成真，为谬论进行辩护的违反逻辑规律和规则的论证。这种错误论证，不是由于缺乏逻辑知识、缺乏逻辑素养而产生的，而是有意识地、故意地违反逻辑规律和规则，是一种逻辑错误。它貌似正确，似是而非，具有很大的欺骗性，必须给予无情的揭露。至于在辩论赛中巧妙地运用诡辩，以维护自己的观点和立场，则是允许的。必须具体分析，不能一概而论。为了帮助大家提高识别诡辩的能力，撩开诡辩的面纱，这里介绍几种常见的诡辩手法。

（一）偷换概念

这是一种刻意违反同一律要求的诡辩手法。具体偷换的办法往往是利用一词多义，把词语形式相同，但表达的不是同一概念混为同一概念。例如：公共汽车上有个青年乘客，在抢着下车时把一块窗玻璃撞碎了。售票员很和气地对这位青年说：“同志，玻璃是你弄碎的，要赔偿。”这青年竟然反问道：“为什么要我赔？”售票员耐心地说：“损坏人民的财产就应该赔。”那青年说：“我是人民中的一员，人民财产有我一份，用不着赔，我那份不要了。”“人民财产”从逻辑上讲是个集合概念，是不可分割的，而这个青年却故意把它当成非集合概念进行诡辩。

（二）偷换论题

欧布利德曾作过一个“某人不认识自己的父亲”的诡辩论证。他先问这个人：“你认识你的父亲吗？”那人回答：当然认识。然后欧布利德叫这个人的父亲隐藏在帷幕后面，再问他：“你认识这个人吗？”那人由于不知帷幕后面是谁，因而回答“不认识”。欧布利德据此就证明：这个人不认识自己的父亲。这里，欧布利德就是用偷换论题的方法进行诡辩的。这是故意违反同一律要求的，因为在整个证明过程中论题没有始终保持一致，而是中途被偷偷地换掉了，所以证明是无效的。

（三）捏造论据

人们在辩论中应当摆事实，讲道理，而论据虚假，则是违反论证规则的。而故意地捏造论据，以假乱真，用假证据来骗人，这是诡辩者惯用的伎俩。阿Q偷萝卜时的狡辩可以说就是捏造论据的典型一例。有一次阿Q偷萝卜，被主人发现了，受到责难。阿Q狡辩说："这萝卜不是你的。"论据是"你不能叫得它答应你"。很明显，这个论据是极其荒唐的，自然论题也站不住脚。

（四）循环论证

论据是用来证明论题的。如果论据未被证实，要依赖论题加以证明，那就等于用论题本身证明论题，而论题本身是不能证明自己的。因此，论据的真实性不能依赖论题来证明。否则就要犯循环论证的逻辑错误。但是诡辩者在为其谬论辩解时，常常有意识地制造循环论证。鲁迅的《辩论的魂灵》是专门揭露反动派的诡辩方式的，该文中有这样一段话："……卖国贼是说谎的，所以你是卖国贼。我骂卖国贼，所以我是爱国者。爱国者的话是最有价值的，所以我的话是不错的，我的话既然不错，你就是卖国贼无疑了。"这段话中，"你是卖国贼"是论题，"我是爱国者"是论据，而"我是爱国者"的真实性又是依靠"你是卖国贼"来证明。鲁迅所揭露的这种诡辩方式，正是循环论证。

（五）机械类比

所谓机械类比就是把偶然相同或相似而实质上完全不同的两类对象进行类比，从而推出一个荒谬或毫不相干的结论来。诡辩者经常玩弄机械类比的手法，混淆视听，为谬论辩护。有人用宇宙和钟表来证明上帝的存在，宇宙和钟表，两者既非同类，又无本质上的相同之处，如这般推论，所得的结论就非常荒谬了。

（六）以偏概全

只根据个别情况得出一般性结论，就叫以偏概全。《晏子春秋》中记载了不少关于晏子的故事。有一次晏子出使到楚国，楚王安排了酒席来招待晏子。正当他们吃得高兴的时候，有两个小官绑着一个犯人来见楚王，楚王故意问道："这人犯了什么罪？"小官回答说："他是个强盗！是齐国人。"楚王听了，回头对晏子说："齐国的百姓原来是惯做强盗的。"这个故事中的楚王就是在诡辩，他这种诡辩方法就是以偏概全。

（七）强词夺理

论据证明论题，二者之间应有必然的逻辑联系。从论据推不出论题，强词夺理，又是一种常见的诡辩手法。有这样一则古代笑话：甲乙两人打架，乙咬下甲的鼻子，甲向县衙门告乙，乙向县官说，甲的鼻子是他自己咬下的。县官问乙："嘴比鼻子低，怎么能咬到鼻子呢？"乙说："甲是爬在床上咬的。"这则笑话中乙的辩解是十足的强词夺理。

（八）人身攻击

辩论中不以摆事实讲道理的科学方法论证论题，而是离开论题，无理地攻击对方的个人品质，甚至谩骂对方，这就叫人身攻击。德国的一位哲学家在《谁在抽象思维》一文中曾提到过这样一个例子：市场上有个女商贩在卖鸡蛋。一位女顾客挑拣以后说："你卖的鸡蛋是臭的呀！"这句话可惹恼了女商贩，她回敬女顾客道："什么？我的蛋是臭的？你自己才臭呢！你怎么敢这样说我的鸡蛋？……"这个女商贩把顾客骂得狗血喷头，其目的当然是为了证明她卖的鸡蛋不是臭的。这就是人身攻击。这是一种十分恶劣的诡辩。

二、反诡辩

黑格尔说："诡辩这个词通常意味着以任意的方式，凭着虚假的根据，或者将一个真的道理否定了，弄得动摇了；或者将一个虚假的道理弄得非常好，好像真的一样。"这是对诡辩的极其简要精确的诠释。诡辩论者总是从主观意图出发，把次要夸大为主要，把现象说成本质，用支流掩盖主流，玩弄十分狡诈的手法为其谬误进行似是而非的论证，达到迷惑他人的目的。为了对诡辩进行有力的反驳，这里介绍几种常用的反驳方法。

（一）抓住实质，击中要害

俗话说："打蛇要打七寸。"同样，对诡辩的反驳要抓住实质，击中要害。实质性的问题总是要害问题，实质决定了问题的基本倾向，抓住它，就可以置诡辩于死地。例如：无产阶级的叛徒托洛茨基在混入列宁领导的布尔什维克党时，曾发表过这样的声明："我加入布尔什维克党这件事实本身已经证明，我把过去所有那些使我和布尔什维克主义分开的东西放在党的门口了。"那些反党的东西，或者抛弃，或者保留，二者必居其一，为什么要说"放在党的门口"呢？这是一种模棱两可、含混其词的政治诡辩花招。斯大林同志就这件事驳斥道："他把这些东西放在党的门口是为了储藏起来以备将来在党内进行斗争之用呢，还是干脆把它们拿去烧掉？看样子，托洛茨基把它们放在党的门口是为了储藏起来。否则，如何解释托洛茨基入党后不久就跟党发生的并且直到现在还没有停止的那些连续不断的意见分歧呢？"斯大林的反驳一针见血地指出了托洛茨基玩弄政治诡辩的实质，暴露出他的反布尔什维克党的真面目。

（二）以退为进

正面指出实质所在固然是有力的反驳，但对那些极其荒谬的论题，光靠指出实质有时反而显得无力。这时，如果恰当地运用"归谬法"，就可以轻而易举地使诡辩者的荒谬理论大白于天下。归谬法的特点是：先假设论敌的论题是成立的，然后按其论题的逻辑加以引申，得出一个荒谬的结果，用荒谬的结果证明论题的荒谬。例如，十年动乱时，张春桥曾经把老干部要求火车准点运行作为“右倾”翻案来讨伐。他说：“希特勒的火车最准点，分秒不差。”言外之意是：“谁要求火车准点，谁就和希特勒是一样的”。后来有人反驳道：“既然希特勒要火车准点，那么，要火车准点的也是希特勒。希特勒也要吃饭，为划清界线，自然也还是以不吃饭为好。”这显然是荒谬的。既然这个结论是以张春桥的那个论题为前提引申出来的，那么张春桥的那个论题的荒谬也就不言自明了。

（三）以子之矛，攻子之盾

荒谬的论题总是有懈可击的，我们只要细心分析，抓住其自相矛盾的地方，采用“以子之矛，攻子之盾”的战术，就能让诡辩者自己打自己的耳光。例如战国后期流行“辩无胜”这种谬论，认为参加辩论的双方都不能获胜。墨子反驳道：试问你们的辩无胜说明对呢，还是不对呢？如果你们的说法对，那就是你们辩胜了；如果你们的方法不对，那就是你们辩败了。而别人辩胜了，怎么能说“辩无胜”呢？这样就抓住了“辩无胜”这个论断自相矛盾的地方。

（四）以其人之道，还治其人之身

我们对诡辩进行反驳，有时还可以运用以毒攻毒的方法，即“以其人之道，还治其人之身”。有这样一个故事：古希腊著名诡辩家欧布利德在某大公那儿当谋士，一天，他对他的同事说：“你们没有失掉的东西，那么你就有这件东西，对吗？”他的同事答道：“对呀！”欧布利德跟着说：“你没有失掉头上的角，那你头上就有角了。”众所周知，人的头上是不会长角的，可是欧布利德却振振有词地“论证”他的同事头上有角。他在不同意义下两次使用“没有失掉”这个词语，前一个“没有失掉”是对原来具有的东西说的，就是没有失掉原来具有的东西；后一个“没有失掉”是对本来就没有的东西说的，就是没有失掉原来所不具有的角。他的同事对这个荒谬的结论不服，就拉他到大公那儿去评理。大公很聪明，对欧布利德说：“在这个城堡里，你没有失去坐牢的机会，那就请你享受三天吧。”大公“以其人之道，还治其人之身”，驳得非常巧妙。

（五）喻仿法

喻仿法是模仿诡辩构造出一个相似的喻例，然后以喻例向诡辩者设难，造成以其人之道还治其人之身的效果。这里介绍三种基本类型：

（1）肯定型。这种方式的特点是：追求幽默性，使人能在微笑中会意；根据诡辩所选择的喻例要有明显的荒谬性和趣味性；必须用断定性语气表述喻例。如：

A：你同 C 以后少接触点。

B：C 为人不错，你怎么这样说？

A：他经常抱着“吉他”哼唱流行歌曲。

B：那又怎么样？

A：情趣低下的人，像街头小瘪子，才喜欢“吉他”呀、“流行歌曲”呀之类乌七八糟的玩意，C 也喜欢这类玩意，你想他能情趣高雅吗？

B：你记得武松在景阳冈上打死过什么吗？

A：老虎。

B：不对，是老猫。

A：怎么能是猫？

B：老虎喜欢吃肉，猫也喜欢吃肉，因此，老虎当然就是老猫。

例中 B 使用的就是肯定型喻仿式技巧。这种技巧的“力度”有两个来源：一是它的幽默性，这种幽默性，可以使听众发笑，从而以笑声征服听众，在辩论中形成一种有利的气氛；二是喻例的谬误性，这种谬误性可以留有余味，使听众能在笑声中产生思索，体会出诡辩的荒谬，从而成为己方的支持者。

（2）逼问型。这种方法的特点是：重视言辞的讥讽性，给人以锋芒毕露的感觉；根据诡辩所选择喻例要具有较强的谬误性；必须用反问式的语气表述喻例。如：

A：你一连迟到三次，领导自然要批评你，难道批评得不对吗？

B：当然不对！

A：怎样做才对呢？

B：他应该表扬我才对！

A：俗话说，“再一再二不再三”，你接连迟到，属于屡教不改，凭什么还要表扬你？

B：比如你身上有一百种缺点，你能一下子全部克服掉吗？俗话说，“病去如抽丝”，我第一次迟到 15 分钟，第二次迟到 10 分钟，第三次迟到 5 分钟，这说明我正逐渐改正错误，这难道不是在进步吗？所以说他应该表扬我，不应该批评我！

A：假如有这样一个人，他一天偷了人家 10 个钱包，被抓住后发誓要改正。于是第二次只偷了 9 个，第三次减少到 8 个，我们是否应该对他的“进步”加以表扬呢？如果他减少到一天偷一个，是不是应该对他大加赞赏，以表彰他“飞速”的进步呢？

例中 A 使用的就是逼问型喻仿式技巧。这种技巧的特点是犀利，因此，掌握这种技巧首先要力争使喻例有强烈的荒谬意味，这样才能在基本内容上保证反驳的尖锐性，其次在语言修辞和表述方式上要保证讥讽的指向性。讥讽不同于幽默，后者用画笔把诡辩打扮成小丑，前者则用刀剥去诡辩的画皮。这两方面功夫用到，逼问式才会真正地咄咄逼人。

（3）连珠型。这种方式的特点是：追求语词的连贯气势，给人以辩论的感觉；要选择和使用两个以上具有明显谬误性的喻例；喻例的表述要力求简洁，并且尽可能地用形式完整的排比句加以表述。如：

A：你刚才说“君子爱财”？

B：我说的是“君子爱财，取之有道”。

A：你肯定“君子爱财”这一点就足够了。爱财的都是些什么样的人呢？有的盯住人家的口袋，趁人不注意拿走里面的钱，我们称之为小偷；有的拿着凶器，戴着面具，威逼别人交出钱财，我们称之为强盗；还有的用微笑换取别人的信任，然后拿走人家的钱财，我们称之为骗子。这些财迷心窍的家伙总喜欢自称“君子”，自谓“有道”，其实他们不过是“梁上君子”，搞的是“歪门邪道”罢了！“君子爱财，取之有道”纯粹是鬼话。

B：坏人爱财，所以爱财就是坏人，对吧？请问，猪贪睡，人也贪睡，人就是猪吗？猴子喜欢吃桃，人也喜欢吃桃，人就是猴子吗？黄鼠狼喜欢吃鸡血，你也喜欢吃鸡血，你是否自认是黄鼠狼呢？

例中B使用的就是连珠型喻仿式技巧。这种技巧的优点是喻例较多，它们一方面互相印证，另一方面可以适合不同听众的口味，从而使主题得到较好的烘托。

（六）顺推法

顺推是以诡辩的核心论点为前提进行演绎推论，得出有明显谬误性的结论，造成顺水推舟的反诡辩效果。这种方法的基本类型有三：

（1）直推型。这种方式的特点是：以诡辩的结论为前提；根据前提作演绎推论；得出一个与诡辩的结论相矛盾的结论。如：

A：明后天你们几个别出操了，帮我整理一下“内务”。

B：连长，这……行吗？

A：你是不是军人？服从命令是军人的天职，懂不懂？

B：连长，如果营长命令我们偷东西或者抢银行，我们该怎么办？

例中B使用的就是直推型顺推式技巧。“服从命令是军人的天职”这句话是A的核心论点，他取消了这句话的前提，使之变成“不管让你做好事还是做坏事，你都必须去做”。B就是从这一前提出发作推论，使前提的“必须做”与结论的“不能做”形成了矛盾，诡辩者内在的荒谬性就被显示出来了。

（2）双向型。这种形式的特点是：以含有内在矛盾的诡辩论题为前提；对其中相矛盾的两个方面加以展示；得出的两个结论不能同时是真的。如：

A：请问你对上帝怎样看？

B：上帝将人类从沉沦中拯救出来，所以它是仁慈的；上帝使世界和谐，所以它是全能的。它仁慈而全能，所以我诚心信奉它。

A：如果上帝是全能的，它一定知道世间存在着这么多的丑恶和不平；如果它是仁慈的，它一定不会允许这些丑恶和不幸的事情发生。可是事实怎样呢？我们的人世间不是存在着许多的丑恶和不平吗？上帝究竟是不知道呢，还是不消灭它们呢？

例中A使用的就是双向型顺推式技巧。仁慈与全能这两种属性含有内在矛盾，但不是一眼就能发现。必须经过“放大”，才能使之一目了然。怎样“放大”呢？首先要从诡辩的核心论点中准确地提取出两个相矛盾的要点；其次要分别以这两个要点为前提进行推论，得到具有可比较性的结论；再次要尽可能使听者能根据自己的常识承认这两个推论都是正确的。这样一来，当以两个人都承认的结论作比较而又产生矛盾时，内在的谬误性就被强烈地表现出来了。

（3）递进型。这种方式的特点是：以诡辩的结论为前提进行推论；从第一次推断出的结论引出新的前提，再进行第二次推断；每次推断的结论都应该是荒谬的，并且力求荒谬性越来越明显；至少做两个层次的推论。如：

A：水能淹死人，茶杯里的水也是水吧？所以，茶杯里的水也是能淹死人的。

B；这个茶杯是你的，你也是人吧？所以，你的茶杯里的水能淹死你；淹死你的茶杯高15cm，所以，你身高不足15cm；身高不足15cm的人是侏儒。所以你是侏儒。

例中B使用的就是递进型顺推式技巧。这种技巧的突出特点是连贯而且具有辩论气势。它不是证明了诡辩的荒谬性就万事大吉，而是刻意追求淋漓尽致的效果。使用这种技巧具有一定的难度。首先，在构思上要力求一层深过一层，对诡辩者的影响要由少到多，由小到大，这样才能表现出递进的特点，才容易形成气势。其次，在表述方式上，一般应使用排比句的形式，句子之间应该相互照应，说出来朗朗上口，匀称动听，不能一短一长，听起来高低不平。此外语音语调也要逐渐推向高潮。再次，这种方法一定要从诡辩的结论开始推论。只有接过诡辩者递来的“接力棒”跑下去，才能表现出连贯而自然的姿态。

（七）矛盾法

矛盾法是从诡辩中寻找隐含的或外显的矛盾点，然后以简洁的方式挑明，造成一针见血的辩论效果。这里介绍三种常见的矛盾式反诡辩技巧。

（1）悖示型。这种方式的特点是：以具有隐含矛盾的辩论为对象；构造一个事例，以该事例的解析显示诡辩的隐含矛盾。如：

A：我这个人吃软不吃硬，谁对我好就听谁的，否则，天王老子的话也不听！

B：不信。

A：有什么不信？我从来就这样做！

B：你父母谁对你不好？

A：他们对我一样好。

B：假如你去理发，你母亲让你留长发，你父亲让你剃光头，你听谁的？

例中B使用的就是悖示型矛盾式技巧。例中诡辩的结论是“谁对我好就听谁的”，这句话听起来就有点不对劲，但从表面上又说不出什么来，原因在于它包含的矛盾是隐含的。B构造了“剃头”的事例，通过解析，显示了其内在的矛盾，确证了“谁对我好就听谁的”实质上是不可能彻底做到的。悖示型技巧的特点是构造事例显示诡辩的悖谬。使用中要注意：其一，它使用的事例可以是虚构的，但不允许采用感性夸张的手段来使用它，而应该重在对它进行理性解释。其二，表述事例不允许采用非客观性的修辞手段，而应该用简洁、明快的语言作客观的叙述和分析。

（2）悖问型。这种方式的特点是：以具有隐含矛盾的诡辩谬误之处为对象；把诡辩隐含了的矛盾的另一方面用发问的形式强调出来；发问的形式可以多种多样，但结构上只有一句问话，不作任何发挥和解释。如：

A：你说过“如果我输了，就从马路上爬回家去”，现在你输了，请爬给我们看吧！

B：我是说过，但我从来不说真话，所以我不爬。

A：你真的没有说过真话吗？

B：当然。我说假话是出了名的，如果你能证明我说过真话，我马上爬给你看！

A：你刚才说“我从来不说真话”，请问这句话是真的还是假的？

例中A使用的就是悖问型矛盾式技巧。B诡辩的依据是“我从来不说真话”。如果肯定地表述这句话，那么它便具有不可摆脱的内含矛盾，因为它没有把自身考虑进去。A抓住这个被忽略的方面，把它强调出来，使诡辩者既不能承认其真，又不能承认其假，结果不得不同意说过真话。

（3）联结型。这种方式的特点是：以具有外显性矛盾的诡辩推论为对象；将两个矛盾点精炼之后联结在一起，通过比较，鲜明地显示出诡辩的谬误。如：

A：庄子说得对，辩论分不出胜负的。

B：辩论可以分出胜负。

A：谁来评判胜负呢？你评判我不同意，我评判你不同意，那么让第三者来评判吗？怎么知道他的评判是对还是错呢？可见他的评判还需要别人评判。这样一来，实质上是找不到最终的评判标准的。所以，辩论是分不出胜负的。

B：我看辩论可以分出胜负。

A：你只讲空话，说不出道理，可见已经理屈词穷了，还是服输吧！

B：你不是说辩论分不出胜负吗？怎么又说我们俩的辩论是你胜我负了呢？

例中B使用的就是联结型矛盾式技巧。A在表述中首先断定“辩论分不出胜负”，继而又断定他与B的辩论是B输了，这样一来，其论断过程就具有外显性的矛盾。B将其矛盾点指出并联结在一起，达到了驳斥诡辩的目的。方法简单但效果显著是这种技巧的突出特点。

（八）诘难法

诘难是找出诡辩者的意图或花招的核心点，以简洁、直击要害的诘难截击诡辩，使他无法实现其意图或无法完成其诡辩。这里介绍两种常见的诘难式反诡辩技巧。

（1）驳问型。这种方式的特点是：以隐藏花招、玩弄伎俩的诡辩为对象；以简洁的问句点透诡辩者将要施展的伎俩，使之无法进一步发挥。如：

A：你未曾失去过的东西，你是不是还具有它呢？

B：你未曾失去过蹄子，请问，你是否有蹄子呢？

例中A问话是一个藏着花招的复杂问句。如果给以肯定回答，诡辩者就会说：“你未曾失去过角，所以你长着角”；如果给以否定回答，诡辩者又会说：“你未曾失去过头，所以你没有头”。这种诡辩的特点是先引人上钩，然后再加以利用。驳问型技巧就是在这种诡辩抛出诱饵时，给它以截击，点明其预谋。

（2）求疑型。这种方式的特点是：以含有某种无理要求的诡辩为对象；根据诡辩的谬误之处，设计一个疑难问题，以此疑难问题向诡辩者寻求答案。如：

A：快拍摄了，怎么还不做准备？

B：拍醉酒场面，您不给我们来一桌真的酒席，我们进入不了角色。

A：不喝酒就拍不了醉酒场面吗？

B：当然！

A：下一场拍服毒镜头时怎么办？

例中A使用的就是求疑型诘难式技巧，这种技巧的特点是从诡辩的借口上截击诡辩。使用中有两点要注意：第一，找到诡辩的借口之后，要设法让诡辩者自己肯定一下，这样可以立牢根基，使诡辩者无话可说。例中A的“不喝酒就拍不了醉酒的场面吗”的提问，就是这个目的。第二，设计的疑难问题是从诡辩的借口中引出来的，它必须与诡辩者的借口有可推断关系。如果没有可推断关系，疑难就没有什么“难”度了，当然也就无法收到使诡辩者哑口无言的效果了。

(3) 追证型。这种方式的特点是：以论据不足或虚假的诡辩为对象；从诡辩的论据上找出破绽作为突破口，要求诡辩者对论据中的破绽作出解答。如：

A：你买的是小孩票，不能入场。

B：我应该买半票。

A：为什么？

B：因为我只有一只眼睛能看东西。

A：一只眼睛怎样？

B：两只眼睛的人买全票，一只眼的人自然应该买半票了！

A：一只眼睛看不全吗？

B：当然，只能看到一半！

A：你看清半票是多少钱了吗？

B：当然看清了，三角钱。

A：你只能看到一半，所以应该用六角钱买票才对，是吗？

例中A使用的就是追证型诘难式技巧。这种技巧的特点是通过破坏诡辩的根基，达到截击诡辩的目的。

总之，在实际生活中，诡辩的手法是千变万化的，而反驳诡辩的方法也是多种多样的，这就需要我们在实践中运用马克思主义观点和逻辑学知识对具体论题具体分析，采用灵活机动的反驳战术，去战胜诡辩。

XXL 模拟训练

根据下面辩题开一次辩论会。

1. 正方：现代社会竞争比合作更重要。

反方：现代社会合作比竞争更重要。

2. 正方：社会秩序的维系主要靠法律。

反方：社会秩序的维系主要靠道德。

思考与练习

1. 哪些修辞手法可以用来作为辩论手段？
2. 模糊语言对辩论有哪些作用？
3. 辩论的进攻技巧有哪些？
4. 防守有哪些技巧？
5. 何为诡辩？诡辩的方法有哪些？
6. 如何反击对方的诡辩？

第十三章　身体语言的运用技巧

身体语言是指用人的身体动作辅助口语来进行传情达意的一种语言，也是人类社会交际的信息载体，是演讲语言的重要组成部分。无论是口语交流还是作演讲，不仅要有较强的有声语言表达能力，而且还要善于用动作、表情来辅助说话，也就是要善于用身体语言来表情达意。教育家陶行知曾说："演讲如能使聋子看得懂，则演讲之技精矣。"这正说明身体语言在传神达意上的重要作用。

说话者或演讲者首先给听众的是视觉形象。仪表、姿态、神情、动作，全都呈现在听众面前，他们灵活自如、优美协调的体态动作，能很好地辅助有声语言，弥补有声语言表达的不足，使有声语言表达的内容更准确、生动、完整。

第一节　仪表与风度

仪表是指人的身材、容貌、服饰、姿态等外在因素，以及由这些因素综合体现出来的气质和风度；而风度就是人们对美的仪表的一种衡量尺度，是人们在长期的社会生活与交往中逐渐形成的具有个人特色的举止和姿态。这些举止和姿态是人的思想、品德、性格、气质等内在素质的外在反映。事实上，仪表与风度是一种无声的身体语言，它在一定程度上反映了人的内心世界。无论是面对面说话还是作演讲，听众首先就是通过视觉，观察你的仪表和风度，并由此产生一连串的心理活动，形成"第一印象"，直接影响着听讲的效果。

一、仪表

良好的仪表和风度，能产生很强的吸引力，牢牢地吸引听众的注意力。尤其在公共场所作演讲，你不仅应该是真理的宣传者和知识的传播者，更应该是美的体现者。在演讲现场，演讲者事实上是听众的审美对象，而且也是通过对演讲者的仪表、风度的欣赏，受到美的熏陶。演讲者注意仪表的修饰，讲究风度，以美的姿态出现在听众面前，这种行为本身就显示出对听众的尊重。这种无声的信息传递，很自然地缩短了演讲者与听众的心理距离，可以赢得听众的关注与尊重，形成融洽和谐的气氛。如果演讲者蓬头垢面，衣着随便，皮鞋肮脏，举止粗鲁，以一幅“邋遢相”出现在听众面前，势必造成隔阂，使听众反感。

俗话说：“人要衣装马要鞍。”服装对人体有“扬美”与“遮丑”的功能，它可以反映人的精神气质、文化素质和审美观念。无论日常交流或者作演讲，衣着都应该整洁合身，庄重大方，色彩和谐，轻便协调。具体而言，“整洁合身”要求做到外表整齐、干净、美观，与自己的身材相协调。“庄重大方”要求做到风格高雅、稳健，与自己的性别、年龄、职业等相协调，充分体现出自己的特点与神韵。“色彩和谐”要求做到服饰与特定的环境和内容相协调。不同颜色所表达的不同寓意和象征意义，已经在人们思维中形成了较为牢固的定势，比如：深色给人以深沉、庄重之感；浅色使人感到清爽舒适。“轻便协调”要求做到装束合时，感觉良好，行动方便，与季节相符，与听众的装束协调，不可过于华丽时髦，否则会分散听众的注意力，甚至会引起非议，破坏交流的气氛。

二、风度

风度并不是指人的某一动作，而是指人们在长期的社会生活与交往中逐渐形成的具有特色的举止和姿态。这种举止和姿态是由反映人的思想、品德、性格、气质等内在因素的动作构成，而身姿正是听众评判演讲整体效果的重要指标，优美的身姿能成为表达内容、情感，调动听众情绪的有力手段，最能表现出人的风度。

身姿是人的自然形体在空间的形象显现。它由头部、身躯及双腿三部分动作构成。头部的倾斜度及活动状态，身躯的前倾后仰及移动情况，双脚的摆设姿势等均可表示出各种感情的变化。优美的身姿给人以稳健、庄重、朝气蓬勃的印象。而不美的身姿给人以轻浮、倦怠、懒散之感，影响演讲者在听众心目中的主体形象。走上讲台时，演讲者应迈步适度，步伐均匀，头正，眼睛平视，口微闭，双臂自然摆动，步态和表情应体现出庄重大方、从容自信、亲切热情；整个体型端庄，切忌低头弯腰，忸怩局促或将手插在衣袋中，左摇右晃。一般来讲，演讲宜站着讲，这样既是对听众表示礼貌的一种表现，也能给听众一个完整的形象，充分展示出演讲者的神情、仪表、姿态。站的位置宜在台前中间，既便于纵观全场，也利于听众从各自的角度看到演讲者的姿态。站姿要自然和谐、端正、庄重，不可忸怩做作；要挺胸收腹，给人一种稳定感，切不可斜身、偏头、曲颈。脚的站法可一脚在前，一脚稍后成45°角，重心在前，身体微微前倾，给人以昂扬向上的感觉。亦可两脚自然站立，显得精神抖擞。必要时，可稍稍走动，不仅可使身姿显得生动活泼，而且能表达出不同的思想感情。前进表肯定、进取、希望等；后退表否定、犹豫、退让等。左右走动，能活跃气氛。但走动不可频繁，否则会喧宾夺主，破坏演讲者的整体形象。

礼仪和风度的关系十分密切，符合礼仪要求的优美动人的举止常常最能吸引人的目光。演讲者英姿焕发，举止潇洒，热情谦和，便显得彬彬有礼。如果敞胸露怀，一步三晃，放荡不羁，不仅没有风度，也是不懂礼貌的表现，往往令人反感。礼仪是人类社会生活中逐渐形成的、并为大家共同承认和遵守的表示友情的方式或仪式。它是历史发展的产物，具有一定程度的阶级性。不同的时代，不同阶级，不同国度，表示礼节的方式和对礼节的具体要求都不一样。例如，以鞠躬代替跪拜，以握手取代作揖打拱，都体现了现代文明的特点。演讲者从步入会场、登台演讲，到演讲结束离开会场，都应该注意体态风度，讲究礼仪。步入会场时，演讲者要态度谦和，步伐稳健，潇洒自如，面带微笑，切忌左顾右盼或装腔作势，否则有轻佻和傲慢之嫌；也不宜忸怩畏缩，以免有失身份。在就座之前，应与陪同者稍事相让，方可落座。但不宜前探后望，也不宜玩弄手指、衣角等。当主持人介绍演讲者时，演讲者应自然起立，向听众鼓掌或点头表示感激之意，切不可不动或仅仅欠一下身子。正式登台演讲时，先向主持人点头致谢，然后从容稳健地走上讲台，郑重、恭敬、诚恳地向听众敬礼，并且目光环视全场，表示光顾和招呼，然后开始演讲。演讲开始要注意选择恰当的称呼。得体而充满感情的称呼，能迅速地沟通演讲者与听众的思想感情，激发听众的情绪。演讲时要热情开朗，切不可摆出目中无人，冷若冰霜的面孔；要尽量以良好的姿态、稳重的举止来传神达意；要谦逊，有礼貌，当现场听众出现烦躁不安时，切不可随意讽刺训斥，而应体现自身的涵养。演讲结束时，应面带微笑，向听众致礼之后，从容下台，切不可过于匆忙，显出羞怯失意的神态，也不可摆出洋洋得意满不在乎的样子。总之，要给人一种谦虚谨慎、彬彬有礼的印象。这样才不致因缺乏礼仪和风度而影响演讲效果。

XXL 模拟训练

标准站姿规范如下：挺胸、收腹、精神饱满，气下沉；两肩放松，重心主要支撑于脚掌脚跟上；脊椎、后背挺直，胸略向前上方提起；腿应绷直，稳定重心位置。

（一）站立不语练习

要求参加训练者体态大方，步伐有力，走上讲台，面对观众，保持良好的站姿一分钟，但不讲话。该练习是训练受训者在众人面前站立的胆量和自控能力，一次不行可以多试几次。

（二）沉思练习

要求受训者在站立不语的基础上，运用头、面部的不同动作和表情，表现出不同的思考内容。

（三）微笑练习

在站立不语训练的基础上，面带微笑，面对听众，并保持半分钟，直到不失态为止。这项练习要求有个良好的环境配合，通过这种练习锻炼受训者主动运用态势语的意识和能力。

（四）变换体态练习

要求受训者在台上自如地变换站立姿态，各种姿态的变换之间过渡自然，交代清楚，逐渐结合口语表达来进行。

（五）根据文字意思模仿动作

小幅度摇腿或脚表示紧张；讲到兴奋处，有些人喜欢将一只脚放到另一只脚上；频频把手插入衣袋里给人一种紧张的表现；挺直腰部反映出情绪高昂、充满自信；解开上衣如果不是气候原因，表示自己镇定自若；轻拍自己腹部，表示自己有风度、雅量；耸肩配合摇头或双手动作表示不明白、没办法；抬头表示遐想、傲慢等；点头表示同意、欣喜、致意、肯定、承认、感谢、应允、满意、认可、理解、顺从；摇头表示否定；垂着头走路表示心事重重；步伐较快，表示“春风得意”。

第二节　头势和手势

头为仪容的主体，它应当平正，而不要倾斜，应当与表情和手势相对应，头部的动作不能过多。头部表情达意的方法，一般有：点头表示赞同；摇头表示否定；低头表示谦逊或忧虑；昂头表示勇敢或高傲；后仰表示软弱或失望；倾斜表示得意或愉快；左右微微摇动表示怀疑或不忍；前突表示惊讶或逗趣；直立表示庄严或坚强。

手是人体敏锐的表情器官之一，手势是身体语言的主要形式，使用频率最高。由于双手活动幅度较大，活动最方便、最灵巧，形态变化也最多，因而，表现力、吸引力和感染力也最强，最能表达出丰富多彩的思想感情。寓意深刻、优美得体的手势动作，能产生极大的魅力，激发听众的热情，加深听众对演讲内容的理解，使演讲获得成功。

从手势活动的区域来看，大体有三种情况：一种在胸部以上，常常用以表达慷慨激昂，积极向上的内容和感情；一种在胸腹之间，常用以表示一般性叙事说理和较平静的情绪；还有一种在腹部以下，常用以表示否定、鄙视、憎恨等内容和情感。

根据手的不同形状和活动部位，手势动作可分为手指动作、手掌动作和握拳动作。这些手势语言具有多种复杂的含义，应该细心识辨和掌握。例如，常用拇指和小指，分别表示赞扬与鄙夷；单手手掌向前推出，显示信心和力量；双手由分而合表示亲密、团结、联合；握拳表示情感异常激烈，等等。总之，手势的部位、幅度、方向、急缓、形状、角度等等的不同变化，所表达的思想含义和感情色彩就有很大的差别。演讲者不可拘泥于某种固定的模式，而要根据演讲内容的不同需要，灵活运用不同的手势。

从手势表达的思想内容来看，手势动作可分为情意手势、指示手势、象形手势与象征手势。情意手势用以表达感情，使抽象的感情具体化、形象化，使听众易于领悟演讲者的思想情感。如挥拳表义愤、推掌表拒绝等。指示手势用以指明演讲中涉及的人或事物及其所在位置，从而增强真实感和亲切感。指示有实指、虚指之分。实指涉及的对象是在场听众视线所能达到的；虚指涉及的对象远离会场，是听众无法看到的。象形手势用以模拟人或物的形状、体积、高度等，给听众以具体、明确的印象。这种手势常略带夸张，只求神似，不可过分机械模仿。象征手势用以表现某些抽象概念，以生动具体的手势和有声语言构成一种易于理解的意境。例如，讲“一颗红心献人民”时，双手做捧物上举姿势，自然构成一种虔诚奉献的意境，给听众留下鲜明的具体印象。

手势动作只有在与有声语言表达密切相配合时，其含义才最为生动具体。演讲者的手势必须随演讲的内容、自己的情感和现场气氛自然地表现出来，手势的部位、幅度、方向、力度都应与演讲的有声语言、面部表情、身体姿态密切配合，协调一致，切不可生搬硬套勉强去凑手势。如果手势泛滥，着意表演，会使人感到眼花缭乱，显得故意作态，哗众取宠。当然，也不可完全不用手势，那样会显得局促不安，失去活力。

模拟训练

一个人念，一个人表演，按照文字意思作出动作。

1. 某国家外交部长访问S国，这位外交部长十分友好地同S国的总统握手，握完手，总统掏出手帕将右手正反面擦了几遍，然后把手帕收起。那位外交部长如法炮制，擦的时间更长，擦完以后，将手帕狠狠地扔进痰盂。那位狂妄的总统藐视外交部长，其无礼，难以复加；外交部长机智应变，来得更绝，有过之而无不及，真可谓是此处无声胜有声啊。

2. 两人一组设计双簧，一人念台词，一人表演。

3. 两人一组，一个人根据成语意思做动作（成语不让另一个人看到），另一个人根据动作意思说出成语。如：摩拳擦掌、手舞足蹈、抓耳挠腮、袖手旁观、手忙脚乱，可以再找出相似的成语模仿。

第三节　眼神与表情

一、眼神

眼神与语言之间有一种同步效应，人们的思想感情常常通过眼神自然地流露出来。眼神配合有声语言，能表达丰富多彩的思想感情。这是因为人的眼睛上有上百条神经连结大脑，它们是大脑获得信息的重要渠道，同时又受到大脑中枢神经的控制。所以，眼睛能自如地传递心灵的信息，反映人的喜怒哀乐之情。演讲者在运用有声语言传递信息的同时，也自然要通过自己的眼神，把内心的激情、学识、品德、情操、审美情趣等等传递给听众。不同的眼神，给人以不同的印象。眼神坚定明亮，使人感到坦荡、善良、天真；眼神阴暗狡黠，给人以虚伪、狭隘、刁奸之感；左顾右盼，显得心慌意乱；翘首仰视，露出凝思、高傲；低头俯视，露出胆怯、害羞。眼神会透露人的内心真意和隐秘。演讲者的眼神变化要与演讲内容的发展和自己情绪的变化相协调，要注意眼神运用的多样性，准确地表情达意，给人以胸怀坦荡的感觉。

眼神不仅可辅助有声语言表达思想感情，而且有时还能直接代替语言。例如，在演讲过程中，现场出现局部骚乱等情况，演讲者可以不开口，而采取盯视法，投出一道目光，使听众领会其意，注意听讲。这样，眼神便代替了语言呼唤，起到了控场的作用。眼睛在演讲过程中，既能输出信息，又能接受信息，演讲者在运用目光传递信息的同时，也通过目光察言观色，接受听众的信息反馈，使眼睛发挥组织演讲和收集演讲效果的作用。正因为如此，演讲者既要保持视线的目标在正前方，炯炯有神地面对听众，又要不断地兼顾全场，观察听众的反应。也就是要把目光注视前方与多方位观察巧妙地结合起来，全方位地观察听众。

要做到全方位地观察听众，演讲者要学会自如地运用眼神的三种技法：即点视法、环视法和虚视法。

（一）点视法

即有目的、有针对性地注视某一局部听众。运用这种方法可对专心致志的热心听众表示赞许和感谢；对有疑问和有困难的听众进行引导和启发；对想询问的听众给予支持和鼓励；对影响现场秩序的听众进行制止，使其收敛，达到控场的目的。运用这种方法针对性较强，目光含义要明确，同时要适可而止，避免与听众的目光长时间直接接触，以免被注视的听众感到局促不安和使其他的听众受冷落。

（二）环视法

即目光有节奏或周期性地环视全场。其目的主要是掌握整个演讲现场的动态，照顾全场，统帅全局。运用这种方法，可使全场听众产生亲近感。但必须注意，一定要照顾全局，不可忽视任何角落的听众；同时，头部摆动幅度不宜过大，眼珠不可肆意乱转。

（三）虚视法

即目光似盯未盯地望着观众。运用这种方法可显示出演讲者端庄大方的神态，可引导听众进入描述的意境之中，还可烘托气氛。但应注意使用不可频繁，以免给人以傲慢的感觉。

总之，无论使用哪种眼神，都是为了表达一定的思想内容和感情，绝不可漫无目的地故弄玄虚。眼神的运用要和有声语言和其他体态动作密切配合，协调一致。同时，在运用眼神的同时，应当表现出信心和活力，显出风度。

二、表情

表情与眼神是密切相关的。其实，眼睛的传神常常是与面部其他部分的活动相配合进行的。眼神离开了面部其他部分的活动，其表情达意的作用就必然受到影响。

面部表情非常丰富，许多细微复杂的情感，都能通过面部的种种表现来传情，并且能对有声语言表达起解释和强化的作用。脸面的颜色、光泽，肌肉的收缩与舒展，以及脸部纹路的不同组合，便能构成喜怒哀乐等各种表情。眉飞色舞是喜，切齿圆睁是怒，蹙额锁眉是哀，笑逐颜开是乐。口角向上表愉快，口角向下表忧烦；冷漠轻蔑时嘴紧闭，诧异惊讶时口大张。同样是笑，微笑、憨笑、苦笑、奸笑，在嘴、唇、眉、眼和脸部肌肉等方面都表现出许多细微而复杂的差别。演讲者要善于观察面部表情的各种细微差别，并且要善于灵活地驾驭自己的面部表情，使面部表情能更好地辅助和强化有声语言的表达。

运用面部表情，要求自然真实，喜怒哀乐都要随着演讲内容和思想感情的发展需要而自然流露，切不可“逢场作戏”，过分夸张，矫揉造作，那样会令人感到虚伪滑稽。也不可毫无表情，冷若冰霜，使人感到枯燥压抑。演讲者的面部表情与有声语言表达要协调一致，要能准确鲜明地反映自己内在的思想感情。面部表情和有声语言的表情达意应同步进行。如果演讲者的颦、笑、蹙、展游离于演讲内容之外，与内心感情变化脱节，那便会使人感到莫名其妙，无法理解。同时，演讲者为了有效地传递信息，交流感情，要尽量避免傲慢的表情、讥讽的表情、油滑的表情和沮丧的表情。这些表情都会给听众产生不良影响，形成离心效应。

XXL 模拟训练

读下面的文字，注意运用面部表情来配合表达。

1. 2005 年 5 月 24 日的《新民晚报》披露了这样一个事实：一个四年级的小学生每天要带父母亲手剥光了壳的鸡蛋到学校吃。有一次，父母忘了给鸡蛋剥壳，差点憋坏了孩子。他对着鸡蛋左瞅右看，不知如何下口。结果只好把鸡蛋原样带回。母亲问他怎么不吃蛋，回答很简单："没有缝，我怎么吃?"

无独有偶，据某杂志载，一个将要留学法国的地质学院研究生，因为害怕出国后没有人照料自己的生活而吓的全身痉挛，有时竟连续 5 个小时。神经学专家的结论是："病人发病的根源在于社会生活能力差，出国反而造成了极大的心理压力……"这个结论，我想不应该只是针对这位患有"出国恐惧症"的研究生，所有的教师，所有的家长，是否也应该考虑一下我们的学生的生活自理能力究竟怎样？今后他们能自立于社会，贡献于社会吗？

2. 同志们，刚才那位营业员同志说，欢迎大家到百货大楼来，可我呢？却不欢迎大家到我那里去，因为我是长春市公安局交通警察大队的。提起交通警察，有人给我们送了个雅号——"马路橛子"。好吧，今天我就专门讲一讲《好一个马路橛子》。

3. 听到这个题目，在座的许多同志也许会联想到爱情。是的，爱情是神圣的，也是美好的。可是，我今天要讲的，却是一种更高意义上、具有更强生命力的爱。这，就是战士的爱！

4. 伟大的诗人歌德曾有这样一句话："生命之树常青。"是的，生命是阳光带来的，应该像阳光一样，不要浪费它，让它也去照耀人间！

5. 水兵喜欢把自己比作追波逐浪的海燕，飞行员喜欢把自己比作搏击长空的雄鹰，而我们警卫战士却喜欢把自己比作夜幕中闪亮的星星。不是吗？当皓月当空，万籁俱寂的夜晚，疲劳的人们已进入梦乡，祖国大地的每个角落里不都闪烁着警卫战士一双双警惕的眼睛吗？它就像天上的星星一样，不知困倦地注视着大地，搜寻着每一个可疑的目标。

6.（读下面一段文字按要求作眼神练习）刘鹗在他的小说《老残游记》中有一段关于艺人王小玉上台说唱的描写："……她将鼓槌子轻轻地点了两下，方抬起头来，向台下一盼。那双眼睛如秋水、如寒星、如白水银里头裹着两丸黑水银，左右一顾，一看，连那坐在远远墙角里的人都觉得她看见自己了。那坐得近的，更不必说。"（她的眼神的意思是，我已经注意到各位了。这眼神奇妙绝伦，就像无声的问候和命令，比高叫一声"请大家安静"更起作用。）

7.（用眼神表示以下文字意思）正视表示庄重，斜视表示轻蔑，仰视表示思索，俯视表示羞涩，逼视表示命令，瞪视表示敌意，不住地打量表示挑衅，低眉偷觑表示困窘，行注目礼表示尊敬，白他一眼表示反感，双目大睁表示吃惊，眨个不停表示疑问，眯成一条线表示高兴。目光明澈表示胸怀坦荡；目光狡黠表示心术不正；目光炯炯表示精神焕发；目光如豆表示心胸狭窄；目光执著表示志向高远；目光浮动表示轻薄浅陋；目光睿智表示聪明机智；目光呆滞表示心事重重；目光坚毅表示自强自信；目光颓废表示自暴自弃。

第四节　听说训练

常言道，"会说的不如会听的"，这说明听与说的关系很密切："听"是思维的"起搏器"，也是信息的"过滤器"，只有会听，才能准确地摄取信息。语言交流常常是在不稳定的环境中进行的，语言信息有真有假、有好有坏。有的清晰，有的模糊；有的言此意彼，有的言近旨远，只有仔细听辨，才能去粗取精、去伪存真、由此及彼地筛选纷繁的语言信息，得到我们有用的东西，才能有效地进行语言交流。所以说"口才"并非只是"口"上之才，不练"耳"才，是不会有好口才的。

要完全听清听懂别人的话不是件很容易的事情，听，不仅是要听懂别人的话，还要专注、真诚和有耐心；听，体现的是一种积极的人生态度，这是超越技巧的。在这样的氛围里，自己也会感到一种交流的满足并获得收益。

第二次世界大战期间，一位叫亚德里安的美国将军利用战斗的间隙到战地医院探望伤员。他毫不张扬地走进病房，静静地坐在病床边，倾听每一位伤病员讲述自己"死里逃生"的经历。其中一位炊事员说，他听到炮弹呼啸而来，就不假思索地把一口锅扣在自己的头上，虽然弹片横飞，战友倒下了一大片，他却幸免一死。听到这里，亚德里安将军略有所悟地点了点头，走到这位炊事员床前同他握手，脸上露出赞赏的微笑。后来他发布一道命令：让每个战士都戴上一口“铁锅”。于是，在人类战争史上“钢盔”这个重要的发明，就因为一位将军有耐心和雅量倾听一个炊事员的“唠叨”而诞生了。据说，这个别出心裁的“发明”，使7万余名美军在第二次世界大战中免于战死。将军充满诚意的倾听，表达的是他对战士生命安全的关注和高尚的人品。他满足对方需要倾诉并获得尊重的愿望，而自己也在获得尊敬的同时，获得了创造的灵感。由此可见，一切诚意的倾听，在人际交往中其实是“互惠”的。这也验证了这样一句格言：“说话是人生的需要，听话是人生的艺术”。但是，“听”的首要目的仍然是获得信息。对此，加拿大科学研究会总结出一种科学的听辨方法，受到普遍推崇。其方法缩写为“TQLR”，可译为“调频——提问——聆听——复现”。

调频：这是借用无线电“调频”的术语，意思是要求听者的思维注意“调”向对方表达的话题，并唤起脑子里“库存”的与话题有关内容的回忆，排除有碍听别人说话的一切干扰因素。

提问：从一开始听，就在头脑里形成疑问，如：“他的中心语意是什么?”“他将说些什么?”“他为什么要说?”等等。

聆听：力求听清每句话、每个词，边听边记，并作提炼和归纳，通过相关联想，预测还会说些什么。

复现：边听边回忆前面说的内容，并与眼前说的内容联系起来，通过去伪存真、由表及里的思辨、推断，作小结或作评价，暂存记忆“仓库”，然后继续听下去。

注意力是听知的基本能力。必须在各种复杂情况下把思维“调”向信息源，并且毫不分心地抵御干扰，精确地了解话语内容。

“听”也是一种心理素质，任何时候都要有顽强的自控力，全神贯注地听，甚至讲话者含糊不清、枯燥无味，也能沉得住气，能够听得进、听得明白。听时注意领衔句、小结句及关键词句，边听边过滤无用的信息，浓缩要点并归纳；别人说得再急再快，听时心态也要沉稳。

言语所表达的信息随语音消失而流逝，理解跟不上，会越听越糊涂。所以要听出别人的思路和语意要点。语言的表层意思与内在含义常常并不一致，因此要听出哪些是题内话，哪些是题外话；哪些是正确、真实的话，哪些是错误、虚假的话；哪些是友好、赞扬的话，哪些是不怀好意或发牢骚的话；哪些是直率坦诚的话，哪些是试探性、带有言外之意的话。这些都是可以在语言交际实践中随时训练的。

生活中有这样一种人，说起话来东一榔头西一棒槌，毫无条理，如果听不出这种表达的思路语脉，就会使交往出现障碍。如：我是厂长，厂里大事小事当然都得由我说了算。这同开火车一样。我是火车司机，启动机车，把握方向，掌握快慢都得由我决定，你们各位如同司炉，只管给锅炉添煤就是了。如果你们要民主，都冲我又喊又叫，要我这司机干什么？

生活中还有一种人喜欢转弯抹角地说话，把话说得很俏皮。多听他们讲话，可以辨析出他们说的话有弦外之音。例如：日本超一流棋手加藤正夫在中日围棋擂台赛中被我国棋圣聂卫平击败，他信守诺言将头发剃光。记者问他有何感想，他说："削了发，脑袋怪冷的，但清醒多了。"言外之意是：挫折使我注意到中国棋手不可轻视，我要认真对付了。

"听"是一种无声的交际。在同别人交谈时，首先要有"洗耳恭听"的耐心，英国有句民谚说："无言也是美丽的"，这是对这种涵养和交际风格的赞美。"听"是有学问的，"听"是一个交际的过程，"听"是获得信息的重要手段。

"听"的技巧，一是排除一切干扰。在听别人说话时，"除非房子着火了"，你最好看着对方的脸，强迫自己聚精会神地听下去。二是浓缩信息要点。边听边将对方最重要的话记住，或将对方的话整理成几句话，记住几个最能表明对方观点的关键词。三是梳理对方的思路。对方的表达再乱，也要沉住气尽全力找到"线头"（有时不止一个"线头"），切忌用自己的主观思路代替别人的思路。四是增强定向意识。切勿把注意力滑向无足轻重的方向。认定听辨目标以后就定向追踪，一般情况下不要随意游移。五是谨防超前判断。听要听全，听完整，不要轻易地、武断地下结论，更不要轻率地打断别人的话，强加上自己的判断。六是不要因人废言。注意力集中于对方所说的内容，不要管对方令人不快的神态或打扮，更不要专拣符合自己意思的内容听。七是适应对方语速。对方说得快，要特别留心听；说得慢，切不可分神，要利用其表达间隙，整理或思考已经得到的信息。八是静听弦外之音。有时一段话转弯抹角，特别要留意含有"潜台词"的关键处，留心寓褒贬于一句一词的地方。

MNXL 模拟训练

（一）选择一盒会议讲话的录像带，音量放在低档，坚持听15分钟左右，说出听的内容，然后放大音量反复听听到的内容。

（二）试着在喧哗嘈杂的场所同别人谈话，可以谈一件事、一个道理。可以将电视机或收音机的音量开大同别人谈话，力求听清对方的每句话。

（三）在日常生活中与说话快的人对话，听清他们说的每句话。

（四）请一位说话快的朋友说一段话，听后复述其内容，看是否准确完整。

（五）进行游戏性的集体训练。快速传话，第一人对第二人用耳语讲一件趣事，然后一个接一个地用耳语传下去，最后一人宣布所听到的内容，请第一人评议。

（六）请几位同学一个接一个地说出自己的出生年月与出生地点及个人爱好，然后复述，看看准确性如何。

思考与练习

1. 什么是仪表？对演讲者的仪表有哪些要求？
2. 仪表与风度是什么关系？
3. 头部有哪些表情达意的方法？
4. 手势有哪些种类？它们各自表示什么意思？
5. 简述眼神运用的三种技法。
6. 眼神与表情如何配合？
7. 为什么说“听”是一种心理素质？
8. “听”需要哪些技巧？

第十四章　演讲中应急问题的处理技巧

机智的应变能力源于日深月久的知识积累。演讲前，尽管演讲者苦心思索，绞尽脑汁，从选题到立意，从篇章结构到语言风格，从草拟演讲稿到背诵演讲稿，从有声语言到体态语言等，都作了非常详细、具体的准备，然而，“智者千虑，必有一失”。即使是许多著名的演讲家，由于各种难以预料的主客观原因，也不敢保证在演讲中万无一失。他们的高明之处就在于不仅在演讲前作了充分准备，而且能在演讲中察言观色，随时应对和处理意想不到的事情。而对于缺乏经验的演讲者来说，一出现点小混乱、小失误，就可能会心慌意乱，手足无措，使会场上“雪上加霜”。灵活机智，就能“化腐朽为神奇”。这种能力，就是应变能力。是否具备应变能力，是一个演讲者优秀与否的重要标志。

第一节　忘词或说错话怎么办

一、忘词的处理技巧

除即兴演讲外，大多数演讲者都会在临场演讲之前撰写一份演讲稿，至少也有一份演讲提纲。之所以这样做，一是可以理清自己的思路，不至于在演讲过程中东一榔头西一棒槌，二是防止自己忘词。尽管如此，当演讲者真正走上演讲台面对无数双陌生的眼睛进行演讲时，还是免不了心慌语塞，本来烂熟于心的讲话却不知忘到了何方。这种情况的发生，既有演讲者主观方面的原因，也有听众、会场环境等客观因素干扰的原因。从主观方面看，不外乎有三个原因：一是演讲者态度不够端正，没有作充分准备；二是由于怯场，演讲者神经高度紧张，原本记得很熟的演讲内容，在某一瞬间就忘掉了；三是演讲者精力不够集中，在演讲过程中，突然想起了与演讲无关的其他问题，甚至忘记了自己是在作演讲。从客观方面看，演讲者如果在演讲过程中突然发现听众有异样的表现，或者看到一个熟人，或者某一听众突然发出什么怪异的声音，都可能受到刺激而突然忘词。

遇到这种情况，大可不必惊慌，应沉着冷静，从容应对。

如果手头拿着演讲稿或者演讲提纲，可以不慌不忙地掠一眼，然后继续后面的演讲。即使手中没有演讲稿或提纲，也应沉着冷静，可以采用以下几种方法救急。

（一）跳跃衔接法

这种方法，就是忽略掉忘记的那几句话或那一层意思，把后面的话或意思迅速接上。通常情况下，演讲者忘词，并不是把后面的所有内容都忘记了，而是忘记了其中的某个词、某句话或者某段话。如果属于这种情况，你就没必要恐慌，因为除了你之外没有人知道你想用哪个词，更没有人知道你下一句该说的内容或者想说的内容。这时，你可以临时选用一个同义词，或者跳过遗忘的内容，想到哪里就从哪里接着讲。当然，如果在后面的演讲过程中，你又想起了遗忘的内容，可以根据情况而采取不同的措施。如果这些内容对于演讲的整体影响不大，可以不必再管它；而如果这些内容对于演讲的内容影响较大，属于非讲不可的内容，就应在结束演讲之前采用"在此，我再次强调一点……"或者"最后，尤其应该注意……"的方式来进行补充。

即使你的演讲稿或提纲已经下发给听众也无关紧要，要知道，演讲不是背讲稿，它允许而且提倡根据听众及环境的变化而灵活应变。

（二）暂停法

通过演讲的短暂停顿，创造思索、回忆的机会，从而想起遗忘的内容。当你一旦忘词的时候，立即插入一两句与演讲内容关系不大的话，利用短暂的时间，加速回忆起下面要讲的内容，比如可以说："同志们，前面这一部分我不知道大家是否听清楚了?"这时，你可以扫视一下全场，看一看听众的反应，同时，自己要积极思考下面的内容。也可以把刚才说过的话用加重的语气并放慢语速再重复一遍；也可以抓住已经说出来的话的最后一个字、一个词作为下句的开头，慢慢地、大声地、极富感情地重复；还可以用疑问句的形式重复前面的话，借疑问后的停顿间隙，回想起要讲的内容。如刚才你讲的最后一句话是："我理解了他们的爱吗？我懂得爱他们吗?"后段的话是"从那以后，我变了"，这时，你可以有意加重语气，重复讲前面那句"我懂得爱他们吗"，往往在这重复的瞬间，便想起了后面的内容。

采取这种补救措施，一是可以给自己留出时间回忆讲稿内容或组织下文，二是可以形成回环反复的声韵美，强调重点内容。

（三）借题发挥法

一旦演讲者出现忘词的情况，可以采用临场发挥的方式。只要符合演讲的大意和主题，可以抛开已经写好的但又记忆不全的讲稿或提纲，巧妙发挥，重新迅速地组织语言，以达到摆脱困境的目的。当然，借题发挥需要承接前文，切不可肆意发挥，不着边际，与前文或主题相脱离。如果忽然又记起了准备的原文，就该巧妙地回到原文。

二、说错话的补救措施

比起忘词，说错话是更为常见的一种失误。如果演讲者经验丰富，在演讲前作认真准备，就会很少出现忘词的现象，而说错话却是每一位演讲者在所难免的。比如，因记忆不准确而说错了某个数字或年代，甚至张冠李戴，或说得不得体，或因一时激动说错，或无意识地出现了口误。遇到这种情况，应根据失误的性质、程度分别采取相应的措施进行补救。如果演讲者因为说错了话而停止演讲，并说“对不起，我讲错了，应该是……”，不仅会使听众非常败兴，而且也会使演讲者的思绪紊乱，并有可能导致整个演讲失败。

如果是丢了一个词，或者讲错一个字，或者因不合语法而说出了病句，虽然演讲者自己意识到了，但并没有影响问题的阐述，对演讲内容影响不大甚至无关紧要，听众也不会太在意，演讲者完全可以不予理睬，更没必要去刻意纠正。

如果是关键性的词语或句子出现了失误，严重影响了演讲的内容或者主题，甚至与演讲者的本意大相径庭，或者因为缺乏全面的考虑而在演讲中造成了重大失误时，那就必须用巧妙的方式给予补救与纠正，以免造成不良影响。根据失误的性质和程度，可通过下面的办法来修正。

（一）自问自答

紧随刚才的错话之后，再增添一个设问句，以自问自答的形式自圆其说。如著名演讲家李燕杰在一次演讲中，由于失误，说错了一句较为关键的话。话音未落，他便觉察到了。刚说完，他就自问自答地说了一句：“这句话是对的吗？不对！”然后，他又按照正确的说法说了一遍。还有一位演讲者在讲“我最尊敬的一个人”时，本来想讲他的父亲身残志坚，是最可尊敬的。但由于心里过于紧张，却说成了“身残志不坚”。说出这句话之后，他马上意识到说错了。于是他补充道：“同学们，我的父亲真的是身残志不坚吗？不，他像众多的残疾朋友一样，闯出了一条属于自己的身残志坚的成功之路。”

（二）加重语气

按照正确的说法，把刚才说错的话用加重的语气、较缓的语速再重复一遍。这样虽然有重复之嫌，但总算是纠正了错误。

（三）巧用停顿

用停顿的技巧，使语义产生逆转。当演讲者意识到自己说错了话之后，稍加停顿，然后再增添一个疑问句，从而使语义恢复正常。比如一位经理在开业典礼上发表了一段即兴演讲，在强调纪律的重要性时，他这样说：“上班迟到、早退、闲聊、乱逛，办事拖沓、消极、懈怠，都是违反纪律的行为。我们允许这些违反纪律现象的存在。”这时，他突然意识到话讲反了。于是，他稍作停顿，话锋一转：“就等于允许有人拆公司的台，我们能够这样做吗？”

（四）将错就错

有时因演讲者考虑不周而讲错话的时候，更应该采取措施及时补救。采用将错就错、就错分析的方法，可以达到为自己圆场并迅速摆脱困境的目的。据我国著名演讲家邵守义说，有一次他在某大学演讲，校领导都坐在台上。当邵守义讲到“我们有些领导者是没有口才的。他们在台上哼哼哈哈，讲得汗流浃背，下面听众却如坐针毡，难熬难耐”时，台下顿时爆发出掌声、嘘声，大学生们的眼光都集中在台上的校领导身上，表现出一种幸灾乐祸的神情。演讲者说者无心，而大学生听者有意，学生们借演讲者的话，用掌声来讥讽他们的校领导。

当时，邵守义既不能向校领导解释致歉，也决不能批评学生。掌声尚未全落的时候，邵守义马上接着讲：“是的，我们有些领导者确实没有口才，但这能全怪他们吗？我曾记得，解放战争期间，我们的一些领导，一些指挥员都是有口才的，可是后来由于极左路线的干扰，人们不敢随便说话了。1957 年反右后，人们不敢说真话了；‘大跃进’时人们开始说假话、说大话了；‘文革’期间我们领导者不要说丢开稿子讲话，就是照着稿子念也是战战兢兢，惟恐念错一个字，否则就要被打成‘三反分子’。长期以来，我们的一些领导由于不敢说话，自然也就少说话，少说话又怎么能有口才呢？这不能全怪他们。现在好了，党的十一届三中全会以后，人们思想解放了，敢于畅所欲言了。年轻的朋友，你们处在一个大好的时期，我衷心地希望你们和我们的一些干部，努力培养自己的口才吧，用自己的悬河之口，为‘四化’大业助威、呐喊吧！”

语音刚落，台下又响起了一阵掌声，这是善意友好的掌声，同时也为台上的领导解了围。

在演讲中的失误往往是意想不到的，挽回失误的办法也是多种多样的。敏锐及时地发现，巧妙果断地处理，真正做到“随机应变，料事如神”，这才是一位成熟的演讲家的标志。

第二节　遇到“麻烦”问题怎么办

作演讲，经常会遇到一些听众提出来的“麻烦”问题。这些问题千奇百怪，有的属于利用刁钻问题给你施压，使你难堪，有的属于观点对立，有的甚至超出你的知识或研究的范围，使你无法回答。这时你可以根据情况，采取不同的策略和措施，以积极的态度去应对。

一、刁钻问题的化解技巧

不管对方出于什么动机，面对刁钻问题，不能一味回避。可采取下面的办法逐一化解。

（一）先承后转，以退为进

炫耀自己的历史功绩，借以从气势上、资历上给竞争对手施加压力，是在竞争性演讲中常用的一种刁钻手法。遇到这种情况，可以采用先承后转的方法来化解危机，扭转对自己不利的局面。如当年初出茅庐的约翰·艾伦与著名的陶克将军竞争美国国会议员，陶克将军曾在美国国内战争中功勋卓著，并担任过数届国会议员。在发表竞选演讲时，陶克将军说："诸位亲爱的同胞或许记得，就在17年前的昨夜，我曾带兵在山上与敌人展开血战，并在树丛中睡了一晚。如果诸位没有忘记那次艰苦卓绝的战斗，诸位在选举时，请不要忘记吃尽了苦头、风餐露宿的那个造就伟大战绩的人。"面对这样强硬的对手，艾伦说了以下几句话："同胞们，陶克将军说得不错，他的确在那场战斗中享有盛名。但那时我在他手下当一名无名小卒，除了代他出生入死、冲锋陷阵还不算，当他在树丛中安睡时，我还曾携了武器，直立荒郊，饱尝寒风冷露保护他，诸位想起那时的情景，如果是同情陶克将军的，当然应该选举他；反之，如果是同情我，我或许对于诸位的选举当之无愧！"陶克将军原本想以自己的功绩与资历引起听众的拥戴，但艾伦的话却有更深的含义：没有小兵，何来将军的功绩？这里，艾伦充分利用了当时的情景，将自己的弱点与不足变成了优点与长处，使自己变被动为主动。

还有一种先承后转的方法，对于扭转这种不利局面也是非常有效的，那就是抓住对方的偏激之处，一语击中其要害。有一次萧伯纳的名剧《武器与人》演出之后，剧场内热情的观众纷纷要求剧作家上台说几句话。当萧伯纳刚刚走到舞台中央时，突然观众席上站起一个人来冲他大声叫道："萧伯纳，你的剧本糟糕透了，谁也不想看，赶快收回去吧，停演吧！"面对这位观众的突然袭击，萧伯纳不但没有生气，反而向那位观众深深地鞠了一躬，然后彬彬有礼地说："我的朋友，你说得非常好，我完全同意你的意见。但是，我们两个人反对这么多的观众有什么用呢？"听到这句话，观众们报以热烈的掌声。先退后进，先承后转，使得对方猝不及防，攻势也就随之瓦解。

（二）迂回曲折，侧翼围剿

不正面回答，这是应对刁钻问题的又一良方。1945年，国共谈判期间，毛泽东应当时文艺界人士的邀请作演讲，演讲之后有人提出了一个极为尖锐而又敏感的问题："假如谈判失败，国共全面开战，毛先生有没有信心战胜蒋先生？"面对这个问题，毛泽东不慌不忙地答道："蒋先生的'蒋'字是将军的'将'字上加一棵草，他不过是草头将军而已。我的毛字不是毛手毛脚的'毛'字，而是一个反'手'。意思是：代表中国大多数人利益的共产党，要战胜代表少数人利益的国民党，易如反掌。"毛泽东一开始并没有正面直接回答对方的问题，而是通过机智的姓氏拆解，把深刻的政治含义寓于看似玩笑的言谈之中，表达了共产党及其领导的革命军队必胜的信心。

（三）如法炮制，还以颜色

对于那些怀有恶意的故意捉弄，则需采取如法炮制、还以颜色的方式，使自己摆脱困境。在春秋战国时代，齐国为加强和楚国的联系派晏婴出使楚国。晏婴到达楚国，楚王便传令楚人，尽量侮辱晏婴。前来迎接的礼宾官员见他身材矮小，便命令士兵打开城门旁边的侧门，想请他进去。晏婴仪表堂堂地站在门前，一动不动，一声不响。嬉皮笑脸的士兵指着侧门说："先生，你请进吧！"晏婴冷蔑地笑着，指着侧门反击道："这纯系狗洞！出使狗国的人，才走狗洞！"礼宾官员反而受辱，自讨没趣后，只好命令士兵把正门打开。

楚王接见晏婴时，看也不看一眼地问晏婴道："难道齐国没有人了吗？"晏婴想到，这不仅是对他个人的嘲笑，更主要的是对国家尊严的侮辱，这是绝对不能接受的。于是，他连眼皮也没抬，气势不凡地答道："我的故国齐都，名唤临淄，说大也不大，但是如果每个人都把袖子甩开，可以遮住太阳；如果每个人挥一把汗，宛如撒下一场大雨！国都的大路上，人如潮涌，摩肩擦背，怎能说没人呢？"楚王窘了一会儿，才冷嘲道："齐国既然人多势众，为什么选派你来出使我国呢！"晏婴顺口答道："是的，诚如你说的那样，齐国派出使者，是经过谨慎选择的：水平高的，出使上等国家；水平低的，出使下等国家。我晏婴水平低下，只好被选派到贵国来了。"

（四）妙用反问，绝地反击

对于那些带有挑衅性的问题，一般可以采用反问的方式来应对。如我国作家高晓声访问美国，在一次演讲之后，有位记者提出了这样一个问题："文化大革命时，毛泽东把作家扣上帽子，赶到农村，才出现这么多作品。请问，文化大革命好不好？"这显然不是一个用"好"与"不好"来回答的问题，如果回答"好"，这显然与我党对文革的评价以及文革对中国造成的破坏事实相违背，而如果回答"不好"，又与出现许多作品的事实不相符合。面对这种二选一的问题，高晓声听完后立即反问道："第二次世界大战，给美国带来了财富，赢得了声誉，那么，请你也来回答，第二次世界大战好不好？"这里，作家高晓声使用的是类比反问，他把"文化大革命"与"第二次世界大战"进行类比，又把这个难以回答的问题推给那位记者，使得那个记者哑口无言，收到了很好的效果。再如 2000 年 11 月，李瑞环到香港考察时，有两名记者抢着问道：“您在讲话中强调了团结的重要，这是不是指香港不够团结？”这个刁钻的问题是从反面提出来的。问题一提出，全场顿时安静下来，目光一齐汇聚到李瑞环身上。李瑞环笑了笑，反过来问：“如果我祝你身体健康，是不是指你的身体就不健康呢？”说完后，他又转向其他记者：“可不可以这样理解呀？”话音刚落，偌大的会堂中笑声四起，有的记者甚至禁不住鼓起掌来。

二、听众的观点与自己对立的应对技巧

演讲，实际上就是在宣扬自己的观点。然而，大千世界，人们对同一事物的理解、对某件事情的观点并不总是一致的。正是因为有了这不一致，才使得世界变得更加丰富多彩。在演讲的准备阶段，应该想到这一点。在演讲过程中，遇到有听众提出对立的观点应该怎么办？

（一）由浅入深，疏浚开导

孔子说，己所不欲，勿施于人。面对这种情况，强迫对方接受你的观点不是上策，应采取由浅入深、疏浚开导的办法，使其逐步理解并同意你的观点。如 1775 年 3 月 23 日，美国的帕特里克·亨利在弗吉尼亚州议会上发表演讲，在他之前，已经有几个主张对英国妥协的保守分子发过言，而且博得了一些听众的支持。如果亨利上台就讲自己的“独立自由、坚持抗英”的主张，肯定会引起一些听众的对立情绪，这对宣传自己的主张是极为不利的。面对这种情况，亨利这样开始了他的演讲：“没有人比我更钦佩刚刚在会议上发言的先生们的爱国精神与见识才能。但是，人们常常从不同角度来观察同一事物。”这种讲法，既是事实，又不得罪听众，而且也使得那些反对者易于接受。之后，亨利渐渐地提出了自己的主张，并逐一进行了充分阐述。

（二）因势利导，循循善诱

每次演讲所面对的听众，其素质与修养是不同的，对你演讲内容的理解也有多少、深浅等程度的不同。因此，对于那些因无知而提出对立观点的听众，要采取讲道理的方式，因势利导，循循善诱，切不可发脾气，破坏演讲气氛。如一位中学老师在进行《记一辆纺车》的教学时，出现了和自己的预想完全相反的情况。上课铃响过之后，她走进教室，说：“今天学习第十一课《记一辆纺车》，昨天请同学们预习了，说说看，你们喜欢这篇文章吗？”谁知同学们异口同声地大声回答：不喜欢！这使她感到非常意外。随即她镇定下来，微笑着说：“不喜欢？那就请你们说说不喜欢的原因吧！谁来先说？”一个同学站起来说：“文体不明确，从题目看，是记叙文，但里面有不少说明的文字。”

又一个同学说："像是回忆录，又像是散文。"第三个同学说："我看不是散文。散文有文采，吸引人。这篇课文干巴巴的，没有文采，不喜欢。"第四个同学说："是不是散文？老师，你喜欢不喜欢？"听完同学们的回答，这位老师笑着说："同学们敢于大胆、直率地发表意见，这很好。这种学习风气要坚持、发扬。这篇文章是散文，与过去学的散文既有相同之处，又有不同之处。过去我们学的《荔枝蜜》、《茶花赋》是抒情散文，托物言志，借景抒情。这一篇是回忆性的叙事散文，大家没有接触过。一下子看不出其中的奥妙，所以同学们不喜欢。叙事散文有叙事散文的特点，这篇散文托物叙事见精神，好些段落写得别有意味。推敲推敲，你们就会喜欢了。"老师的这番话，激起了同学们的学习兴趣，都全神贯注地开始听老师讲课。

三、遇到不会回答的问题的处理技巧

一般来说，演讲者不必担心每一位听众都会对你提出问题，更不必担心每一位提问者都会别出心裁地故意提出难题来为难你。当然，偶尔也会突然冒出一个名副其实的难题令你猝不及防，使你不知道如何来回答。遇到这种情况，应该怎么办？

（一）诚实回答

这种情况尽管不多见，但一旦发生了，应注意以坦诚的态度面对，如果真是一点也不清楚怎么去回答，也不要用自己的方式应付了事。千万不要对听众撒谎，更不要随意猜测，而应该以诚恳的态度告诉提问者说你不知道。因为世界上没有人什么都懂，真诚而坦率地承认自己确实不知道答案，或许会赢得更多的赞许。可以向他解释说："我不想随便地回答你一个不准确的信息。我希望告诉你准确的信息。"

（二）请人帮忙

人非圣贤，再聪明的人也不可能涉猎政治、经济、文化、社会的方方面面。韩愈曾经说过，闻道有先后，术业有专攻。如果你知道在场的某位听众恰好是这方面的专家，那么你可以将问题交给他："这是一个很好的问题，但这超出了我的研究领域。或许这方面的专家某某先生可以给你解答。"这样你既满足了提问者，又赢得了那位替你回答问题者的支持。

第三节 会场秩序混乱怎么办

良好的会场秩序是演讲获得成功的有力保证。如果会场秩序混乱，就会对演讲者造成巨大的干扰，轻则情绪烦躁，精力不集中，重则造成演讲的重大失

误。因此，作为演讲者应掌握一定的有效控制会场的技能、技巧和艺术，并能根据会场情况适当运用，以保证演讲的顺利、正常进行。

一、听众私下说话的应对技巧

演讲中，由于听众成分的变化以及时间、环境、演讲内容或演讲方法等原因，经常会出现引不起听众兴趣的情况，甚至有的听众溜号、交头接耳，严重影响了演讲者的演讲。古罗马哲学家西尼加说，差不多任何一种处境——无论是好是坏——都受到我们对待处境的态度的影响。遇到这种情况，首先需要分析其原因，急中生智，采取灵活策略，激发听众的热情。

（一）讲故事，激发听众热情

利用一个与演讲主题相关的小故事，可以激发听众的热情。如 1924 年孙中山先生到广东大学作有关“三民主义”的演讲，由于礼堂小，听众多，空气不好，有些人便昏昏欲睡。孙中山先生为了提起大家的精气神，便临时决定讲一个小故事：“我小时在香港读书，见过有一个搬运工人买了一张马票，因为没有地方可藏，便藏在一刻都不离手的竹竿里，牢记马票的号码。后来马票开奖了，中头奖的正是那个搬运工。那搬运工欣喜若狂，把竹竿抛进大海里，满以为今后不再靠这支竹竿过那艰苦的日子了。直到想起领奖手续，才知道要凭票到指定银行取款，猛然想起马票放在竹竿里，便拼命跑到海边去，可是连竹竿的影子也没有了。”听完这个故事，大家议论纷纷，甚至有人大笑起来，睡意皆无。孙中山先生见大家都来了兴致，便很自然地进入了演讲的正题：“民族主义就是这根竿子。”

（二）提问题，促使听众积极思考

心理学研究成果表明，成年人连续注意力一般能保持 5 分钟左右。因此，每隔几分钟，演讲者就应该转换一个新的问题，达到吸引注意力的目的。而利用提问的方式来调动听众的情绪，更可促使听众产生积极的思维活动，如在演讲过程中，看到听众精力不集中，甚至小声议论，便可以提高声调说：“这是为什么呢？”“这个问题应该怎么样去解决呢？”还可以用突然暂停演讲或恰到好处地敲击桌子等办法达到控制会场的目的。当然，最主要的还是要有新颖的内容和高超的演讲技巧。

二、遇到恶作剧的处置方式

演讲者在演讲时，经常会遇到某些听众的恶作剧。面对这种情况，应采取怎样的措施顺利地走出困境呢？除了用精美的言辞、犀利的语言去应对，还有没有其他办法摆脱这种困境？回答当然是肯定的。

在“文革”初期，有位刚刚毕业的大学生被分配到了一所中学教书，因为他长了满脸的麻子，同学们想戏弄他。当他第一次走进教室时，看到黑板上画了一副巨大的麻脸。这位老师看到这幅画，不但没有大发雷霆，相反，他极为冷静。因为他懂得，在当时的情景下大发脾气，不但达不到与学生进行交流并进而树立威信的目的，反而会使得他与同学们的关系更为紧张，这对今后的教学工作是极为不利的；但如果对此不予理睬，自己忍气吞声，则会被同学们认为这个老师好欺负，是个逆来顺受的“窝囊废”，自己很难在学生中间树立起威信。想到这里，他沉默了片刻，经过短暂的思考，他开口说话了：“同学们好，今天我第一次和同学们见面，请允许我讲一个真实的故事。23 年前，在一个贫穷的小山村，一个苦命的讨饭女人生下了一个小男孩。那时全国还没有解放，天花泛滥，这个小男孩得了天花，烧得非常厉害，他的爸爸妈妈又是叫花子，从哪里弄钱给他看病呢？他妈妈撕心裂肺地哭叫着：‘好心的大爷大娘们，救救我的孩子吧！’乡亲们可怜这一家人，从山上采来了草药，才总算把这个苦命的小男孩从死亡线上拉回来。小男孩的命虽然保住了，但却落了满脸的麻子。后来，全国解放了，这个小男孩不仅全家过上了好日子，还上了大学，成了一名光荣的人民教师，并且已经站在了你们的面前。这个不幸的小男孩就是我！现在就让我们比比童年好吗？我的确比不上大家能拥有一张漂亮的脸蛋，我非常羡慕你们，我多么希望自己和你们一样从小就生活在幸福之中啊！”教室里开始安静下来，鸦雀无声，同学们先是静静地听，到最后有人竟小声哭泣起来，这时一个眼泪汪汪的同学冲上讲台，向这位老师深鞠一躬说道：“老师，这画是我画的，我错了，你打我两巴掌吧！”从此以后，同学们特别尊重这位麻脸的老师，尤其在“文革”期间，尽管有的老师受到了批斗，但这位老师却始终没人肯动他一指头。在这里，这位老师实际采取的是一种以情动人的策略，他的这番话，既晓之以理，又动之以情，通过情感的调动，达到心灵相通和情感共鸣的目的，从而得到了学生们的认同。

三、遇到哗噪的应对策略

在演讲中，由于某种原因，听众可能发出哗噪或嘘声。造成这种情况的原因大致有两种：一是演讲者本人出现了差错或者态度出现了问题；二是某些听众出于某种偏见而故意捣乱。对于前一种情况，必须本着知错就改的态度，立即予以更正，风波自然会得到平息。如果置若罔闻，我行我素，场面必然会更加混乱，直接影响到演讲。对于第二种情况，可采用下述几种策略积极应对。

（一）人格魅力征服人

遇到有人故意捣乱，不必惊慌，要沉着应对，抱着“嘘声尽管嘘声，演讲仍将继续”的态度，继续你的演讲，给听众一种心胸豁达的印象，以人格魅力征服捣乱之人。如英国前首相威尔逊在一次竞选演说时，台下突然有人高声打断他：“狗屎！垃圾！”很显然，这是个故意捣乱者。但威尔逊并没有显出气愤的样子，他只是轻蔑地一笑，非常平静地说：“这位先生，我马上就要谈到您提出的脏乱问题了。”只这短短一句话，捣乱者哑口无言了。

（二）大无畏气概征服人

面对这种情况，演讲者也可以采取置之不理的态度。如1862年8月的一天，美国革新者、废奴主义鼓动者菲利浦斯在辛辛那提歌剧院作一个小时的演讲，在演讲过程中，台下听众的呻吟声、嘘声、猫叫声、咒骂声和吼叫声不绝于耳，听众高喊着“把卖国贼处以死刑！”“吊死黑鬼！”“把废奴主义者涂上柏油，粘上羽毛！”等口号，并将砖头、石子和臭鸡蛋扔到讲台上。面对着听众的吵闹、谩骂和攻击，菲利浦斯并没有被吓倒，更没有灰心、屈服甚至妥协，他把这一切只当作一个鼓动者生涯中每天都能遇到的事情，仍沉着地继续演讲，直到讲完。他的这种为宣传真理而坚持到底的大无畏气概值得我们每一个人学习。

（三）设置悬念征服人

遇到这种情况，还可以用其他办法来达到控场的目的。有一次，俄国的普列汉诺夫在日内瓦发表演讲，当时在场的某些社会革命党人和无政府主义者蓄意捣乱，他们乱吹口哨，大声吵闹，演讲难以继续进行。这时，普列汉诺夫非常沉着，冷静应对。他双手交叉在胸前，两眼闪出嘲笑的目光，略微沉默之后，大声说道：“如果我们也想用这种武器同你们斗争的话，我来时就会……我来时就会带着冷若冰霜的美女。”就在他讲到“我来时就会……”的时候，故意作了一个停顿，这时，听众纷纷猜测他“就会如何”，会场开始安静下来，当他说出完全出乎听众的意料的“我来时就会带着冷若冰霜的美女”时，会场顿时爆发出一阵大笑，演讲就在这大笑之后的全新气氛下继续进行。

四、仪器出现故障的应对方法

除了上述听众的原因之外，还有因仪器出现故障而导致演讲现场秩序混乱的情况，如麦克风发出噪音、投影仪失灵、突然停电，等等。面对这些情况，不必惊慌失措，反而应沉稳地、不慌不忙地、有条有理地予以处理，把听众从干扰中带出来，使这些影响的程度降到最低。

（一）暂停法

暂停也叫空白艺术。它看似简单，实则是很重要的恢复听众情绪的重要途径。当麦克风发出噪音时，可以说，“它的意思是说我们应该休息一下了”，

"麦克风也提出抗议了"，"音响室里是不是有人不同意我刚才的说法呀"等。

投影仪出现故障时，可以说，"实在抱歉，这家伙不愿意跟我配合（合作）"，"事实上，这些幻灯片更能说明问题，只是大家现在看不到了"等。

忽然停电，出现的概率虽然极小，但偶尔也会遇到。不过不用担心，更不要惊慌，你可以大声地、声情并茂地继续你的演讲；也可以暂时停下来，对听众说："朋友们，我不想我的演讲在黑暗中进行，让我们一起等待光明的到来吧。"

（二）幽默法

困境中的幽默，表达了一种豁达的人生境界。不要指望这些干扰会自动消除，也别指望在演讲之前把这些干扰都预测到了，你能做的是随时做好接受和解除干扰的心理准备。当你真正遇到仪器出现故障时，既可以运用暂停法来处理，也可以用幽默法来继续你的演讲。这时，你可以讲一段与刚才的意外相关的个人经历，或者简单地承认现实并重新开始你的演讲。如果忘记讲到哪里了，可以问问听众，他们会表示同情并给你鼓励的。关键问题是要做到临场不乱，随机应变。例如1984年的一天，著名相声表演艺术家马季和赵炎在山东省潍坊市作演出，当时说的相声是《吹牛》。当两个人在舞台上正"吹"得不可开交时，礼堂天棚上有盏大灯突然炸裂，灯下的观众被洒了一头玻璃碎片，不禁大吃一惊，其他观众听到响声也都把注意力转到天棚上。眼看一场精彩的演出就要告吹了。面对这种情况，马季并没有惊慌，他镇定自若，灵机一动，把这情景巧妙自然地转化成相声的内容。只见他用手一指天棚，装着得意洋洋的形态，对赵炎说："你能吹？瞧我的，我能把电灯吹碎！"观众听后先是愣了一下神，紧接着全场爆发出潮水般的掌声和欢呼声。

第四节 一上台就遇到了尴尬事怎么办

谁都不会料事如神。最聪明的人也会遇到尴尬事，最幸运的人也会有为难的时候。尤其是演讲，属于"现场直播"性质，一上台就遇到尴尬事是经常的。这就需要演讲者采取各种手段与方法，尽快使自己摆脱困境。毕竟"救场如救火"。

一、一上台摔了一跤怎么办

在演讲过程中，什么事都可能遇到。如何采取有效措施及时应对，反映了演讲者处置危机的能力。

（一）幽默法

适当运用幽默法，可以取得出奇制胜的效果。一次，美国总统里根在白宫钢琴演奏会上讲话时，夫人南希不小心连人带椅跌落在台下的地毯上。正在讲话的里根看到夫人并没有受伤，便插入一句："亲爱的，我告诉过你，只有在我没有获得掌声的时候，你才应这样表演。"台下响起了一片热烈的掌声。本来这是一件令里根很尴尬的事情，在这时如果埋怨或者置之不理都会令人不快，不光是台下的人不快，也包括台上的人。而里根在这危难之时，运用幽默化险为夷，这也显露出他的机智与豁达，拉近了与听众的距离，这是运用幽默解除尴尬的范例。

（二）自嘲法

某单位举行演讲大会，一位演讲者随着掌声走上讲台，不慎被话筒线绊倒了。台下的听众顿时出现了一片嘘声，甚至有人鼓起了倒掌。然而，在这混乱之中，只见演讲者从容地从地上爬起来，不慌不忙地走到话筒跟前，微笑着对台下的听众说："同志们，刚才，我为大家的热情所倾倒了，谢谢！"他的镇定自若以及由此所表现出的应变能力，立即博得了全场热烈的掌声。在这欢快的掌声中他开始了自己的演讲。

（三）将错就错法

在一次以"迈向成功之路"为主题的演讲比赛上，有一位参赛者上台时因为太紧张，摔了一跤。她立即爬了起来，深深吸了一口气，不紧不慢地说："迈向成功之路，必然有挫折，偶尔会摔跤；重要的是，跌倒了就要勇敢地站起来，就像我刚才那样。"顿时，台下响起雷鸣般的掌声。这位演讲者充分展现出高度的应变能力，不但化解了困窘的场面，还赢得满堂喝彩。

（四）情景连接法

20 世纪 90 年代初，杨澜第一次主持一个大型晚会，当她刚刚走上舞台的时候，高跟鞋插到舞台上的木板缝里，随即摔倒在舞台上。她爬起来后，努力稳定了一下自己的情绪，说道："我的动作很不协调，接下来有一个杂技表演，这些人肯定不会摔跤，他们动作都非常协调！"现场的观众对此报以长时间的掌声。

二、一上台就受到羞辱怎么办

由于某种偏见或敌对情绪，有可能一上台就会遇到听众的羞辱。这时，切不可针锋相对，反唇相讥，相反，要沉着冷静，以真诚来打动他们，消除他们的误解。如在林肯当选为总统之初，参议院大部分出身名门望族的议员都感到很尴尬，因为他们从来没有料到要面对的总统是一个鞋匠的儿子。于是，就想利用林肯首次到参议院演讲的机会，当众羞辱他。林肯刚刚站到演讲台上，一个态度傲慢的参议员站起来说："林肯先生，在你开始演讲之前，我希望你记住，你是一个鞋匠的儿子。"当时在场的所有议员听到这句话，都为自己不能打败林肯却能羞辱他而开怀大笑。笑声停止后，林肯不慌不忙地说："我非常感谢你使我想起我的父亲。他已经过世了，我一定永远记住你的忠告，我永远是鞋匠的儿子，我知道我做总统永远无法像我父亲做鞋匠那样做得那么好。"参议员们听后马上安静下来。林肯又转头对那个傲慢的参议员说："就我所知，我父亲以前也为你的家人做鞋子，如果你的鞋子不合脚，我可以帮你改正它，虽然我不是伟大的鞋匠，但我从小就跟父亲学到了做鞋子的艺术。"之后，他又把目光投向所有参议员，说道："对参议院里的任何人都一样，如果你们穿的那双鞋是我父亲做的，而它们需要修理和改善，我一定尽可能地帮忙，但是有一事可以肯定，我无法像他那样伟大，他的手艺是无人能比的。"说到这里，林肯流下了热泪。

面对傲慢的议员，林肯没有反唇相讥，而是自然而然地接过对方的话茬，承认自己"永远是鞋匠的儿子"并以此为自豪，这不仅使那些想羞辱林肯的议员们没有达到目的，还表现了林肯的平民意识。另外，林肯在这里用了两个假设，如果"不合脚"，如果"需要修理和改善"，从而把议员们拉入回忆之中，让他们再去品味林肯父亲高超的做鞋艺术，并为刚才无情的嘲讽而反省自责。

三、一上场发现听众非常冷漠怎么办

由于某种敌对心理，或者听众对演讲者的演讲题目并不感兴趣，往往会出现冷场。这时不必太在意，可以采取措施消除听众的敌对心理，以调动听众的积极性。

有一次，著名演讲大师曲啸应邀到一所监狱演讲，犯人们听说来了一位演讲家，都认为是一个"卖嘴皮子"的，尽管监狱负责人要求犯人们以热烈的掌声欢迎这位著名演讲家，但会场上依然掌声稀疏，犯人们表情也非常冷漠，这使曲啸陷入了尴尬之中。但是，住过监狱的曲啸深深懂得犯人们此时的心情，他知道只有尊重他们，用真诚去打动他们，才能赢得他们的心，才能收到良好的演讲效果。于是，他用了这样一个开场白："触犯了国家刑律的朋友们……"。面对这样特殊的人群，如果用"同志们"，显然是不合适的，而用"犯人们"，则会引起更加对立的情绪。曲啸的这个称呼，显示了高超的技巧，表现了演讲者的真诚之心。话声刚一结束，便赢得了犯人们长时间的掌声。接下来他说道："可能大家还不知道，我也是一位蹲过监狱的人，当警察用手铐

铐起我时，我那刚刚会说话的孩子拉住冰冷的手铐奶声奶气地问我：‘爸爸，这是什么？爸爸，这是什么？’我的心都在流泪呀。在我被塞进警车的一刹那，孩子撕心裂肺地哭叫着：‘爸爸，我不叫你走！我要爸爸，我要爸爸！’”讲到这里，所有的犯人都忍不住哭出声来。曲啸并没有继续沉浸在对往事的痛苦回忆之中，他抓住时机，无限深情地说：“你们都是有家有口的人，家中的亲人们都在翘首以盼呀！都盼望着你们努力改造自己，争取早日出狱。祝大家早日举家团圆。”曲啸通过这种诚挚的演讲，不仅使自己走出了不受欢迎的尴尬境地，而且收到了很好的演讲效果。

思考与练习

1. 忘词的原因有哪些？如何避免忘词？
2. 说错话有几种情况？应如何处理？
3. 对刁钻问题如何化解？
4. 遇到有听众提出对立的观点应该怎么办？
5. 演讲中如何控场？
6. 仪器出现故障的应对方法有哪些？
7. 受到听众的羞辱应如何处理？
8. 如何处理冷场？

参考文献

1 舒丹．实用口才必备手册．北京：中国电影出版社，2005
2 舒丹．实用口才培训手册．北京：中国电影出版社，2005
3 舒丹．演讲口才培训手册．北京：中国电影出版社，2005
4 金和．实用口才必读大全．北京：企业管理出版社，2006
5 黄伯荣，廖序东．现代汉语．北京：高等教育出版社，1997
6 陈翰武．演讲与口才．武汉：武汉大学出版社，2005
7 闫秀萍．演讲与口才．北京：中国物资出版社，2005
8 杰夫．实用辩论口才一本通．北京：中国纺织出版社，2003
9 袁革．社交礼仪与口才．北京：商业出版社，1995
10 方位津．实用口才训练教程．北京：首都经济贸易大学出版社，2004
11 中国人民大学哲学系逻辑教研室．形式逻辑．北京：中国人民大学出版社，1980
12 严家栋．演讲学十讲．北京：中共中央党校出版社，1992
13 孙立湘．凡人演讲辞．北京：机械工业出版社，2005
14 续冬生．第一流的交谈艺术．北京：中国物价出版社，1996
15 孙雍长，刘周堂．辨才与智慧．北京：新华出版社，1992
16 邵守义．演讲学．长春：东北师范大学出版社，1991
17 谢伯端．实用演讲与口才教程．武汉：华中理工大学出版社，1996

后　　记

口才与演讲可以代表一个人的力量，可以显示一个人的价值。尽管每个人天天都在说话，但并不是人人都善于说话，更不是人人都说得好。在竞争如此激烈的当今社会，不善于说话、说不好话的大有人在，尤其在一些正式场合，他们往往会表现得手足无措、词不达意。因此，口才与演讲训练越来越受到人们的重视，许多学校纷纷开设了口才与演讲课程。然而，目前的教材建设还远远不能满足各种不同层次学校的教学需要，如有些教材尽管标有“实用”二字，但往往理论阐述过多。因此，我们编写了这本《演讲与口才》训练教程。

本书的编写思路是：以演讲与口才的基本知识为基础，遵循由易到难、循序渐进和可操作性强的原则，对提高口才与演讲能力的各个方面进行了科学分类，侧重对学生的心理、口语、声音、形体、内容组织、逻辑、辩论技巧的训练。全书分为上下两编，上编侧重口才训练，下编侧重演讲训练。各节一般由基础理论、模拟训练两部分构成。基础理论部分通俗易懂，模拟训练部分要求明确，每章后有思考与练习，思考与练习部分是为巩固所学知识和训练成果而精心设计的。此外，本书在编写过程中还注意了知识性与趣味性的结合，使学生在学习中能活跃思维、开阔眼界，获取更多的知识和信息。这对我们来讲也是一种新的尝试。

本书由李彦青列出撰写提纲，提出具体编写要求，其中特别强调全书叙述风格的一致以及文责自负的原则。各章节具体分工如下：王小玲撰写第一、二章，陈洁撰写第三、六章，贾丽云撰写第四、五章，王国绪撰写第七、八、九章，李彦青撰写第十、十一、十四章，乔源瑞撰写第十二、十三章。最后由李彦青统稿。由于时间仓促，再加上水平所限，疏漏与错误在所难免，敬请广大读者批评指正。

在本书的撰写过程中，我们参考了有关演讲与口才的相关专著与资料，一并列于参考文献处，在此对这些资料的作者致以诚挚的谢意。